Julian Hessenthaler

Nach Ibiza

Aufgezeichnet von Barbara Tóth

Umschlaggestaltung: Minitta Kandlbauer
Rechte Autorenfoto: Oliver Jiszda

Aufgezeichnet von Barbara Tóth

ISBN: 978-3-99060-468-7

Unter den Linden 21 • D-10117 Berlin
Telefon: +49 800 505 43 76-0

Goldegg Verlag GmbH, Österreich
Mommsengasse 4/2 • A-1040 Wien
Telefon: +43 1 505 43 76-0

E-Mail: office@goldegg-verlag.com
www.goldegg-verlag.com

Layout, Satz und Herstellung: Goldegg Verlag GmbH, Wien
Printed in the EU

MIX
Papier | Fördert gute Waldnutzung
FSC® C014496
FSC
www.fsc.org

Julian
Hessenthaler

Nach IBIZA

Der lange
Schatten eines
Skandalvideos

Warum unsere
Demokratie
in Gefahr ist

GOLDEGG

Inhaltsverzeichnis

Vorwort

von Bastian Obermayer und Frederik Obermaier

Unser erster Eindruck von der Person, die wir heute als Julian Hessenthaler kennen, ist der eines hypernervösen Mannes unter immensem Druck. Er steht graugesichtig und ein wenig übergewichtig in der Tür des Hotelzimmers, und anstatt »Servus« oder wenigstens »Hallo« zu sagen, raunzt er heiser etwas wie: »Handys, sonstige Geräte ins Bad.« Dann beginnt er tatsächlich uns abzutasten. »Muss sein«, sagt er.

Sein Kompagnon, der Wiener Anwalt Ramin Mirfakhrai, zuckt die Schultern. Mirfakhrai hatten wir in der Lobby des Hotels getroffen, er hat uns aufs Zimmer gebracht, sehr freundlich, sehr zugewandt, immer lächelnd.

Julian Hessenthaler lächelt nicht, und wir widersprechen nicht. Wenig später an diesem Frühsommerabend 2018 werden wir auf einem Laptop zum ersten Mal Ausschnitte aus dem Video sehen, das heute als Ibiza-Video in der Geschichte der österreichischen Republik seinen Platz gefunden hat. Über Kopfhörer hören wir zu, wie Heinz-Christian Strache, damals amtierender Vizekanzler und Chef der rechtspopulistischen FPÖ, einer angeblichen russischen Oligarchin halb Österreich verkaufen will. Es fällt schwer, sich darauf zu konzentrieren. Nicht nur, weil alles so irre und der Ton eine Katastrophe ist. Sondern auch weil Julian Hessenthaler am geöffneten Fenster steht und entweder raucht – was natürlich verboten ist – oder aus einer kleinen Plastikwasserflasche unentwegt kleine Schlückchen nimmt.

Er schraubt die Flasche auf, setzt an, trinkt einen Minischluck, setzt sie ab, schraubt sie zu.

Kurze Pause.

Er schraubt die Flasche auf, setzt an, trinkt einen Minischluck, setzt sie ab, schraubt sie zu.

Kurze Pause.

Es ist kaum zum Aushalten.

Heute wissen wir: Auch für Julian Hessenthaler war diese Zeit seines Lebens kaum zum Aushalten. Auf ihm lastete die Bürde, über Dinge Bescheid zu wissen, die ein ganzes Land ins Trudeln bringen und weit über Österreich hinaus für immense Schlagzeilen sorgen würden – aber er konnte nicht öffentlich machen, was er wusste. Zugleich hatte er Panik, weil er sich in großer Gefahr sah, ausgehend von der regierenden FPÖ-Partie um Strache und Herbert Kickl – damals Innenminister –, denen er so ziemlich alles zutraute. Erst wenige Monate zuvor hatte eine von einem FPÖ-Gemeinderat geführte Truppe ausgerechnet das für die Überwachung rechter Umtriebe zuständige Bundesamt für Verfassungsschutz und Terrorismus durchsuchen lassen. Angesichts dessen und nach allem, was wir heute wissen, müssen wir sagen: Julian Hessenthaler lag nicht so falsch damit.

Fünf Jahre, eine Flucht und einen fragwürdigen Gefängnisaufenthalt später treffen wir einen Julian Hessenthaler, der nicht nur deutlich schlanker und athletischer wirkt, sondern auch mit sich im Reinen scheint. Der nicht mehr nur Drei-Wort-Sätze ausspuckt, sondern durchaus ins Grübeln, Dozieren und Analysieren kommen kann. Einen Mann, der eine Menge erlebt hat und noch immer dabei ist, all das zu verarbeiten. Ganz loslassen wird ihn Ibiza und all das, was danach passiert ist, dennoch nie. Da geht es ihm aber vermutlich nicht anders als der politischen Klasse Österreichs.

Wir werden hier nicht das gesamte Verfahren aufdröseln, das Julian Hessenthaler ins Gefängnis brachte, dafür reicht der Platz nicht in einem Vorwort. Unserer Meinung nach wurde hier das Prinzip »Im Zweifel für den Angeklagten« auf geradezu groteske Art und Weise missachtet. Die beiden Belastungszeugen haben sich in entscheidenden Punkten widersprochen, einer der beiden änderte im Prozess seine Meinung und dieser Zeuge bekam etliche Tausend Euro von einem höchst fragwürdigen Lobbyisten der Glücksspielindustrie – der sich selbst seit Jahren als »Aufdecker« inszeniert und seither mehrfach (bei Drucklegung dieses Buches nicht rechtskräftig), etwa wegen übler Nachrede und versuchter Bestimmung zur falschen Aussage, verurteilt wurde. Es muss schwer zu verkraften sein, dass ein bezahlter Zeuge am Ende den Ausschlag gab.

Wir wissen nicht, ob Julian – wir waren schnell beim Du – dieses Buch vor allem für seine Selbsthygiene geschrieben hat. Aber wir können sagen: Das Buch war überfällig. Nachdem mehr als fünf Jahre immer nur die anderen über ihn geschrieben und gesprochen haben, Journalisten und Pseudo-Journalisten, Politiker und Aktivisten, selbst ernannte Aufklärer, Jugendfreunde, Ex-Kollegen, Ex-Vorgesetzte und so weiter. Wir waren derweil in der absurden Situation, dass wir uns nicht zu seinem Fall äußern konnten, obwohl längst klar war, dass er der Fallensteller war – aus Quellenschutz.

Es spricht für Julian, dass seine berechtigte Wut nun nicht aus allen Seiten dieses Buches tropft. Stattdessen ist es eine sachliche, nüchterne Bestandsaufnahme seiner Situation. Für jeden, den die Ibiza-Affäre damals für einen Moment hellwach werden ließ, gibt dieses Buch unerhört spannende, irre unterhaltsame Einblicke in die Hintergründe. Wir haben es in einem Zug gelesen – womöglich sind wir aber auch besonders empfänglich dafür …

Selbstverständlich steht auf den folgenden Seiten nicht alles, was Julian weiß oder erlebt hat – wer also darauf hofft, hier Hinweise zur Identität der falschen Oligarchin zu finden, wird enttäuscht werden. Ihr Name tut auch nichts zur Sache, auch wenn leider viel zu viele genau dies der Öffentlichkeit weismachen wollen. Der verhängnisvolle Abend auf Ibiza ist mittlerweile viele Jahre her. Die politische Karriere von Heinz-Christian Strache und Johann Gudenus ist längst Geschichte. Und doch ist die Ibiza-Affäre aktueller denn je. Wieder sind Rechtspopulisten und Rechtsextremisten in Österreich und auch anderswo in Europa auf dem Vormarsch. Wieder lullen sie mit der Mär von einer »anderen« Politik Massen ein. Und wieder blicken Millionen verzweifelt und hilflos auf den vermeintlich unaufhaltsamen Aufstieg der Rechten.

Dieses Mal werden Kickl & Co. ihre Masken bis zur Nationalratswahl im Herbst 2024 eher nicht fallen lassen. Und danach ist es womöglich zu spät. Aber Kickl ist kein Strache, für die Demokratie ist er womöglich noch viel gefährlicher. Ihn hätte vermutlich auch auf Ibiza die Kombination aus Alkohol und Bedeutungssucht nicht dazu gebracht, vor der falschen Oligarchin stundenlang zu schwadronieren. Ein Ibiza 2.0 wird es vermutlich nicht geben, weder in alter noch in neuer Besetzung.

Auch wird Julian Hessenthaler sicher kein zweites Mal eine tragende Rolle in einem heimlich aufgenommenen Video spielen oder undercover als Detektiv arbeiten – dafür ist er in Österreich und darüber hinaus inzwischen einfach zu bekannt.

Aber die vergangenen fünf Jahre haben ihn geprägt, und wir sind gespannt, ob seine Idee der Whistleblower-Plattform *Ans Licht!* (die er zusammen mit dem Verein zur Förderung von Demokratie und Transparenz entwickelt hat) Fahrt aufnehmen wird. Gründe, zum Whistleblower zu werden, gibt es wahrlich genug, insbesondere in Österreich: einer Demokratie unter permanentem Beschuss.

Über dieses Buch

Warum dieses Buch? Was habe ich noch zu sagen? Einiges.

Ibiza war nie als Polit-Skandal geplant, am Anfang war es ein simpler Freundschaftsdienst. Eine Arbeit wie viele andere, die ich zuvor als Sicherheitsberater schon erledigt hatte. Es ging, wie so oft bei solchen Fällen, um persönliche Defizite der Zielperson, in dem Fall hieß sie eben Heinz-Christian Strache und war zufällig zu diesem Zeitpunkt Chef der rechtspopulistischen FPÖ. Seine Themen waren Alkoholkonsum, mutmaßlich Drogen, ja, auch der Umgang mit Frauen. Verhaltensweisen, die im Gegensatz zu seinen politischen Botschaften standen. Mein Part war die Operation an sich, die über Umwege auch zur Erstellung eines kompromittierenden Videos führen sollte. Die politische Ebene, die Frage der Verwertung – damit sollte ich eigentlich nichts zu tun haben.

Aber die Dinge entwickelten sich anders. Wie es dazu kam, werde ich in meinem Buch ausführlich erzählen. Der Ibiza-Skandal hat Österreichs politische Zeitgeschichte verändert, er hat Strache die Vizekanzlerschaft gekostet, dem damaligen Kanzler Sebastian Kurz der konservativen Volkspartei (ÖVP) den Kanzler und der FPÖ die Regierungsbeteiligung. Viel ist darüber schon geschrieben worden. Aber worüber meiner Meinung nach zu wenig erzählt wurde, ist, welch lange Schatten der Ibiza-Skandal immer noch wirft, was er eigentlich aufzeigte und immer noch anzeigt: ein nationales Sicherheitsrisiko. Kein einmaliges, sondern ein strukturelles, das tief mit Österreichs historischer Beziehung zu Russland verbunden ist.

Wenn es mir, einem Sicherheitsberater ohne geheimdienstlichen Hintergrund, mit einem relativ flachen Budget und einer Bekannten, die sich, um mir einen Gefallen zu tun, als Oligarchennichte ausgibt, so einfach gelingt, einen wichtigen österreichischen Oppositionspolitiker zu kompromittieren, wie anfällig für Honeytraps oder feindliche Infiltrationen sind dann andere österreichische Politiker?

Im Gegensatz zu dem, was mir viele Leute andichten, bin ich alles andere als ein Superprofi. Ich habe auf dem Weg zu Ibiza viele Fehler gemacht.

Wenn es sogar mir gelingt, so leicht zum Ziel zu kommen und einen wichtigen Oppositionspolitiker in eine Falle zu locken, müssten eigentlich im nationalen Sicherheitsapparat eines Landes alle Alarmglocken schrillen. Taten sie das? Nein. Kaum war das Ibiza-Video im Jahr 2019 erschienen, konzentrierten sich die Ermittler darauf, die »Hintermänner« zu finden, den Regisseur und Produzenten, also mich. Damit konnte man auch die Aufmerksamkeit der Bevölkerung weglenken von den eigentlich zentralen Themen, die Ibiza offenbarte. Korruption, käufliche Politik, russische Beeinflussungsoperationen. Die politischen Kommentatoren arbeiteten sich an den Folgen für Kurz und Strache ab. Über den eigentlichen Elefanten im Raum, Österreichs Anfälligkeit für Korruption, vor allem für russisch inspirierte, wurde kaum gesprochen.

Das wundert mich bis heute. Österreich ist einfach sehr gut darin, Dinge unter den Teppich zu kehren und so zu tun, als ob alle Opfer wären. Ich glaube, das ist einer der größten Fehler, den dieses Land hat. Niemand will hier Verantwortung übernehmen. Und die Fragen stellen, die wehtun. Das hat hierzulande Historie.

Diese große Lücke will dieses Buch schließen. Ich will die Geschichte des Ibiza-Skandals so erzählen, wie sie noch nicht erzählt wurde. Ich will über die Folgen und Lehren schreiben, die wir eigentlich aus dem Skandal in Österreich hätten ziehen sollen. Die FPÖ steht knapp davor, bei den Nationalratswahlen im Herbst 2024 als stärkste Partei hervorzugehen und den Kanzleranspruch stellen können. Bei den Europawahlen wurde sie erstmals in der Geschichte der Zweiten Republik bei nationalen Wahlen stärkste Partei.

Ich will aufarbeiten, was nicht aufgearbeitet wurde. Dafür muss ich auch noch einmal die Vorgeschichte und alles, was danach geschah, neu erzählen – mit vielen bisher unbekannten Details und Zusammenhängen, die einiges erhellen.

Was, wenn nicht ich, als Einzelkämpfer mit überschaubarem Budget, sondern ein hochprofessioneller ausländischer Geheimdienst Ibiza aufgezogen hätte? Es ist nur ein Gedankenspiel, aber kein komplett abwegiges. Wir wissen, dass wirtschaftliche Syndikate, aber auch Staaten versuchen, Politiker zu beeinflussen, zu kompromittieren. Die russischen Geheimdienste gehören zu den professionellsten der Welt. Was für eine leichte Beute wäre oder vielleicht sogar war jemand wie Gudenus oder Strache in den Jahren vor 2019 für sie gewesen?

Fünf Jahre nach Ibiza, im Jahr 2024, wissen wir inzwischen viel besser, wie stark die FPÖ, kaum war sie in Regierungsmacht, ins Visier russischer Geheimdienstaktivitäten geriet. Wir wissen inzwischen auch, dass mein Ibiza-Video, das 2019 zum abrupten Ende der ÖVP-FPÖ-Koalition führte, vermutlich weit Schlimmeres verhindert hat. Hinweise internationaler Geheimdienste und Ermittlungen zeigen, dass eine von Moskau gesteuerte Spionagezelle in dieser Zeit versuchte, den Verfassungsschutz im Innenministerium zu destabilisieren und gleichzeitig einen neuen Geheimdienst im Außenministerium zu installieren. Der mutmaßliche Drahtzieher soll der flüchtige Ex-*Wirecard*-Manager Jan Marsalek gewesen sein. Seine Helfershelfer vor Ort hochrangige

Sicherheitsbeamte. Aufgekommen ist das alles nicht durch die Ermittlung österreichischer Behörden, sondern dank der Hinweise britischer Partnerdienste.

Strache war im Sommer 2017, als ich das Video drehte, schon der »Rising Star« unter Österreichs Politikern. Es war absehbar, dass er in eine Regierung kommen könnte oder in irgendeiner Art und Weise Königsmacher sein würde. Österreich ist ein kleines mitteleuropäisches Land, aber in der zweiten Hälfte des Jahres 2018 hat es die EU-Präsidentschaft übernommen – und damit eine Schlüsselfunktion in der Union.

Was läge näher, als einen Regierungspolitiker genau in dieser Phase erpressbar zu machen? Dass die FPÖ so wie andere europäische Rechtsaußenparteien ein inniges Verhältnis zu Russland pflegt, ist bekannt und natürlich kein Zufall. Aus Sicht Moskaus macht eine Infiltration der extremen Rechten in Europa strategisch langfristig Sinn, wenn man die Union destabilisieren will. Ungarn ist vielleicht mittlerweile der Brückenkopf für Russland in der Union, doch Österreich ist nicht weit dahinter, Serbien ist ein weiterer an ihrer Außengrenze, an der europäischen Südost-Flanke. Österreich strategisch noch näher an Moskau heranzuführen ist ein naheliegender Zwischenschritt.

Schon vor dem Ibiza-Skandal war es offensichtlich, dass die FPÖ ein sehr enges Verhältnis zu Moskau hat. Die FPÖ schloss im Jahr 2016 einen Freundschaftsvertrag mit der Partei Einiges Russland. Als Promotor dieser Bestrebungen war Johann Gudenus bereits allgemein bekannt, aufgrund seiner Biografie. Er war für Weiterbildungen an Moskauer Universitäten und spricht sehr gut Russisch. Später, im Laufe des Jahres 2024, sollte bekannt werden, dass die von der FPÖ als Parteilose nominierte Außenministerin Karin Kneissl einen eigenen »Geheimdienst« im Außenamt aufbauen wollte. Ihr Generalsekretär Johannes Peterlik kooperierte mit dem Putin-Agenten Jan Marsalek. Ein Abgeordneter der FPÖ, Thomas Schellenbacher, half dem Putin-Agenten Marsalek bei dessen Flucht nach Russland.

Hätte ein professioneller Dienst die Ibiza-Falle aufgezogen und nicht ich, dann wäre es nach dem berühmten Abend in der Villa erst richtig losgegangen. Dann wäre es kein Problem gewesen, einige Hundert Millionen Euro zu investieren, um Strache vielleicht tatsächlich zu korrumpieren und Anteile an der größten Zeitung des Landes zu kaufen.

Gleich nach Platzen des Skandals waren das tatsächlich wohl auch die ersten Überlegungen innerhalb der ÖVP und ihrer Sicherheitsexperten: Sind »wir« Opfer einer feindlichen Geheimdienstaktion geworden? Müssen wir das vielleicht auch als Warnschuss für Kanzler Kurz interpretieren? Will uns jemand damit etwas sagen, im Sinne von: Achtung, ihr seid in Gefahr, euer Koalitionspartner ist ein Sicherheitsrisiko? Mittlerweile spricht die ÖVP unter ihrem aktuellen ÖVP-Chef Karl Nehammer über nichts anderes. Die ÖVP hat FPÖ-Chef Herbert Kickl als »Sicherheitsrisiko« entdeckt, mit ihm könne man nicht koalieren. Ist das nur ein taktischer Zug im Vorfeld der Nationalratswahlen oder hat sie – spät, aber doch – dazugelernt?

Im Sommer 2019, sobald klarer war, dass kein ausländischer oder inländischer Dienst hinter Ibiza stand, sondern es eher um eine parteiinterne Verwerfung ging, sparte man es sich gleich wieder, unangenehme Fragen zu stellen. Man ermittelte gemächlich in Richtung mutmaßlicher Korruption, dafür verwendete man eine große Zahl an Personal und Energie, gebündelt in der berühmt-berüchtigten *Sonderkommission Tape*, auch *Soko Ibiza* genannt, um mich auszuforschen.

Ich hatte gleich nach Erscheinen des Videos den Eindruck gewonnen, dass mich in Österreich kein faires Verfahren erwarten würde. Dafür hatte ich gute Gründe, die ich in diesem Buch schildern werde. Ich kooperierte also nicht, sondern nahm mir eine Auszeit, indem ich von der Bildfläche verschwand. Als ich im Dezember 2020 in Berlin letztlich wegen eines anderen Deliktes – des Verdachts auf Drogenhandel – verhaftet wurde, war es der Regierung, allen voran der ÖVP, sehr recht, Ibiza als kriminellen Akt ad acta zu legen. Hessenthaler wurde verurteilt, Ende der Geschichte.

So lässt es sich auch leichter weiter im Modus der »Schaukelstuhlpolitik« bleiben, wie ich es bezeichnen würde. Was meine ich damit? Ein wenig mit dem Osten gutstellen, ein wenig mit dem Westen, dabei immer sagen: »Wir sind neutral«, so schaukeln wir uns durch die Geschichte. Oder schwindeln wir uns durch. Wir bedienen alle Interessen gleichermaßen und verdienen gut daran. Und prinzipiell kommt das Abstreifen jeder Verantwortung oder Schuld immer sehr schnell hierzulande. Fast schon ein pawlowscher Reflex. Schuld ist die EU, die Migration, die NATO, die Was-auch-Immer. Nur wir primär einmal nicht.

Warum ist Österreich das Land, das in Europa immer noch einzigartig stark abhängig ist von russischem Gas? Warum schauen unsere Behörden seit dem Fall des Eisernen Vorhangs zu, wie Oligarchen aus den ehemaligen russischen Ländern es sich in Wien gemütlich einrichten? Warum ist oft die Parteiloyalität stärker ausgeprägt als die Verantwortung Land und Bevölkerung gegenüber? Weil es profitabel ist für das persönliche Fortkommen? Ist das nicht etwas zu kurz gegriffen?

Ich habe im Wien der 1990er-Jahre viele solche russische Freunde gehabt, was mir geholfen hat, den Ibiza-Plot so glaubwürdig aufzuziehen. Ich habe selber miterlebt, wie Österreich sich als Rückzugsgebiet für reiche und neureiche Russen angedient hat. Man hat ihre Praktiken toleriert, man hat sie gewähren lassen, man hat profitiert. Solange kein Blut fließt, war die Devise. So wurde Österreich zum beliebten Rückzugsgebiet für alle möglichen Personen und Strukturen. Wir dürfen dabei nicht übersehen, dass sich die russische organisierte Kriminalität unter anderem auch aus Geheimdienststrukturen rekrutiert und umgekehrt. Das sind fruchtbare Synergien und Wien ist ein Brückenkopf.

Was müssen wir also aus Ibiza lernen? Zum einen, dass wir wachsamer sein müssen. Diese gemütliche österreichische Schaukelstuhlmentalität funktioniert nicht mehr, wenn wir im Zeitalter neuer Kriege leben, die auch als Informationskriege geführt werden. Zum anderen müssen wir unser politisches System, unsere Politikerinnen und Politiker besser schützen. Das beginnt bei banalen Dingen wie dem persönlichen Schutz von Entscheidungsträgern. Du musst schon von erstaunlicher Dummheit beseelt sein, wenn du die Leute in deinem engsten Umkreis gegen dich aufbringst. Deshalb ist es Standard, Personenschützer nach ein paar Jahren auszutauschen, weil sich immer ein Sicherheitsrisiko ergibt, wenn Beziehungen entstehen. Aber das ist nur ein Detail am Rande.

So wie es mit »OLAF« eine europäische Anti-Korruptions-Behörde gegen Wirtschaftskorruption gibt, die grenzüberschreitend agiert, brauchen wir auch eine politische Korruptionsbekämpfungseinheit. Ich habe mich oft gefragt: Wem hätte ich das Ibiza-Video übergeben sollen, damit offenbar wird, wie korrupt Strache möglicherweise ist? Wir wissen mittlerweile, wie parteiisch Teile der Justiz und der Ermittler sind. Wenn es gegen Unternehmen geht, gibt es Widerstände. Aber wenn es gegen die eigene Partei geht, dann tun sich Beamtenapparate doppelt schwer.

Es war ja nicht so, dass ich nicht versucht hätte, nach Platzen des Ibiza-Skandals zu den Ermittlern Kontakt aufzunehmen, um sie auf das, was kommt, vorzubereiten. Ich wollte vorbauen. Ich habe versucht, sie über einen Mittelsmann zu kontaktieren. Mein Name war im Bundeskriminalamt bekannt, weil ich über einige Jahre im Zuge meiner Arbeit im Sicherheitsbereich immer wieder Kontakte mit dem Bundeskriminalamt gehabt hatte.

Das ist ein Aspekt, über den wenig berichtet wurde und der einen viele Zusammenhänge besser verstehen lässt. Ich kann auch gut nachvollziehen, dass unter den Ermittlern zuerst ein wenig Panik herrschte, als ihnen klar wurde, dass jemand, der ihnen wohl bekannt war, für das Ibiza-Video verantwortlich ist. Ich fürchtete überschießende Ermittlungen. Zu Recht, wie sich im Nachhinein herausstellte.

Deshalb habe ich kurz vor Platzen des Skandals versucht, an die Kanzlei des Bundespräsidenten heranzutreten. Leider scheiterte mein Versuch, meine Version, meine Hintergründe zu deponieren. Das mag daran liegen, dass mir die Erfahrung fehlte, mit solchen Situationen umzugehen. Wir – damit meine ich den Anwalt Ramin Mirfakhrai und mich – hatten kein »Playbook«, kein »Storytelling«, keinen Plan, wie wir unsere Motive, unsere Sicht der Geschichte erzählen wollten. Wir hätten Beratung, Unterstützung, vor allem auch Schutz gebraucht.

Hätte Österreich so etwas wie einen interparlamentarischen Sonderermittler gehabt oder eine interne Justizkommission einberufen, dann wäre der Ibiza-Skandal wohl schneller, besser und umfangreicher aufgearbeitet worden. Genau so eine Struktur fehlt Österreich.

Deshalb setze ich mich heute gemeinsam mit Korruptionsexperten dafür ein, eine zentrale, seriöse Anlaufstelle für Whistleblower zu schaffen. Dafür habe ich gemeinsam mit Mirfakhrai den Verein *Ans Licht!* gegründet. Es geht um moralischen Beistand, um Recherchen, um Kommunikation und Medienkontakte – aber auch juristische Hilfe durch Bestellung von Anwälten. Niemand soll so herumirren wie ich damals.

Vor Ibiza

Wenn man mich als Kind oder Jugendlichen fragte, was ich später einmal werden wolle, antwortete ich »Diplomat«. Vielleicht lag das daran, dass meine Mutter für das österreichische Außenamt arbeitete, wenn auch nicht im Diplomatenstatus, ich mit ihr und meinem Vater öfters Wohnsitz wechselte und das Eintauchen in neue Kulturen und Länder spannend fand. Auch wenn es ganz schön anstrengend war, weil ich keine langfristigen Freundschaften aufbauen konnte und mich jedes Mal neu orientieren musste. Aber so lernte ich früh, mich auf andere Menschen und Umstände einzulassen, mich anzupassen, verschiedene Register zu ziehen und vor allem: mich in den Kopf anderer hineinzuversetzen.

Über mich, meine Herkunft und meine persönliche Lebensgeschichte ist in den Monaten und Jahren nach Ibiza viel Unsinn geschrieben worden. Ich sei serbischstämmig (das stimmt zumindest ein klein wenig) und spräche Serbisch (stimmt nicht). Ich hätte Kontakte zur Wiener Halbwelt und eine düstere Vergangenheit als Drogendealer (Ersteres ja, Zweiteres nein). Ich sei ein ausländischer Geheimdienstagent oder informeller Mitarbeiter eines solchen (weder noch). Ich war offenbar die perfekte Projektionsfläche für alle möglichen Spekulationen. Auch, weil so gut wie nichts über mich bekannt war. Wenn eines stimmt, dann das: Ich habe immer versucht, keine Spuren zu hinterlassen. Das hat aber vor allem mit dem Beruf zu tun, den ich in den Jahren vor dem Ibiza-Skandal ausgeübt habe: den des privaten Sicherheits-Consultants.

Es ist also an der Zeit, einmal meine ganze Geschichte zu erzählen, damit die biografischen Lücken nicht mehr mit Vermutungen oder Verleumdungen gefüllt werden.

Ich wurde am 15. November 1980 in Wien als Julian Wiegele geboren. Meine Mutter arbeitete im Auftrag des Außenministeriums in verschiedenen Ländern als Lehrerin für Deutsch und Französisch. Meine Mutter musste im Rahmen ihrer Tätigkeit alle paar Jahre den Standort wechseln, und als Kind bin ich natürlich mit ihr mitgereist. So bin ich quer durch die Welt gezogen, von Indien über Japan nach Amerika und Luxemburg.

Mein Vater war zur Zeit, als ich auf die Welt kam, Reiseleiter. Meine Mutter und er hatten sich in der Elfenbeinküste kennengelernt. Er hatte ein starkes Interesse an Geschichte und Politik. Er war wie ein wandelndes Lexikon. Außerdem war er schlau und hatte auf seinen Reisen bemerkt, dass bestimmte Dinge in manchen Ländern günstiger zu erwerben sind als in anderen. Bald begann er, so nebenbei Geld zu verdienen, hauptsächlich durch den Handel mit Schmuck, Antiquitäten und Kunsthandwerk, was damals seine Leidenschaft war. Er war sehr geschickt darin. Damals gab es noch keine signifikanten Zollkontrollen, man konnte durch An- und Verkauf an verschiedenen Orten dieser Welt also sehr einfach sehr viel Geld verdienen.

Ich bin ein Einzelkind, zumindest dachte ich das, bis ich 13 Jahre alt war. Dann kam heraus, dass ich eine nur sechs Monate jüngere Halbschwester habe, von der weder meine Mutter noch ich je etwas gewusst hatten. Wir waren damals gerade in Japan, als wir das erfuhren. Meine Mutter beendete die Beziehung mit meinem Vater und musste nach Österreich zurück. Die Japaner sind bekanntlich sehr streng mit ihren Aufenthaltsbewilligungen, und als meine Mutter aufgrund des Endes ihres Dienstvertrages sofort ausreisen musste, war mein Schuljahr an dieser amerikanischen Schule noch nicht zu Ende.

Ich durfte daraufhin ein paar Monate lang beim Direktor der Schule wohnen, bis mein Schuljahr beendet war. Seine beiden Söhne waren ziemlich beeindruckend; einer von ihnen war Navy-Pilot, der andere war in einer der Sondereinheiten des US-Militärs. Es war eine ziemlich militärisch geprägte Familie, aber auch eine sehr herzliche. Bei Tisch wurde gebetet und man ging in die Kirche, etwas, das mir Zeit meines Lebens fremd bleiben sollte. Ich habe Japan geliebt, es hat mich auch geprägt.

In meiner Zeit an der amerikanischen Schule habe ich mir einen starken amerikanischen Akzent zugelegt. Ich habe ein Talent dafür, mir verschiedene Sprachmelodien anzueignen. Das bedeutet, ich kann deutsch mit einem schweren russisch-jüdischen Einschlag sprechen oder glaubwürdiges Englisch mit einem Balkaneinschlag (vielleicht kommt daher die Mär, ich spräche auch Serbisch). Sprachliche Anpassungen fallen mir sehr leicht.

Meine nicht ganz einfache Jugend

Aus Japan zurück in Wien, 1994, war die Landung auf Wiener Boden entsprechend hart. Meine Schulkarriere war ab dann teils eher durchwachsen, um es höflich zu formulieren. Die öffentliche Wiener Schulkultur war eine ganz andere im Vergleich zu den internationalen Schulen, die ich davor gewohnt war. Grunge und die Fuck-the-World-Mentalität waren auf ihrem Höhepunkt. Meine Mutter hatte mich am Gymnasium Auf der Schmelz in Rudolfsheim-Fünfhaus eingeschrieben, warum, kann ich heute nicht mehr rekonstruieren. Als Lehrerin hatte sie sehr starke Überzeugungen, welche Lehranstalt gut oder schlecht sei für mich. Wir wohnten weder in der Nähe, noch hatte die Schule einen besonderen Ruf, vermutlich war es dem Umstand geschuldet, dass ich wieder einmal zu spät für alle Schuleinschreibungsfristen im Land angekommen war. Das kannte ich ja schon aus meinem vorherigen Nomadenleben. Vom Naschmarkt, in dessen Nähe wir wohnten, zur Schule hatte ich einen absurd langen Schulweg.

Der Unterschied zur US-Schule in Japan hätte nicht größer sein können. Die Schmelz war eine linke, rebellische Schule. Nirvana, Ratten in den Kapuzen – das volle Programm. Nach Ende des zweiten Schuljahrs beschloss meine Mutter für sich, dass die Art, wie dort gelehrt wurde, und auch das allgemeine Umfeld zu locker, lässig und mir ganz und gar nicht zuträglich seien. Sie schrieb mich ohne mein Wissen für das folgende Schuljahr ins Gymnasium Marchettigasse in Wien-Mariahilf ein.

Ich war empört, weil es immer eines meiner großen Probleme war, dass ich nicht leicht mit Menschen warm werde. Ich brauche Zeit. Mich gleich wieder herauszureißen, nachdem ich Freundschaften aufgebaut hatte, tat weh. Die neue Schule lag zwar näher zu unserer Wohnung, aber ich fühlte mich nicht wohl und rebellierte erst recht und sorgte dafür, dass man mich gar nicht erst aufnahm. Ich war mittlerweile in der Pubertät, ein Teenager, 15, 16 Jahre alt. Die Marchettigasse verweigerte ich, ich verbrachte dort nicht einen Tag in der Klasse. Die nächste Station war das Gymnasium Stubenbastei in der Innenstadt.

Dann bekam meine Mutter das Angebot, für eine EU-Behörde in Luxemburg zu arbeiten. Sie wollte das gerne machen, die Aufgabe war interessant, das Gehalt gut, sie bekam einen EU-Dienstpass, aber sie musste dafür erneut Wohnort wechseln. Das stellte meine Eltern wieder einmal vor die Frage: Wie weiter? Weil ich schon alt genug war und überdies gezeigt hatte, dass ich Entscheidungen über meinen Kopf hinweg nicht mehr goutierte, überließen sie die Wahl mir. Ich entschied mich für Wien – und für ein Leben an der Seite meines Vaters. Das schmerzte meine Mutter sicherlich, aber ich wollte einfach Wurzeln schlagen. Außerdem hatte ich in den Sommerferien in Frankreich mit 14 meine erste richtige Freundin kennengelernt. Sie lebte in Wien. Wir sollten elf Jahre zusammenbleiben, sie war, im Rückblick gesehen, eine wichtige Konstante in diesen wechselhaften Jahren.

Mein Leben kurz vor der Matura sah also so aus. Mein Vater war kaum zu Hause, er war beruflich ständig unterwegs, und ich lebte oft allein. In der siebten und achten Klasse hatte ich so viele Fehlstunden, dass die Lehrer regelrecht erstaunt waren, wenn ich auftauchte. Ich erinnere mich, einmal kam ich in die Klasse und meine Abwesenheit war bereits zwei Wochen im Voraus ins Klassenbuch eingetragen worden. In der achten Klasse standen für mich Entscheidungsprüfungen in allen Fächern an, weil ich so selten da gewesen war. Zu meiner Überraschung schaffte ich sie. Aber mit 70 Prozent Fehlzeiten wurde mir seitens der Schulleitung klargemacht, ich solle erst gar nicht versuchen, zur Matura – dem Abitur – anzutreten. Sie würde mich nicht zulassen.

Wenn ich heute auf mich als 17- und 18-Jährigen zurückblicke, sehe ich einen Jugendlichen mit zu vielen Freiheiten, zu viel Geld, zu vielen Ansprüchen – und zu wenigen Grenzen. Ich hatte mir in der Stubenbastei einen neuen Freundeskreis zugelegt. Damals waren viele Jugendliche aus der ehemaligen Sowjetunion dort, 1989, der Fall des Eisernen Vorhangs und der Zusammenbruch des Kommunismus, war noch nicht lange her. Sie stammten aus neureichen Verhältnissen und sie zeigten das auch. Diese Clique hatte sehr viel Geld; ich hatte weniger, aber immer noch viel mehr als meine anderen, österreichischen Klassenkolleginnen und -kollegen. Genug jedenfalls, um in meinen damaligen Stammlokalen die Rechnung monatlich zu begleichen.

Wenn es jetzt schon so gut läuft, was sollte mir im Leben noch passieren? So kurzfristig dachte ich damals. Schule, Matura, Studium? Was meine Mitschüler beschäftigte, interessierte mich nicht. Nach Abschluss – oder besser Nicht-Abschluss – des Gymnasiums habe ich ein paar Mal versucht, »normal« zu jobben, aber das hat mich schnell gelangweilt.

Wie lange konnte das gut gehen? Jedenfalls so lange, solange die Geschäfte meines Vaters florierten. Mein Vater bewegte sich dabei in einer Grauzone, Zoll, Steuern – das war selten transparent und korrekt abgewickelt. Die Probleme mit Behörden häuften sich. Auch innerhalb seiner Geschäftskontakte gab es Unstimmigkeiten, Schulden wurden gemacht und nicht beglichen, es gab Streitigkeiten und auch bedrohliche Situationen, die ich als Jugendlicher mitbekam.

Einmal standen drei Männer vor der Tür, die nach meinem Vater verlangten. Ich ging in sein Arbeitszimmer und informierte ihn. Ich räumte noch seinen Pocket-Computer mit all seinen privaten Telefon-Kontakten (damals gab es noch keine Smartphones) und das vorhandene Bargeld in meinen Rucksack, wollte damit rausgehen, überlegte es mir in letzter Sekunde aber anders und legte alles an seinen Platz zurück. Das war ein Fehler, mein Bauchgefühl war richtig gewesen. Es folgte eine Hausdurchsuchung.

Ich mache es kurz: Es gab eine Zeit mit vielen Problemen, Konten wurden eingefroren, der Schmuck meiner Mutter, der noch in der Wohnung war, wurde beschlagnahmt sowie sämtliche anderen Wertgegenstände ohne Rechnung, also fast alle. Mein Vater und seine Geschäftspartner waren nicht kriminell im strafrechtlichen Sinne, sie handelten nicht mit illegalen Waren. Aber sie hielten sich nicht genau genug an die Prinzipien des ordentlichen Geschäftsmannes. Waren wurden nicht korrekt eingeführt und verzollt, Steuern nicht rechtzeitig und umfänglich abgeführt.

Ich hatte also sehr früh Einblicke in ein Milieu, das andere nur aus beliebten deutschen Krimi-Serien wie »Tatort« kennen. Über die Geschäfte meines Vaters lernte ich auch die ungeschriebenen Codes, Logiken und Praktiken dieses Milieus kennen. Unter anderem kann ich daher gewisse informelle Muster und Strukturen erkennen und verstehen, die anderen vielleicht gar nicht auffallen. Oft besser als die offiziellen Behörden.

Mein Vater arbeitete nach dieser einschneidenden Episode weiter in ähnlichen Bereichen, weil er mittlerweile einiges an Expertenwissen angesammelt hatte. Aber er blieb diesmal auf der legalen Seite, er hatte seine Lektion gelernt. Unsere Beziehung blieb belastet, er war damals ein eher abwesender Vater. Wir hatten ein schleichendes »Falling-out«.

Als ich dann erfuhr, dass meine Mutter in Luxemburg schwer erkrankt war, beschloss ich, zu ihr zu fahren. Meine Jahre in Luxemburg bei meiner Mutter halfen mir ein wenig, meine Familiengeschichte aufzuarbeiten. Ich verstand danach einiges besser und konnte ihr auch verzeihen, mich damals von einer Schule in die andere herumgeschubst und dann »verlassen« zu haben.

Aus Sicht eines Kindes sieht man seine Eltern immer nur als Eltern, die für einen da sein sollen, aber nicht als eigenständige Persönlichkeiten mit ihrem eigenen Leben und ihren eigenen Zielen, die sie auch verfolgen. Man bezieht alles auf sich. Meine Mutter wollte mir damals wohl Struktur und Sicherheit geben, so wie sie es über all die Jahre, die wir als Quasi-Diplomaten in verschiedenen Ländern gelebt haben, getan hatte. Meine Mutter war – wenig überraschend für eine Lehrerin – sehr leistungsorientiert. Kritisch, auch streng, das Bessere war ihr stets der Feind des Guten. Sie ist eine sehr starke Frau, in manchen Weisen bewundere ich ihre Konsequenz, in anderen blieb sie mir lange fremd.

Mein Vater war früher, als sie sich kennenlernten, wohl mehr der Hippie, der Intellektuelle, der Reisende und Forschende. Unglaublich interessiert, eignete er sich ein großes historisches und kulturgeschichtliches Wissen an. Als seine Geschäfte florierten, veränderte er sich sehr. Status war nun wichtig. Statt eines *2CV* fuhr er eine *Mercedes-S-Klasse*. Er ließ mir viel Freiraum, wo ich eher Grenzen gebraucht hätte, was ich als Teenager natürlich großartig fand. Als ich 16 war, hat er mir einmal die Autoschlüssel in die Hand gedrückt und gesagt: »Aber fahr nicht selber.«

Mit 24 Jahren hatte ich jedenfalls schon eine Menge Erfahrungen gemacht und meine Erfahrungen unterschieden sich sehr von jenen meiner Altersgenossen.Ich hatte viel erlebt. Aber einen Plan für mein Leben hatte ich gerade deshalb oder trotzdem noch nicht. Ich ließ mich also in Luxemburg treiben und hatte Zeit, nachzudenken. Meine Mutter hatte sich zum Glück gut erholt und fing auch wieder zu arbeiten an, während ich bei ihr wohnte.

Erste Schritte im Intelligence-Business

War es Zufall oder nicht: In Luxemburg kam ich erstmals mit dem Bereich Private Intelligence in Berührung. Ich lernte etwas kennen, das mich faszinierte und interessierte. Und für das ich Talent zu haben schien. Mit Diplomatie, meinem eigentlichen Berufswunsch, hatte es nur am Rande zu tun. Aber vieles gleicht sich: internationale Zusammenhänge, Informationsbeschaffung und -verarbeitung, formelle und informelle Ebenen.

Luxemburg war damals ein recht verschlafenes Städtchen, gefühlt gab es dauernd schlechtes Wetter, die Leute waren konservativ und eher älteren Semesters und die meisten sehr wohlhabend. Meistens war es fürchterlich langweilig, vor allem wenn man niemanden kannte. Die Altstadt, die Schlucht, das Glacis, ein großer Park, die Siedlungen für die vielen Expats, die hier für die EU arbeiteten, so wie meine Mutter, die nun für die Europäische Union tätig war.

Ich verbrachte viel Zeit in einem Café, las Zeitungen und telefonierte mit Freunden. Einem anderen Stammgast war meine Vielsprachigkeit offenbar aufgefallen – und der Umstand, dass ich über zu viel Tagesfreizeit zu verfügen schien. Meistens kam er um dieselbe Tageszeit wie ich, mit der Zeit grüßte man sich wortlos. Irgendwann sprach er mich an, als Small-Talk-Einstieg befragte er mich zu meinem ausgeprägten Akzent. Wir begannen zu plaudern, meist über das miese Wetter, später über internationale Politik, und irgendwann fragte er mich, ob ich Lust hätte, ihn in seine Firma zu begleiten. Vielleicht war es wegen meiner Erfahrung in Japan und meines Interesses für militärische Angelegenheiten. Wahrscheinlicher fand er mich eher kurios oder auch amüsant.

Diese Person, die ich zufällig kennenlernte, war, wie ich später erfahren sollte, ein ehemaliger Geheimdienstler, der in die Privatwirtschaft gewechselt und für eine Firma tätig war, die nachrichtendienstliche Leistungen für private Militärfirmen anbot. Das Geschäft der privaten Militär- und Sicherheitsdienste faszinierte mich in der Minute, in der ich es kennenlernte. Anfang der Nullerjahre ließ die damalige Situation im Irak und in Afghanistan die Nachfrage nach Militärberatern und logistischer Unterstützung in die Höhe schnellen. Zu dieser Zeit machten PMCs – Private Military Companies oder Private Military Contractors – wie etwa *Blackwater* und ihre Ableger nicht nur große Gewinne, sondern auch Schlagzeilen. Viel Geld floss in viele Richtungen, viele Dinge wurden komplett neu geordnet.

Diese PMCs setzten sich meist aus ehemaligen Mitgliedern von Eliteeinheiten zusammen. Sie operierten in vielen Ländern, die ihnen gegenüber nicht immer freundlich eingestellt waren, und benötigten daher auch Intelligence-Dienste, die sie selbst nicht erbringen konnten oder wollten. Auf nähere Details kann ich an dieser Stelle nicht eingehen, weil es zum Geschäft gehört, dass man strenge Verschwiegenheitsklauseln unterschreibt. Meine Aufgabe war damals jedenfalls die Datenanalyse, und es scheint, dass ich das recht erfolgreich hingekriegt habe. Es interessierte mich, es kam meinen Fähigkeiten entgegen, ich hatte etwas gefunden, in dem ich ein gewisses Talent hatte und das vor allem auch mein Interesse weckte. Das war mein Einstieg in diesen Bereich und ich sammelte meine ersten Kontakte.

Gleichzeitig interessierte ich mich für die Gastronomie. In Luxemburg schnupperte ich ein wenig in diese Branche hinein. Aber ich wollte wieder zurück nach Wien, nach Luxemburg war ich ja nur wegen meiner Mutter gekommen. So gepflegt und beschaulich es war, für einen Mitt-20er war es nicht gerade »the place to be«. Ich schlug in Wien mit einer hochtrabenden Idee auf und scheiterte ebenso grandios. Zwei Gastro-Unternehmer hatten im Herbst 2006 ein Lokal auf der Lerchenfelder Straße in Wien-Neubau eröffnet. Musik, Massage, Unterhaltung und lauwarmes Essen im Liegen zu einem Package-Preis von 69 Euro war die Idee. Warum die Location danach nicht für Clubbings nutzen? Also wurde es mein Part, die Location ab 22.30 Uhr als Tanzclub zu bespielen. Wie so vieles, von dem man wenig Ahnung hat, schlug auch das fehl. Die Personalkosten explodierten, es kamen zu wenige Gäste, es fehlte an Parkplätzen, es war zu laut, die Anrainer protestierten. Kurzum: Das Projekt war schon fast wieder vorbei, bevor es richtig begann.

Meine Mutter hat mich einmal als Einzelgänger beschrieben, wahrscheinlich hat sie damit nicht unrecht. Meine Schulfreunde waren alle in mehr oder weniger klassischen Lebenswegen unterwegs, ich suchte nach wie vor meinen Weg. Ich hatte mich nach meiner Rückkehr nach Wien endlich auch von meiner Jugendliebe getrennt. Seit 1995 waren wir zusammen gewesen, ab den 2000er-Jahren bis 2006 hatte ich mit dieser Freundin zusammengewohnt, zeitweise auf Distanz, als ich in Luxemburg war.

Das Ende der Beziehung war so etwas wie das Lichten des letzten Ankers. Wir hatten uns in der Nähe von Cannes zufällig am Strand kennengelernt. Ich war damals 15, die Beziehung hielt über viele Turbulenzen hinweg. Als ich mich trennte, war ich 26. Zum Ende hatten wir uns beide nicht mehr gutgetan, heute würde man die Beziehung vielleicht toxisch nennen. Es war sehr schwer, endgültig abzuschließen und loszulassen, und ich beschloss, es muss ein radikaler Schnitt sein, um zu gelingen.

Wenn wir brechen, muss ich total brechen, war mein Gedanke, mit unserem gemeinsamen sozialen Umfeld, unserer Wohnung – einfach mit allem. Ich habe mein Handy, mein Mail, einfach alles getauscht und bin in eine neue Wohnung gezogen. Ich brach nicht nur meinen Kontakt zu ihr, sondern zu unserem gesamten Freundeskreis ab. Um ihr nicht über den Weg zu laufen, verbrachte ich meine Abende in anderen Lokalen und Bars als sonst und tauchte so in einen speziellen Teil der Wiener Gastro- und Partyszene ein.

Hier feierten Rich Kids, aber kein Teil der etablierten Wiener Szene. Manche hatten vielleicht einen gewissen Minderwertigkeitskomplex, andere waren verlorener als ich, jedenfalls musste alles immer besonders teuer und auffällig sein. Ich lernte Leute kennen, die, wenn man ihnen einen Rabatt anbot, beleidigt reagierten. »Schau ich aus wie ein Bauer?«, »Brauch ich die Prozente?«, »Ich zahle den vollen Preis!« Solche Szenen habe ich immer wieder erlebt. Ob alle davon das Geld wirklich am Ende so reichlich hatten, wage ich zu bezweifeln.

In dieser Zeit wechselte ich relativ oft Wohnungen, nicht einmal aus einem bestimmten Grund, einfach weil ich mich nirgends binden wollte. Ich mietete möblierte Apartments an und wenn ich ihrer Leid war oder andere Gründe einen Wechsel apart machten, suchte ich mir die nächste. Es fällt mir schwer, das Milieu genau zu beschreiben, in dem ich mich damals bewegte. Es ist noch keine Halbwelt, aber es gibt viele Verbindungskanäle dorthin. Es wird mit allerlei Wertgegenständen gehandelt. Schmuck, Autos, Uhren. Das Kriminal ist immer nur einen Halbschritt weit entfernt, logisch, dass sich in solchen Runden auch selbst ernannte, private und – wenn es ins Kriminelle geht – auch offizielle Ermittler bewegen. Ich ließ mich einfach nur treiben – gleichzeitig fasziniert und unglaublich gelangweilt.

Wenn ich über diese Phase meines Lebens erzähle, die mich letztlich auf die spanische Ferieninsel Ibiza führen sollte, uns zum »Produzenten« oder »Macher« des Ibiza-Videos werden ließ, habe ich schon oft als Reaktion gehört: »Cherchez la femme!« Tatsächlich stehen weibliche Zufallsbekanntschaften in meinem Leben oft am Anfang eines neuen Abschnittes.

Eine verhängnisvolle Geschäftsbeziehung mit dem Detektiv Sascha Wandl

Auch den Mann, mit dem ich in den Zehnerjahren, also ab 2010/11 beruflich zu tun hatte, lernte ich über eine Frau kennen. Sie war Sekretärin in einer Firma namens *Die Gruppe Sicherheit GmbH*, deren Inhaber zu jenem Zeitpunkt Sascha Wandl war. Wir lernten uns in einem Lokal kennen. Wandl ist eine schillernde und gleichzeitig hochproblematische Figur. Jahrelang im Sicherheitsgewerbe, aber mit fragwürdigem Ruf, nicht sehr talentiert, aber umso mehr von sich selbst überzeugt. Keinen Abweg auslassend, aber ein Top-Verkäufer, der es mit den Fakten nicht ganz so genau nahm. Wir sind am Ende ganz und gar nicht im Guten geschieden. Und das ist noch freundlich formuliert.

Der Sicherheitsberater Wandl hatte sich auf Industriekunden spezialisiert, er hatte ein Team von fünf bis zehn Mitarbeitern und war zeitweise durchaus erfolgreich mit seiner Art von »Recherche-Methoden«. Für Wandl arbeiteten damals auch zwei Mitarbeiter, die für mein weiteres Schicksal noch eine große Rolle spielen werden und denen wir in diesem Buch immer wieder – manchmal unerwartet – begegnen werden: Slaven K. und Edis S. Sie waren, wie viele in diesem Umfeld, private Sicherheitsberater und gleichzeitig

Vertrauensleute, sogenannte V-Leute oder auch V-Männer des Bundeskriminalamtes.

Wandl war für mich ein wichtiger Kontakt, weil ich gerne an meine Luxemburger Investigativ- und Recherche-Erfahrungen anknüpfen wollte und dafür jemand brauchte, der in diesem Bereich bereits etabliert war. Wandl hatte – anders als ich – eine Detektei-Lizenz durch einen Mitgesellschafter. Außerdem hatte er eine internationale Zertifizierung, die es ihm ermöglichte, mit Großkonzernen wie dem Tabak-Unternehmen *Philip Morris International* zusammenzuarbeiten, die recht hohe Compliance-Standards haben. Leider war Wandl kein besonders penibler Geschäftsmann. Ständig fehlte der Firma Geld, weil er sich nahm und verteilte, wie er es brauchte. »Buchführung war nicht seine Stärke«, formulierte es sein Verteidiger einmal höflich bei seinem Prozess vor Gericht.[1]

Das Feld, auf dem Wandl sich bewegte und auf dem ich mich in den nächsten Jahren auch bewegen würde, ist nicht ganz einfach abzustecken. Private Sicherheitsberater arbeiten für Unternehmen und Konzerne, sie kooperieren aber immer wieder auch mit staatlichen Behörden, allen voran mit Ermittlern auf Landes- und Bundesebene. Konkret also mit dem Landeskriminalamt Wien oder/und dem Bundeskriminalamt oder fallweise mit Zollbehörden. Dafür gibt es Regeln. Wenn man Informationen an Behörden liefert, muss man sich bei ihnen registrieren lassen. Wandl und seine Mitarbeiter waren alle registriert. Ob und wie man diese Form der Zusammenarbeit dann nennt, ob man sie als Kontaktmann, V-Mann, informeller Mitarbeiter oder als etwas ganz anderes bezeichnet, ist wiederum ein anderes Thema. Jedenfalls waren ihre Namen – und bald auch meiner – im Bundeskriminalamt bekannt und wir hatten dort auch unsere Ansprechpartner. Meistens handelt es sich bei ihren beziehungsweise unseren Diensten um eine reine Informations-Zuträgerschaft. Aber es konnten sich auch intensivere Kooperationen ergeben.

Das ist eine Symbiose, von der im Idealfall beide Seiten etwas haben. Die Behörden bekommen mehr Einblick in kriminelle Strukturen, die sie selbst nicht so offensiv ausforschen dürfen oder können. Und die privaten Sicherheitsberater auf der anderen Seite können unter einer gewissen Obhut der Behörden agieren und fallweise, bei erfolgreichen Aufgriffen, etwas dazuverdienen. Das ist ein nicht zu unterschätzender Anreiz. Pro Kilo aufgegriffenes Koks oder Heroin fließen bis zu 1.000 Euro. Auf diese Weise schaffen es manche Zuträger oder Kontaktleute des BKA, so wie Slaven K., mehr als nur ein Taschengeld dazuzuverdienen. Dass manch einer ihrer V-Männer vielleicht auch beide Seiten des Feldes bespielt, dürfte den Behörden wohl bekannt sein.

Wenn man etwas Illegales mitbekam, etwa eine Produktfälschung, war der übliche Weg in Wandls Geschäftsverständnis, dass man die Firma, die hier betrogen wurde, kontaktierte, die Informationen anbot, eine Lösung offerierte und dafür ein Honorar bekam. Ging es um illegale Drogen, Schmuggel oder Ähnliches, wandte Wandl sich auch an die zuständigen Behörden, also in diesem Fall meist das Bundeskriminalamt. Die Kontakte dorthin waren also eng und gut. So gut, dass Wandl zu den Weihnachtsfeiern der diversen BKA-Abteilungen eingeladen wurde und sich dort im Suff nicht nur Freunde machte. Ich hörte, er habe einmal die selbst gebackenen Kekse der Schwester eines hochrangigen Beamten kritisiert und dieselbige dann auch noch vor ihm als professionelle Dienstleisterin eines sehr alten Gewerbes tituliert. Danach war Wandl in Oberösterreich nicht mehr ganz so beliebt, so wurde es mir in diesen nicht immer sonderlich diskreten Kreisen zumindest erzählt.

Eines meiner Projekte drehte sich um Zigarettenschmuggel, von den kriminellen Aktivitäten betroffen war *Philip Morris International (PMI)*. Ich hatte mir mit Wandl ausgemacht, dass ich auf eigene Rechnung für ihn zu arbeiten anfange. Ich hatte schon mitbekommen, dass er ungeschickt und unprofessionell agiert, und wollte mich nicht auf ihn verlassen müssen. Aber um für *Philip Morris* als Consultant zu arbeiten, musste man bestimmte Standards erfüllen und Schulungen durchlaufen, die nur in Paris und Lausanne angeboten werden. Wandls Firma hatte diese Beglaubigungen, deswegen musste ich am Ende doch »in Sub gehen«, es also als Sub-Kontraktor im Namen und Auftrag von *Die Gruppe Sicherheit GmbH* machen. Etwas, mit dem ich mich nicht sehr wohlfühlte.

Somit musste ich mich auch im Bundeskriminalamt als Kontaktmann registrieren lassen. Damit war ich jetzt offiziell aktenkundig in dem von mir angestrebten privaten Sicherheitsberater-Bereich tätig. Sie kannten mich ohnehin schon. »Da gab es doch einmal etwas mit deinem Vater, der heißt so wie du?«, lautete die erste Frage, als wir uns das erste Mal persönlich zusammensetzten, um meine Dienste zu besprechen. Und jeder kann sich jetzt vielleicht besser vorstellen, welche Hektik im Bundeskriminalamt einsetzte, als im Mai 2017 der Ibiza-Skandal platzte und wenig später mein Name in diesem Zusammenhang auftauchte. Der Hessenthaler? Den kennen wir doch?

Normalerweise outen Behörden ihre V-Männer nicht, sie könnten sie damit im Extremfall sogar massiv gefährden. In meinem Fall war das anders. Ich greife jetzt kurz vor. Nach Platzen des Ibiza-Skandals, im September, ich war zu diesem Zeitpunkt schon als Macher des Videos öffentlich bekannt geworden, aber »untergetaucht«, brachte der *Kurier*[2] einen Artikel, für den ganz offensichtlich interne Informationen aus der Behörde an die Redaktion kommuniziert worden waren. Da stand nämlich eine ausführliche Stellungnahme des Finanzministeriums zu lesen, dass es am 27. August 2012 »zu einem Treffen [kam] zwischen Beamten des Zollamtes und drei Vertretern der Gruppe Sicherheit, darunter auch Julian H. Den Beamten des Zolls wurde eine Aufstellung über Personen vorgelegt, die sich mit dem illegalen Handel und Vertrieb von Zigaretten sowie der illegalen Produktion von Zigaretten in großem Stil beschäftigen würden.« Nachsatz: »Grundsätzlich gehen Organe der Steuer- und Zollverwaltung allen externen Hinweisen nach. Es gab jedoch weder eine vertragliche Leistungsvereinbarung oder Vertragsbeziehung mit Julian H. noch mit der (Firma) G.« Was wollten mir die Kriminalbehörden damit signalisieren? War da jemand der Meinung, man könne mich mit solchen Veröffentlichungen unter Druck setzen? Es sollte nicht das einzige Signal dieser Art sein. Ich habe es schon anklingen lassen: Mein Vertrauen in den österreichischen Sicherheitsapparat war schon vor Ibiza nicht besonders ausgeprägt. Solche Episoden förderten es nicht.

Aber zurück zu meinem ersten großen Auftrag für Wandl und *Philip Morris International*. Zigarettenschmuggel ist in Österreich Sache des Zolls und nicht des Bundeskriminalamtes. Das ist der Dienstweg, der formal eingehalten werden muss. Auch wenn es natürlich informell anders laufen mag. Ich habe schon in diesen Jahren sehr viel über die nicht immer ganz ordentliche Ermittlungskultur in Österreich gelernt.

Der Schmugglerring, dem ich damals hinterher war, sollte später unter dem Schlagwort »Mezzo« bekannt werden. Er führte mich in meinen fast zweijährigen Recherchen tief nach Osteuropa. Viele Informationen, die ich sammelte, konnte ich später beim Making-of des Ibiza-Videos verwenden. Wie sich letztlich herausstellte, zog sich der Zigarettenschmuggel über Ungarn und die Ukraine.

Ich hatte mich unter meinem eigenen Namen in die Szene eingeschleust. Ich war bei dieser Aktion der, der ich wirklich war: Julian. Ich hatte bereits den Ruf als umtriebiger, ein wenig geheimnisvoller Typ mit reichlich Geld. Klar war: Ich darf keine Ware verkaufen und transportieren. Sonst wäre ich selbst beteiligt, das ist verboten. Also trat ich als der wohlhabende Wiener auf, der sich für den Vertrieb und die Produktion illegaler Zigaretten interessiert und sich über das Geschäftsmodell informieren will.

Um meine Legende aufrechtzuerhalten, musste ich ordentlich aufdrehen. Mein *PMI*-Spesenkonto war gut gepolstert. Also bestand ich auf ein passendes Auto für meine Legende. Es folgte ein langes Hin und Her und am Ende stand ein *Porsche* vor meiner Tür. 2014 kam dann endlich der Moment, auf den wir alle gewartet hatten. Ich war mittlerweile tief drinnen in der Sache, die mutmaßlichen Schmugglerkollegen vertrauten mir. Dann kam die Bitte des ungarischen Arms, ob ich einen ihrer Transporte als Fahrer der geplanten Eskorte übernehmen könne, ihnen sei jemand ausgefallen. So lernte ich übrigens in der Folge auch, wie man eskortiert. Etwas, das mir in den Monaten, als ich abgetaucht war und mich in Europa bewegen wollte, ohne aufgegriffen zu werden, durchaus half.

Letztlich wurde nichts aus meinem Eskort-Einsatz, und der Grund dafür war einmal mehr, dass Wandl mangels flüssiger Mittel nicht in der Lage war, ein passendes Auto anzumieten. Ich konnte ja schwer mit meinem *Porsche* hinter einem Lkw auf der Autobahn dahinschleichen. Nicht nur ich war extrem verärgert. Kurz darauf wurden Zigaretten im Wert von mehr als 30 Millionen Euro auf einem Donau-Schiff aufgegriffen, ein Riesen-Ermittler-Erfolg, aber leider nicht für uns. Kein Erfolg, keine Prämie.

Wenn ich erfolgreich sein wollte, musste ich raus aus der Kooperation mit Wandl, das war mir spätestens jetzt sonnenklar. Auch von Auftraggeber-Seite hatte man die Problematik verstanden, spätestens nachdem Wandl mitten in der Nacht eine sehr unflätige Mail in Großbuchstaben geschickt hatte, weil er Geld brauchte. Das Problem war nur, er hatte nichts geliefert, was diese Forderung rechtfertigen konnte. Er war wohl schlicht und einfach wieder einmal zu alkoholisiert, ein immer häufiger auftretender Zustand. Dieses Problem sollte sich in den folgenden Jahren noch steigern.

Ich werde nie vergessen, wie ich einmal mit ihm in einem Flieger nach Polen saß. Der alte Mann neben uns, der stark an Santa Claus erinnerte, wurde von Wandl als CIA-Agent beschimpft und das Flugpersonal musste Wandl einen anderen Sitzplatz zuweisen. Hier lernte ich die Bedeutung des Wortes »fremdschämen«.

Es wurde daraufhin versucht, mich bei *PMI* als Einzelperson unter Vertrag zu nehmen. Es wäre der perfekte Deal gewesen. Sehr gutes Gehalt, fixe Konditionen und keine Querschüsse durch jemanden wie Wandl. Kurz vor Weihnachten im Jahr 2014 waren wir so weit, dass wir einen Vertrag unterschriftsreif gehabt hätten. Das hätte meinem Leben eine andere Wendung gegeben.

Leider kam meine erste Verurteilung dazwischen, die mir eine Vorstrafe einbrachte. Diese Geschichte habe ich bis heute nicht ganz für mich sortieren können, obwohl ich wieder und wieder darüber nachgedacht habe. Vielleicht war es auch eine Falle, nur von wem? Jedenfalls war es eine große Dummheit meinerseits – und unvorsichtig war ich obendrein. Meine Richterin verurteilte mich nicht nur wegen Besitzes von 23 Gramm Kokain, dieses Delikt hatte ich sofort eingestanden. Sondern ich wurde auch dafür verurteilt, dass ich die Absicht gehabt hätte, damit zu handeln. Aber der Reihe nach.

Im Jahr 2014 war ich nicht nur der Zigarettenschmugglerbande auf der Spur, sondern verfolgte auch eine alte Causa, in die das Bundeskriminalamt involviert war. Einer der mutmaßlich Involvierten war beim einstigen Aufgriff nämlich entkommen. Kurz davor hatte ich einen möglicherweise heißen Tipp zu meinem eigentlichen Projekt bekommen. Ein Bekannter erzählte mir, dass in einem Hotel ein Gast abgestiegen sei, der einen Interpol-Ausweis habe und offenbar mit Zigaretten dealte. Die Mezzo-Sache war damals noch nicht abgeschlossen, insofern wurde ich hellhörig. Zu dieser Zeit bat mich eine meiner Quellen, ihr 3.000 Euro zu borgen. Das ist viel Geld, aber ich hatte der Quelle schon öfter Geld geborgt und es immer zurückbekommen. Ich vertraute ihr. Außerdem: Gute Quellen muss man pflegen. Die Person versprach mir ihre goldene Rolex, falls sie die Summe nicht zurückzahlen können würde. Sie wollte sie sogar gleich bei mir lassen. Das lehnte ich ab. Ich hatte in jener Zeit mehrere Handys, davon waren zwei auch bei den Behörden registriert. Der Hintergrund ist klar: Ich führte manchmal Gespräche, deren Inhalt problematisch war, und das sollte abgesichert sein.

Ein paar Tage später bat mich die Quelle, der ich das viele Geld geborgt hatte, frühmorgens um ein Treffen am Schwedenplatz. Ich wohnte damals in der Schottenfeldgasse in Wien, meine damalige Freundin war bei mir. Ich fuhr los. Angekommen, druckste meine Quelle herum, dass sie mir das Geld noch nicht geben könne, aber sie habe das für mich: und drückte mir ein Säckchen mit 50 Gramm Kokain in die Hand. Am Abend würde sie es gegen das Geld eintauschen, die teure Uhr könne sie mir gerade nicht geben, da ihre Familie auf Besuch sei und sie sonst in Erklärungsnöte kommen würde. Ich war überrumpelt. Da stand ich, mitten in der Innenstadt mit einem Säckchen illegalem weißen Pulver in der Hand, während die Leute vorbeispazierten. Ich war so dumm, nahm es, fuhr in meine Wohnung zurück, legte es in mein Küchenkastl und ging zurück ins Bett zu meiner Freundin.

Für solche Fälle gibt es an sich Regeln. Formal hätte ich den Behörden binnen zwei Stunden melden müssen, dass ich in den Besitz illegaler Drogen gekommen bin, die nichts mit meinen privaten Ermittlungen zu tun haben. Was ich nicht tat. Formalitäten waren ja bis dato nie wirklich eingehalten worden. Trotzdem war das ein Fehler.

Und dann war ich auch noch so leichtsinnig, mich nicht zu wundern, als besagter Bekannter, der mir den Hinweis mit dem auffälligen Gast aus dem Hotel gegeben hatte, sich wieder bei mir meldete und mich dringend um ein Treffen bat.

Ich hoffte auf neue Informationen. Er kam mit dem Auto zu mir – schon hier hätte ich etwas merken sollen. Er brauchte für den Weg von der Oper zu mir knapp eine Stunde, war aber laut eigenen Angaben schon die ganze Zeit unterwegs. Als er dann endlich eintraf, ging ich also nach unten und setzte mich zu ihm ins Auto. Er erzählte von einem super Angebot, jemand habe ihm 250 Gramm Koks angeboten, ob mich das interessieren würde, ihm Geld zu leihen und mitzuprofitieren? Tat es nicht. Mich interessierte der auffällige Gast aus dem Hotel, angeblich ein Interpol-Beamter. Ich wiegelte ab und sagte sinngemäß: »Geh bitte, ich habe selber gerade 50 Gramm Koks bekommen, die ich nicht brauche.«

In dem Moment erfolgte der Zugriff durch das Wiener Landeskriminalamt. Es stürmten mehrere Männer auf das Auto zu und zogen mich hinaus. Sie fragten, wo die Kilos seien. Ich war einigermaßen verwirrt, welche Kilos denn bitte? Nun kam der nächste Fehler. Erstens hatten sie offenbar keine Ahnung, wo genau meine Wohnung war, und auch Durchsuchungsbefehl sah ich keinen. Aber in meiner Naivität dachte ich mir, ich kooperiere besser, um es mir nicht nachher vorhalten lassen zu müssen bei meinen anderen Projekten. Das war eine unglaublich dumme Annahme, keine Ahnung, wie ich in dem Moment zu dieser Logik kam.

Oben in der Wohnung zeigte ich bereitwillig das Säckchen, welches ich ein paar Stunden davor als »Sicherheit« bekommen hatte. Sie durchsuchten die Wohnung trotzdem. Meine damalige Freundin wurde halb nackt aus dem Bett gezerrt. Der eine Rambo-Beamte, den es immer gibt bei solchen Truppen, meinte auf meinen Protest hin, ob ich denn gerne mein Essen ab jetzt via Strohhalm zu mir nehmen würde. Es gibt dem nicht viel entgegenzusetzen, wenn man Handschellen hinter dem Rücken trägt.

Auf dem Revier versuchte ich dann, meine Rolle zu erklären, ich nannte auch meine behördeninterne »Kontaktperson«, also jenen Verbindungsbeamten, mit dem ich immer Kontakt hielt. Er verwendete dabei den Decknamen Mario, aber ich kannte seinen richtigen Namen. Ich war mir zu diesem Zeitpunkt noch ziemlich sicher, dass sich das Missverständnis auflösen würde. Ich konnte »Mario« auch anrufen, aber der erklärte sich zu meiner Überraschung und entgegen anderen Zusagen für nicht zuständig. Ich konnte nämlich nicht nachweisen, dass ich die 50 Gramm Koks im Rahmen einer aktuellen Recherche erworben hatte. Als ob so was je davor ein Thema gewesen wäre. Aber im Hintergrund lief wohl noch ein anderer Film ab. Das Landeskriminalamt Wien hatte mich verhaftet, das Bundeskriminalamt war mit der Wiener Einheit nicht gerade bestens befreundet. Mehr noch, der verhaftende Beamte hatte eine gewisse Historie mit besagtem Mario. Das war nicht zu meinem Vorteil.

Vor der Untersuchungsrichterin erzählte ich noch einmal meine Version der Geschichte. Ich gestand den Besitz des Kokains, aber bestritt, es gekauft zu haben oder verkaufen zu wollen. Mir wurde ein Pflichtverteidiger namens Oliver Scherbaum zugeteilt. Ich hatte keinen Sinn darin gesehen, einen Anwalt zu nehmen, da ich ja den Besitz sowieso zugestanden hatte. Derselbe Scherbaum sollte mich später in der Ibiza-Causa verteidigen. Auch mein Kontaktmann »Mario« tauchte am nächsten Tag bei der Richterin auf. Er bestätigte der Richterin meine prinzipielle Rolle, aber auf die Frage, ob diese Sache im Rahmen dieser Kooperation passiert sei, antwortet er: nein.

Die Richterin verurteilte mich letztlich nicht nur wegen des Besitzes, sondern auch wegen der Vorbereitung zum Handel mit Kokain, weil sie meinte, dass die Qualität des Kokains so gut gewesen sei, dass es nur von einem Großdealer stammen konnte. Ich bekam acht Monate auf Bewährung und entschloss mich, nicht dagegen zu berufen. Ich wollte dieses Theater einfach nur hinter mir lassen. Im Nachhinein war das ein schwerer Fehler, weil es mir eine Vorstrafe einbrachte, auf die meine Ankläger nach dem Ibiza-Skandal in ihrem Prozess aufbauen konnten: einmal Drogendealer, immer Drogendealer.

Ich war letztlich für sechs Wochen in U-Haft, weil ich zuerst keinen Einkommensnachweis vorlegen konnte und damit aus Sicht der Richterin Wiederholungsgefahr bestand. Mein »Chef« Wandl hatte mich nämlich entgegen seinen Zusagen nicht korrekt angemeldet. Daher hielt er mich mit immer neuen Zusagen hin und am Ende war es seine Sekretärin, die mir eine Bestätigung über mein Arbeitsverhältnis schrieb und mich so herauseiste. Den entscheidenden Termin bei *Philip Morris International* hatte ich wegen dieser unglücklichen Sache verpasst. Das Unternehmen brach daraufhin jeden Kontakt mit mir ab.

Auch mein »Chef« Wandl war in Turbulenzen. Er versuchte damals noch einen großen Auftrag im Umfeld des Traditionsunternehmens *Plasser & Theurer* abzuarbeiten. Dieser wuchs sich im Laufe der Jahre 2014 und 2015 aber zu einer »bizarren Affäre« aus, zumindest nannte das Nachrichtenmagazin *Profil*[3] es damals so. In der *Plasser & Theurer*-Causa ging es im Grunde darum, dass zwei einst führende *Plasser & Theurer*-Mitarbeiter im Jahr 2012 im Streit mit dem Management gegangen waren und kurz darauf mit einigen Mitarbeitern eine neue Firma gegründet hatten, die ein Konkurrenzprodukt anbot. Und dann gab es im Hintergrund auch noch einen Konflikt zwischen den Erben und den Gründern und Namensgebern des Unternehmens.

Der *Plasser & Theurer*-Auftrag hatte Wandls Firma in den Anfangsjahren ab 2005 bis zu 30.000 Euro monatlich eingebracht, aber im Jahr 2015 lief es gar nicht mehr gut. Selbst für Außenstehende waren Wandls Verfall und sein Alkoholismus nicht zu übersehen. Das ging so weit, dass er bei einem Kundentermin in einem schicken Restaurant so zugedröhnt war, dass er, als er vom WC zurückkam, suchend direkt an unserem Tisch vorbeiwankte und ich ihn zu unserem Tisch geleiten musste.

Aus der »Gruppe Wandl«, die in der Vergangenheit wiederholt Markenrecht verletzende Produktnachahmungen erfolgreich hatte klären und namhafte Auftraggeber wie *MAN* und *Porr* als Referenz hatte aufweisen können, war ein Sauhaufen geworden. Oder vielleicht war sie das auch immer schon gewesen, nur jetzt war die Maske verrutscht. Er habe damals »gesundheitliche und psychische Probleme gehabt, bedrohliche Mengen Alkohol konsumiert und darob zunehmend unbrauchbare Arbeit abgeliefert, obendrein habe er auch noch Geld abgezweigt«, hieß es später in den Ermittlungsakten dazu. Wandl war ja schon zuvor alles andere als ein unbeschriebenes Blatt gewesen.

2012 stand er vor Gericht und wurde für verschiedene Delikte belangt. Auch der weitaus größte Teil seines früheren »Teams« hat Vorstrafen – Betrügereien, Einbrüche, Drogenhandel. Nichts davon war mir bekannt gewesen, aber neuerdings zählte auch ich dazu. Selbst wenn ich direkt nach meiner Entlassung aufgrund seines Verhaltens mit dem Arbeitsnachweis jegliche Arbeit für ihn einstellte. »Natürlich sind das alles Kriminelle«, sollte Wandl später sagen. »Hätte ich für meine Einsätze die Wiener Sängerknaben engagieren sollen?«

Anfang 2015 zeichneten sich Probleme Wandls mit *Plasser & Theurer*, seinem wichtigsten Kunden, ab und er fragte mich, ob ich mit ihm eine neue Firma gründen wolle, weil er seine alte in Konkurs schicken musste. Ich lehnte dankend ab, aber bot ihm an, selbst eine Firma in München aufzumachen und ihn als »Sub« mit seinem Kundenstock zu übernehmen. Ich gründete diese neue Firma unter dem Namen *Konsic*. Ich dachte mir, wenn wir Rollen tauschen würden und ich das Sagen hätte, könnte eine Zusammenarbeit vielleicht funktionieren. Er war ein begnadeter Verkäufer – wenn auch mit einem Hang zu unehrlichen Geschäftspraktiken. Als Ermittler war er nicht gerade talentiert, aber ich dachte, mit einem stabilen Einkommen und ohne den

Stress der Selbstständigkeit könnte er sich fangen und ein sinnvoller Part werden. Ich sollte mich täuschen.

Es folgten eine Reihe von Konflikten, die im Endeffekt mit sich brachten, dass er mir einredete, seine Kunden bestünden darauf, seine langjährigen Mitarbeiter Edis S. und Slaven K. weiter im Team zu halten. Später verstand ich es: Es ging um Schuldigkeiten, die er bei den beiden hatte. Dazu kam ein anstehender Gerichtsprozess, bei dem es offenbar um Ware eines Herstellers ging, die entwendet worden war, und dann dem Hersteller die Aufklärung angeboten wurde. Der Vorwurf lautete: Beide Vorgänge seien aus einer Hand gekommen.

Wandl hatte also gute Gründe, sich mit seinen Mitangeklagten beziehungsweise Zeugen gut zu stellen. All das wusste ich damals leider nicht und war durch den Stress des Neuaufbaus meiner Firma zu abgelenkt, um den Warnhinweisen richtig nachzugehen. Ein weiterer Fehler. So jedenfalls kam ich zu den beiden »Mitarbeitern« Edis S. und Slaven K. Ich hatte sie davor noch nie persönlich gesehen, obwohl wir alle für die gleiche Firma tätig gewesen waren.

Beide sollten ein paar Jahre später für sich entscheiden, ihr Geld mit der Lieferung von Falschinformation und Falschbelastungen über mich an einen umtriebigen *Novomatic*-Lobbyisten namens Gert Schmidt zu verdienen, der ein bemerkenswertes Interesse an der angeblichen »Aufklärung« von Ibiza entwickelt hatte. Dass alle drei zusammen Zuträger derselben Abteilung des Bundeskriminalamts waren, aus der sich dann 2019 die *Soko Ibiza* gründete, mag ein Zufall sein. Oder auch nicht.

Aber ich greife vor. Zurück ins Jahr 2015. Da stand ich also wieder am Anfang. Ohne fixen Vertrag, dafür mit einer Vorstrafe. Und einem Geschäftspartner, von dem ich mich immer mehr entfremdete und der neben sich steigernden Alkoholexzessen auch noch anfing, meine Arbeit zu hintertreiben, im Bestreben, sich mit Kunden und Daten abzuseilen. Und dann? Dann kam Ibiza.

Ibiza

Ein Überblick über die handelnden Personen

Die Geschichte des Ibiza-Skandals, der aus meiner Sicht ungerechten Verurteilung und der Folgen kann man nur verstehen, wenn man einen Überblick über alle Akteure und ihre vielen Verbindungen hat. Deshalb möchte ich die wichtigsten Protagonistinnen und Protagonisten – die freiwilligen wie die unfreiwilligen, die meisten sind Männer – kurz vorstellen. Sie werden uns im Laufe der nächsten zwei Kapitel immer wieder begleiten.

Der Kronzeuge: Oliver Ribarich

Jeder Skandal braucht einen Whistleblower, eine Quelle, eine oder mehrere Personen, die nah dran sind am Missstand und aufbegehren. Oliver Ribarich war 13 Jahre lang Heinz-Christian Straches Bodyguard und Chauffeur. Er war engstens vertraut mit dem FPÖ-Chef. Nach und nach merkte er, wie diesem der Erfolg zu Kopf stieg und wie er sich immer öfter so verhielt, als müsse die Partei ihm dienen und nicht umgekehrt er der Partei. Dann kamen seltsame Spesenabrechnungen dazu. Um sich abzusichern, begann Ribarich, die Vorgänge zu dokumentieren. Er wollte später einmal nicht als der dastehen, der bei etwas Unsauberem mitgemacht hat. Irgendwann erzählte er auch seinem Vertrauensanwalt Ramin Mirfakhrai von dem allen und übergab ihm seine Dokumente.

Der Mäzen: Ramin Mirfakhrai

Ramin Mirfakhrai ist ein Wiener Anwalt mit Hang zu intellektuellen Abenteuern. Er stammt aus einer iranischen Familie, das hat seine Einstellungen zur Fremdenfeindlichkeit der FPÖ geprägt. Mirfakhrai ist in den Wiener Innenstadtlokalen gern gesehener Gast, so entstand auch die eine oder andere Bekanntschaft. In der Ibiza-Affäre wird er die Rolle des Mäzens spielen. Ohne seinen Mitteleinsatz und die Grundidee, etwas aus dem Material des Herrn Ribarich zu machen, wäre es nicht zum Videodreh gekommen.

Der Lockvogel: Alyona Makarova, die falsche Oligarchennichte

Die Aufgabe des Lockvogels übernahm eine Frau, die sich als Nichte des russischen Oligarchen Igor Makarov ausgab. Alyona Makarova – so lautete ihr falscher Name für das Projekt – ist im wahren Leben Mutter, eine hochintelligente, charmante und sehr attraktive Frau. Ich kannte sie gut und deshalb spielte sie bei unserer Geschichte freiwillig und ohne Gegenleistung mit. Einzige Bedingung: Ihre wahre Identität muss geschützt werden. Obwohl das Verfahren gegen Anwalt Mirfakhrai und mich eingestellt wurde, wird gegen die Frau seit Herbst 2023 erneut ermittelt. Auf der Basis sehr fragwürdiger Vorwürfe.

Der zweite Lockvogel: Julian (Thaler)

Meine Rolle war die des Vertrauten der vermeintlichen Oligarchennichte, der ihr bei der Suche nach einem neuen Wohnort für sich und ihre Kinder und den dazugehörigen Investments half. Sonst gab ich nur die nötigsten Details preis, die alle nahe an meiner echten Existenz waren. Dass ich im Sicherheitsberatungsbereich tätig sei und eine Firma in München habe. Julian Thaler entstand, weil ich mich unter diesem Namen auf der Gästeliste für ein Event der Immobilienmaklerin angemeldet hatte.

Die Zielperson: Heinz-Christian Strache, damals FPÖ-Chef

Heinz-Christian Strache hätte wohl niemand zugetraut, dass er das Erbe seines Vorbildes, des FPÖ-Chefs Jörg Haider, übernehmen und so lange weitertragen würde. Geboren in einfachen Verhältnissen in Wien-Erdberg, dockte der gelernte Zahntechniker früh an die Neonazi-Szene an. Später tat er das als Jugend-Dummheiten ab. Haider förderte ihn lange, 2005 kam es zum Bruch. Haider gründete seine eigene Partei, das BZÖ. Strache übernahm die Rest-FPÖ. 2008 verunglückte Haider mit seinem Auto tödlich. Damit konnte Strache das dritte Lager unter seiner Führung vereinen. ÖVP-Chef Sebastian Kurz holte die FPÖ unter Strache nach den Nationalratswahlen 2017 in die Regierung. Strache baute die FPÖ zu einer rechtspopulistischen, Österreich-patriotischen Catch-all-Partei aus und suchte die Kontakte zu anderen Rechts-Nationalisten in Europa und Moskau. Unter ihm wurde der Ton der FPÖ noch islamfeindlicher und hetzerischer.

Der Türöffner: Johann Gudenus

Wie rankommen an Strache? Über seinen engsten Freund und Vertrauten namens Johann »Joschi« Gudenus. Gudenus stammt von einem österreichischen Adelsgeschlecht ab. Schon sein Vater engagierte sich in der FPÖ. Gudenus studierte Jus, absolvierte die diplomatische Akademie und belegte regelmäßig Sommerkurse an der Lomonossow-Universität in Moskau. Gudenus war Straches Vertrauter seit Burschenschafter-Zeiten, sein »Leibfuchs«.[4] Strache baute ihn als seinen Nachfolger auf. Gudenus verfolgte seine Parteikarriere in Wien. Zum Zeitpunkt der Ibiza-Video-Aufnahme war er Wiener Vizebürgermeister, nach den Nationalratswahlen 2017 wurde er FPÖ-Klubobmann im Nationalrat. Mittlerweile ist auch seine Rolle in der *Wirecard*-Causa deutlich geworden.

Die Ehefrau: Tajana Gudenus

Am Abend auf Ibiza sprach sie kaum ein Wort, starrte sogar mehrfach direkt in die versteckte Kamera. Sie war die Einzige, die reserviert und misstrauisch blieb, so als ahnte sie etwas von unserer Falle.

Die Maklerin: Irena Markovic

Die serbischstämmige Wienerin machte sich als Eventveranstalterin unter Wiens Reichen und Schönen einen Namen, darauf baute sie dann ihr Business als Immobilienvermittlerin. Anwalt Mirfakhrai trat an sie heran, mit der Legende, er hätte eine reiche Oligarchennichte, die an einem riesigen Waldgrundstück der Familie Gudenus interessiert sein könnte. Gut befreundet mit Johann Gudenus, der in zweiter Ehe mit einer gebürtigen Serbin, Tajana, verheiratet ist, stellte sie den Erstkontakt zwischen den Ibiza-Video-Machern und Gudenus her und hostete auch die ersten persönlichen Treffen in zwei Hotels und dann auf Gudenus' Landgütern. Sie half noch mit, den privaten Abend auf Ibiza terminlich zu arrangieren, dann wurde sie von mir von der Sache ferngehalten.

Der Privatermittler: Sascha Wandl

Der frühere Sicherheitsberater und Inhaber der Firma *Die Gruppe Sicherheit GmbH* brachte mich mit Anwalt Mirfakhrai in Kontakt. Das war aber auch schon sein ganzer Beitrag zum Ibiza-Skandal. Später rühmte Wandl sich damit, dass er der eigentliche Erfinder der »Ibiza-Methode« sei. Heutzutage soll man ihn angeblich ab und an mit Heinz-Christian Strache in der Innenstadt sichten können.

Zwei Handlanger: Edis S. und Slaven K.

Edis S., geboren in Bihac, Bosnien, und Slaven K., ebenfalls in Bosnien geboren, gehörten zum Stammpersonal von Sascha Wandls *Die Gruppe Sicherheit GmbH* und waren Informanten mehrerer Polizeibehörden sowohl in Österreich als auch am Balkan. Beide wechselten mit Wandl nach dessen Konkurs als freie Mitarbeiter in meine Münchner Firma *Konsic.*

Der oberste Ermittler: Andreas Holzer

Für ihn sollten die erfolgreichen Ibiza-Video-Ermittlungen der Karrieresprung sein: Andreas Holzer leitete die Ermittlungen der *Soko Tape* im Bundeskriminalamt (BKA). Seit 2021, seit exakt zwei Tagen nach meiner Verhaftung, ist er Direktor des BKA. Die *Soko Tape* interessierte sich immer mehr für die Hintermänner als für die Regierungskriminalität. Die Wirtschafts- und Korruptionsstaatsanwaltschaft (WKStA) entzog der *Soko Tape* im März 2022 sämtliche Ermittlungsaufträge aufgrund mangelnden Vertrauens.

Ein eigenwilliger Ermittler: Niko Reith

Mit Inspektor Niko Reith saß ein deklarierter Strache-Fan in der *Soko Tape.* Reiths Aufgabe in der *Soko Tape* lautete: gegen die Drahtzieher des Ibiza-Videos ermitteln, konstruierte Verdachtsmomente und parteiische Ermittlungsarbeit inbegriffen, zumindest war das später dann der Eindruck, den die ermittelnde Wirtschafts- und Korruptionsstaatsanwaltschaft hatte.[5] Nachdem seine »Kopf hoch«-SMS an Strache bekannt geworden war, verabschiedete sich Reith unter einem Vorwand im Herbst 2019 aus der *Soko Tape.* Anfang 2022 wurde er von BKA-Chef Holzer zum stellvertretenden Leiter des Büros zur Bekämpfung organisierter Kriminalität ernannt.

Ein umtriebiger Novomatic-Lobbyist: Gert Schmidt

Schmidt bezeichnet sich als Kämpfer gegen das illegale Glücksspiel. Der *Falter* nannte ihn einmal einen »stadtbekannten Nachrichtenhändler, der sich als ›Journalist‹ vorstellt«.[6] Die *Süddeutsche Zeitung* hat ihn einmal so beschrieben: »Gert Schmidt, Betreiber eines Ferienresorts in Thailand, einer Firma für Damendessous, einer Detektei, einer Website namens *EU-Infothek* und der Website ›spieler-info.at‹, die sich – offiziell zumindest – dem Spielerschutz verpflichtet sieht. Nach landläufiger Wahrnehmung ist Schmidt Lobbyist des Glücksspielkonzerns *Novomatic*, für den er, wie es die Grazer Anwältin Julia Eckhart formuliert ›Probleme löst‹«.[7]

Schmidt wehrt sich vehement gegen Zuschreibungen, dass Anzeigen, Unterlassungsklagen und andere Methoden zu seinem »System« gehören.

Schmidt wechselt die Rollen, wie es ihm passt. Jedenfalls versuchte er mit allen Mitteln, gegen mich zu ermitteln. Selbst mein Richter im Prozess bezeichnete seine Rolle in meiner Angelegenheit als »sehr suspekt«. Dabei gab er im Laufe des Prozesses auch zu, Geld für Informationen gegen mich bezahlt zu haben – an meine Ex-Mitarbeiter Edis S. und Slaven K.[8] Schmidt wurde wegen versuchter Anstiftung zur falschen Beweisaussage in einer anderen Causa im Mai 2023 zu neun Monaten bedingt verurteilt, bis dato ist das Urteil nicht rechtskräftig.

Wiedersehen vor Gericht

Es fühlte sich für mich an wie ein Ibiza-Klassentreffen, als ich am 12. Dezember 2023 ins Landesgericht für Strafsachen Wien kam. Fast alle waren da. Bis auf die angebliche Oligarchennichte, die fehlte. Ich kam als interessierter Zuschauer. Der Wiener Anwalt Ramin Mirfakhrai kam als Zeuge, ebenso wie der frühere Leibwächter von Heinz-Christian Strache, Oliver Ribarich. Als jener Mann, der dem damaligen FPÖ-Chef Heinz-Christian Strache sehr nahe war, Missstände mitbekam und letztlich die FPÖ-Spesenaffäre aufzeigte. Als Kläger vor Ort: der Chef des Bundeskriminalamtes, Andreas Holzer.

Man hätte fast meinen können, dass hier die Causa Ibiza noch einmal verhandelt wurde. Vielleicht sogar die aus meiner Sicht entscheidende Frage: Was wusste das Bundeskriminalamt im Jahr 2015 von den mutmaßlichen Irregularitäten in Heinz-Christian Straches FPÖ – und was wäre passiert, wenn damals schon konsequent ermittelt worden wäre?

Es ging aber »nur« um eine satirische Kolumne, die der Investigativ-Kabarettist Florian Scheuba im September 2021 in der Tageszeitung *Der Standard* über eine der Schlüsselszenen in der Ibiza-Geschichte geschrieben hatte. Der später als Ibiza-Drahtzieher bekannt gewordene Rechtsanwalt Mirfakhrai präsentierte Holzer angeblich schon am 27. März 2015 unter anderem Fotos der prall gefüllten Bargeldtasche in Straches Kofferraum. Die Bilder stammten vom ehemaligen Leibwächter Straches. In der Tasche sollen jene zehn Millionen Euro gewesen sein, die ukrainische Investoren für ein Nationalratsmandat des FPÖ-Abgeordneten Thomas Schellenbacher bezahlt haben sollen.[9] Ribarich wollte damals seinen Namen gegenüber der Polizei noch nicht preisgeben und schickte deshalb Mirfakhrai vor.

Wer weiß? Hätte die Polizei damals reagiert, wäre die Idee zum Video erst gar nicht entstanden. Und was tat Holzer? Er legte einen Aktenvermerk an, ermittelte aber nicht, weil er fand, dass das ohne Belastungszeugen nicht gehe. Das sei eine »rätselhafte Untätigkeit« und »folgenschwere Arbeitsverweigerung« Holzers gewesen, andernfalls hätte man ihm wohl ein Denkmal errichtet, witzelte Scheuba in seiner *Standard*-Kolumne listig.

Daraufhin klagte Holzer Scheuba wegen übler Nachrede. Im Juni 2022 wurde Scheuba – vertreten von der Medienrechtsanwältin Maria Windhager – vom Landesgericht für Strafsachen freigesprochen, schließlich sei sein Text eine »satirische Kolumne«, die Formulierung überspitzt, aber von der Kunstfreiheit gedeckt. Holzer berief dagegen beim Wiener Oberlandesgericht, das die Sache genau andersrum sah, wie der *Falter* berichtete.[10] Von wegen Satire! Die »Verwendung einzelner humoristischer Begriffe sowie die Einflechtung ironischer Passagen« reiche dafür nicht aus. Die Fakten seien nicht korrekt dargestellt worden und Holzer sei damit im Recht. Es verwies die Causa zurück ans Erstgericht, auf das Pult von Richterin Nicole Baczak, die sich mit der Klärung der entscheidenden Frage sichtlich schwertat: Hätte Holzer – später als Leiter der *Soko Tape* immer wieder in den Schlagzeilen – damals schon aktiv werden müssen?

Es stand Aussage gegen Aussage. »Es ist nichts vorgelegt worden. Keine Fotos, kein Ausdruck, nichts«, behauptete Holzer im Grauen Haus. »Ich hätte mich nicht getraut, hinzugehen ohne was«, konterte Anwalt Mirfakhrai in seiner Zeugenbefragung.[11] Er habe dem Bundeskriminalamt zwar nicht den Namen seines Informanten – Straches Leibwächter – preisgegeben, aber Namen und Adresse eines Drogen-Lieferanten genannt sowie die Identität eines Mannes verraten, der sich angeblich ein FPÖ-Nationalratsmandant kaufen wollte. Darauf Holzer: »Das stimmt nicht.« Auch die damalige Staatsanwältin gab an, man hätte einen Belastungszeugen gebraucht, um ein Verfahren einzuleiten. Aber sie sagte auch aus, Holzer und seinen Kollegen die ersten Ermittlungsschritte überlassen zu haben.

Sie ahnen es vielleicht schon: Scheuba wurde letztlich in zweiter Instanz wegen übler Nachrede schuldig gesprochen. Er ging in Berufung, seine Anwältin will die Causa bis zum Europäischen Gerichtshof für Menschenrechte durchfechten. Wenn zugespitzte Kritik nicht möglich ist, gebe es ein »Problem für die Meinungsfreiheit«, meinte Scheuba. Vielleicht sehen Scheuba und ich uns dort, auch ich habe gegen meine Verurteilung beim Europäischen Gerichtshof für Menschenrechte berufen.

Oliver Ribarich sah ich an diesem Dienstag beim Prozess vorm Landesgericht Wien erst das zweite Mal in meinem Leben. Das erste Mal hatten wir uns Ende März 2015 getroffen, an jenem Abend, an dem ich auch dem Anwalt Mirfakhrai das erste Mal begegnet bin. Ribarich und ich gingen nach dem Prozess einen Kaffee trinken und unterhielten uns gut. Wir hatten auch viel zu erzählen. Er war sehr kollegial, was mich ein wenig wunderte. Wenn ich er wäre, würde ich mich wahrscheinlich hassen. Er hätte jedenfalls einige gute Gründe dafür.

Die Vorgeschichte

Zufälle spielen eine große Rolle in meinem Leben, obwohl ich gelernt habe, weniges ist Zufall, aber es passiert. Bekanntschaften, die man abends in einem Lokal nach mehr als einem Drink macht, spielten eine ebenso große Rolle. Das mag an meinem Metier liegen. Oder daran, dass ich meine Umgebung immer genau beobachte und deshalb Dinge aufschnappe, kombiniere und daraus meine Schlüsse ziehen kann.

Ich lernte den Anwalt Mirfakhrai Ende März 2015 kennen, kurz nachdem er im Bundeskriminalamt bei Andreas Holzer erfolglos für seinen Mandanten Oliver Ribarich vorgesprochen hatte. Wir trafen uns an diesem Tag zwei Mal, zuerst im *Procacci*, seinem Lieblingslokal, das mittlerweile *Il Cavalluccio* heißt und in Wien berühmt geworden ist als Treffpunkt hochrangiger Politiker und Beamten.

Auch ein heimlich aufgenommener Tonband-Mitschnitt des tragisch verstorbenen Justiz-Sektionschefs Christian Pilnacek entstand hier. Pilnacek galt in Wien als graue Eminenz in der Justiz mit besten Kontakten zur ÖVP. Er war ein hervorragender Jurist, aber auch sehr machtbewusst. Auf dem Tonband beschwerte er sich darüber, wie sehr ihn die ÖVP unter Druck setze, Einfluss auf Verfahren zu nehmen. Pilnacek beklagte sich über Interventionen, allen voran durch ÖVP-Nationalratspräsident Wolfgang Sobotka. Andererseits monierte er, dass die Partei ihm nicht geholfen habe, nachdem er unter Druck gekommen war. Auch er hatte viel gechattet – und diese Chats wurden öffentlich und zeigten, dass er seine Macht zu sehr ausspielte. Daraufhin wurde er suspendiert. Er erlebte seine Rehabilitierung nicht mehr, Ende des Jahres 2023 beging er Suizid.[12] Auch in meiner Rechtssache spielte er am Rande eine Rolle – keine für mich angenehme.

Zurück zu meinem Kennenlernen mit dem »Ibiza-Anwalt« Mirfakhrai: Später begegneten wir uns bei einem anderen Innenstadt-Italiener wieder, dem *Dante*, das heute *Kleinod* heißt. Es war eine launige, leutselige und ganz sicher alkoholgetränkte Nacht. Zusammengebracht hatte uns mein damaliger »Chef« Wandl. Im Rückblick bin ich mir nicht sicher, ob ich ihm für diesen Kontakt ausnahmsweise dankbar sein soll.

Der Anwalt Mirfakhrai und ich hatten jedenfalls schnell ein gemeinsames Thema gefunden. Die Ermittlungsqualität der österreichischen Polizei. Logisch: Ich war nach meinem Drogendelikt gerade aus der U-Haft entlassen worden und beschwerte mich über das Bundeskriminalamt, weil ich das Gefühl hatte, sie hatten mich nicht fair behandelt. Und Mirfakhrai stand noch ganz unter dem Eindruck seines ergebnislosen Treffens mit Andreas Holzer. Später gesellte sich auch Straches Leibwächter Ribarich dazu, eine von Straches Wohnungen lag gegenüber und er ging nach seinem Dienst gerne ins *Procacci*, so wie viele FPÖ-nahe Persönlichkeiten. Das ist ja das Schöne an Stammlokalen. Sie sind ein erweitertes Wohnzimmer.

Jedenfalls erzählte mir Mirfakhrai damals sehr glaubwürdig, wie wenig ernst Holzer ihn und sein Anliegen damals genommen habe. Mirfakhrai machte auf mich einen ehrlich empörten Eindruck. Er war ein typischer Wiener Wirtschaftsanwalt mit all den dazugehörigen Insignien, inklusive einer sehr hübschen, jungen Freundin. Zu jenem Zeitpunkt war Mirfakhrai mit einer Unternehmerin und Model und späteren Journalistin liiert, die in der Jungen ÖVP recht gut vernetzt war. Die beiden hatten sich bei einem Filmdreh kennengelernt, wo er einen Zuhälter spielte und sie eine Prostituierte. Ein Freund von ihm war Filmemacher und hatte ihm diese Nebenrolle angeboten. Das war genau so einer seiner kreativen Ausritte aus seiner sonst eher langweiligen und hochseriösen Anwaltsexistenz, die ihm Spaß machen.

Er hatte für mich also etwas sehr Seriöses und gleichzeitig sehr Rebellisches an sich. Etwas Widerständiges, das ihn interessant machte. Seine Familiengeschichte hatte ihn sicher geprägt. Mirfakhrais Eltern waren aus dem Iran nach Österreich mit fast nichts gekommen. Sein Vater ist mit einer Österreicherin aus dem Umfeld einer prominenten Unternehmerfamilie verheiratet. In der Familie war er früher wohl der Draufgänger, er ging gerne aus, und er hat, wie man so schön sagt, in seinen Jugendjahren nichts ausgelassen. Vielleicht war es auch ein Aufbegehren gegen seinen Vater.

Mirfakhrai war sicherlich ein Bürgerlicher, also ÖVP-nahe, christlich-sozial und aufgrund seiner Familiengeschichte sicherlich von ausländerfeindlichen Tönen der FPÖ abgestoßen. Österreich liegt ihm am Herzen, Politik interessiert ihn und er ist sehr engagiert. Vielleicht hat er auch andere Wiener Persönlichkeiten vor Augen wie den Wiener Teppichhändler Ali Rahimi, der in seinem Innenstadt-Palais glanzvoller Gastgeber der roten Wiener Rathaus-Hautevolee ist, oder den einflussreichen Anwalt Gabriel Lansky, bei dem er Konzipient war, der ebenfalls ein hervorragendes Netzwerk hat. Das ist sehr typisch Wien, wo sich auf engstem Raum die verschiedensten Milieus und Persönlichkeiten vermischen. Macht und Einfluss, dazu ein wenig Nervenkitzel – wer will das nicht?

Ribarich hingegen machte auf mich beim ersten Treffen einen etwas verbitterten Eindruck. Das mag damals daran gelegen sein, dass er eine Krebserkrankung überstanden hatte und einfach erschöpft war. Er fand es einfach nicht fair, wie die FPÖ mit ihm umgegangen ist, nachdem er so lange in ihren Diensten gestanden war. So wie alle Personenschützer war er karenzierter Polizist, der einer Partei zum Dienst zugeteilt worden war. Hätte die FPÖ ihn in Krankenstand geschickt, hätte er sein Gehalt weiter bezogen. So fiel er auf sein normales Polizeigehalt zurück, was ihm sauer aufgestoßen ist. Verständlich – vor allem, wenn man die Umstände kennt, die er an der Seite Straches erlebt hat.

Ribarich war für Strache ja offenbar das Dienstmädchen für alles: Leibwächter, Chauffeur, enger Vertrauter. Strache hat zum Beispiel darauf bestanden, dass er immer bewaffnet seinen Dienst mit ihm antritt, weil er sich vor Angriffen gefürchtet hat. Waffen mit Munition sind ganz schön schwer. Gleichzeitig ließ er sich am Abend im Klub Wodka-Red-Bull-Gläser in die Hand drücken, wo ihm leicht jemand etwas ins Getränk hätte werfen können. Etwas, das ihm dann in seiner Verteidigung des Abends auf Ibiza doch noch in den Sinn kam.

Was Ribarich ganz sicher ist: ein aufrechter, strammer Polizeibeamter. Einer, der sich hochkämpfen musste, mit viel Fleiß und Disziplin. Ribarich wuchs bei seiner alleinerziehenden Mutter in Wien auf, die für die Zeitung *Kurier* arbeitete. Inspiriert von seinem Großvater, der sowohl Polizist als auch beim Militär gewesen war, schloss er sich der Polizei an. Er trat der WEGA bei, einer harten Eingreiftruppe und Eliteeinheit. Er war Teil einer Einheit für Jugendkriminalität in Wien-Donaustadt, die jedoch wegen übermäßiger Gewaltanwendung aufgelöst wurde. Nebenbei führte er eine Sicherheitsfirma namens *Scorpio*.

Über eine Bekannte kam er mit der FPÖ in Kontakt und wurde ab 2006 Straches Personenschützer. Für diese Tätigkeit ließ er sich bei der Polizei karenzieren, was in Österreich üblich ist. Die FPÖ bezahlte ihn, aber er behielt sein Rückkehrrecht sowie seinen Beamtenstatus bei und war auch seinem Diensteid weiterhin verpflichtet. 13 Jahre lang diente er Strache, was ungewöhnlich lang ist, denn normalerweise werden Personenschützer regelmäßig ausgetauscht. Strache jedoch baute eine sehr private Beziehung zu ihm auf.

Ribarich war inzwischen auch FPÖ-Bezirksrat in Wien. Er genoss einerseits die Nähe zum Parteichef, er verbrachte mit dem vermeintlichen blauen Superstar so viel Zeit wie kaum ein anderer in der Partei. Gleichzeitig musste er seinen Verfall miterleben. Und konnte live hinter die Kulissen seines Images blicken. In Ribarichs Augen wurde der FPÖ-Chef, der sich als rechter Leitwolf präsentierte, zunehmend zur Farce. Er erlebte Dinge, die nicht zu dem passten, was er für richtig hielt. Über die Jahre beobachtete er, wie sich Strache in eine Person verwandelte, die ihm zuwider war. Teurer Lebensstil, Partys, Alkoholexzesse.[13]

Strache behandelte die Partei in den Augen von Ribarich zunehmend wie sein eigenes Unternehmen, sein Eigentum. Ribarichs Aufgaben hatten immer weniger mit Sicherheit zu tun und bestanden mehr aus »Babysitten« und Besorgungen. Anfangs ging es noch um Joghurt, Schokolade und Bier, später dann um »vier Flaschen Champagner« und einen »tollen Damenduft«. Doch es gab auch noch ganz andere Wünsche. Neben einem abschließbaren Waffenschrank bestellte Strache unter anderem: »1) Zweiläufige Schrotflinte mit Hahn und Sicherung, 2) Pinelli (Schrot, Halbautomat, 10 Schuss, 3) Steyr Sturmgewehr mit Zielfernrohr ... Laserpointer für meine Babyglock ... Ausreichend Munition«.[14]

Noch skeptischer stimmten Ribarich dann Bündel an Bargeld, die plötzlich auftauchten. Im Büro habe man seiner Erinnerung nach gescherzt: »Für fremdes Geld ist uns nichts zu teuer.«[15] Als Prüfer der Partei monierten, dass Strache und sein Team zu viel Geld verbrauchten, fürchtete der karenzierte Polizist, selbst des nachlässigen Umgangs mit Finanzen verdächtigt zu werden. Dies war der Moment, in dem er begann, alles zu dokumentieren – aus Sorge, irgendwann selbst strafrechtlich belangt zu werden. Sein Anwalt habe ihm damals geraten: »Geh zur Polizei und erstatte Anzeige.« Doch Ribarich entschied sich für das Sammeln von Beweisen, denn aufgrund der Verbindungen der FPÖ zur Wiener Polizei »wäre das abgetötet worden in fünf Sekunden«, erzählte er einmal in einem *Standard*-Interview. »Da hätte ich mich gleich erschießen können«.[16]

Ribarich, der von seinem »blauen Helden« Enttäuschte: Das ist eine Seite der Geschichte. Aber es ging ihm wohl auch um seine persönliche Absicherung. Er wusste natürlich, dass es seinen Job gefährden würde, wenn heikle Informationen nach draußen sickern würden, er also zu einem Whistleblower werden würde. Er hinterlegte also die Strache belastenden Informationen zur Absicherung bei seinem Anwalt Mirfakhrai, für den Fall, dass ihm selbst vorgeworfen würde, Spesenabrechnungen manipuliert zu haben. Er wollte nicht unbedingt, dass die Informationen, die er gesammelt hatte, an die Öffentlichkeit kommen. Schon gar nicht gegen Geld – das hätte ja auch gegen seine Dienstvorschriften als Polizist verstoßen. Aber er wusste, dass seine Existenz auf dem Spiel stand. Wenn er dadurch seine Beamtenpension verloren hätte, inklusive Anwaltskosten hätte sich das wohl auf einige Millionen Euro summiert.

Die Motivation von Menschen zu verstehen ist für mein Business essenziell. Verschiedene, auch sehr unterschiedliche Motivationen können Personen zusammenführen und dabei ihre – wenigen – Gemeinsamkeiten entdecken lassen. Daraus entsteht dann manchmal etwas, manchmal nicht. Im Fall von Ibiza entstand etwas Großes.

Ribarich und Strache: Das ist inzwischen ein Nicht-Verhältnis. Ribarich geht es heute übrigens gut. Er hat mittlerweile ein Lokal im zweiten Wiener Bezirk gekauft und führt seine Security-Firma weiter. Er ist gut aus der ganzen Ibiza-Sache rausgekommen.

Fassen wir es also zusammen. Es lagen vor: ein enttäuschter Bodyguard Straches. Ein Anwalt, der ihm gern geholfen hätte, bei der Polizei abgeblitzt war und der die immer stärker werdende FPÖ unter Strache als demokratiepolitische Gefahr sah. Und die große Frage: Wie kann man Strache überführen und als den zeigen, der er wirklich ist? Also nicht der gestandene, herzliche, brüderliche Politiker, als der er sich inszenierte, sondern der Mann, als den ihn Ribarich tagtäglich erleben musste?

An diesem Punkt kam ich ins Spiel. Die eigentliche Idee zum »Kompromat« entstand im schon erwähnten *Kleinod* in der Wiener Singerstraße. Ein kleines Lokal mit einer großen, halbrunden Bar und einigen wenigen Tischchen. Es liegt gleich bei Mirfakhrais Anwaltskanzlei, weshalb es das logische Lokal war, um noch gemeinsam auf einen Drink zu gehen. In unserem Fall Wodka Gray Goose mit einem Schuss Cranberry. Das war damals mein Lieblingsgetränk. Damals wurde auch noch geraucht, und zwar nicht wenig.

Mirfakhrais nennt es im Rückblick eine »unorthodoxe Idee«. Wir hatten uns zum Vorbild genommen, wie einst britische Reporter mit versteckter Kamera die Korruptionsanfälligkeit des österreichischen Europaabgeordneten Ernst Strasser (ÖVP) dokumentiert hatten. Die »Cash for Law«-Affäre führte zur Verurteilung des früheren Innenministers. »Das inspirierte uns, die Methodik hat uns gefallen, auch die Wirkung seriöser Berichterstattung«, sagte Mirfakhrai dem *Standard*.[17]

Kein Kompromat ohne Lockvogel. Oder »Honeytrap«, wie es in der Agentensprache heißt. Es ist sehr schwierig, jemand Passenden für so eine Aufgabe zu finden. Ich suchte nach einer Frau, die glaubhaft eine sehr reiche Russin darstellen konnte, mit den entsprechenden russischen Sprachkenntnissen und dem dazugehörigen Auftreten. Wenn sie dabei auch noch sehr schön wäre und Straches »Beuteschema« entsprechen würde, wäre das nicht von Nachteil. Und dann sollte es noch jemand sein, der intelligent genug ist, diese Rolle über mehrere Treffen hinweg, über Monate, zu spielen und dafür kein Geld will und vielleicht am Ende das Ganze auch noch relevant und wichtig findet, zumindest den Spaß an der Sache nicht verliert beziehungsweise zumindest nicht entnervt hinwirft. Und ich sollte zu ihr einen guten Draht haben, denn man würde doch gemeinsam Zeit verbringen und ein paar schräge Dinge machen müssen.

Zuerst überlegte ich, jemanden aus der internationalen Escort-Branche zu buchen, denn die können schauspielern. Russisch sprechen auch einige. Aber die Loyalität ist kaum herstellbar. Dann dachte ich an Profis. Aber Profis, die Russisch sprechen und den Rest der Kriterien erfüllen, sind entweder sehr teuer oder hängen mehr oder weniger an einem Geheimdienst dran, sprich, es gibt wieder ein Loyalitätsproblem. All das konnte also am Ende nur eine Person erfüllen, mit der man persönlich auch schon eine Zeit lang verbunden ist. Von wem sonst kann man so etwas verlangen?

»We seem to both be having the same amount of fun«, das war der erste Satz, den die später berühmt gewordene »Oligarchennichte« zu mir sagte, und er war sarkastisch gemeint. Wir waren in einer europäischen Stadt in einem – wieder einmal – Abendlokal, wo genau, will ich aus Sicherheitsgründen nicht sagen. Ich war mit ein paar Bekannten in das Lokal gekommen, sie war mit ihren Bekannten dort, die anderen unterhielten sich über Dinge, die mich und sie offenbar nicht so interessierten, und so kamen wir separat ins Gespräch. Diese Frau ist weder dumm noch naiv, dachte ich mir. Wir tauschten also Kontakte aus und sahen uns am nächsten Tag noch mal wieder, unterhielten uns diesmal länger und in Ruhe. Wir hielten seitdem losen Kontakt und schafften es immer wieder, uns da und dort quer durch Europa zu treffen.

Sie ist der wahrscheinlich intelligenteste Mensch, den ich je getroffen habe. Mich hat noch selten jemand so beeindruckt wie diese Frau. Es ist nicht so, dass sie mir etwas schuldete, aber ich hatte ihr ein paar Gefallen getan und sie wollte diese zurückgeben. Als ich sie fragte, ob sie mitmachen will, tat ich das, weil ich wusste, dass sie das perfekt hinkriegen würde. Wenn ich sie denn überzeugen könnte – ein großes Wenn.

Sie hatte das weder notwendig noch wollte sie es unbedingt, sie hat auch nicht davon profitiert. Eigentlich hat sie nur Nachteile in Kauf genommen. Man wird nicht viele Menschen solcher Art treffen. Wenige Tage nach dem Abend auf Ibiza stand bei ihr eine Familienfeier an. Das legendäre Treffen in der Finca war ursprünglich für den Vortag angesetzt, Strache hatte es verschoben. Sie wollte eigentlich nur für einen Tag kommen und dann wieder heimfliegen und war stinksauer, dass sich alles verschoben hatte. Ich hatte alle Hände voll zu tun, sie bei Laune zu halten.

Deshalb ging es mir dann auch nahe, wie sie nach Veröffentlichung des Videos von den Ermittlern und manchen Medien als kriminell hingestellt wurde. Am meisten ärgert mich, dass die Darstellerin der Oligarchennichte zuerst von der Polizei mit Lichtbild gesucht (das war rechtswidrig, wie die Gerichte später klarstellten, was die Justiz aber nicht dazu veranlasste, auch nur zu versuchen ihren Gesetzesbruch rückgängig zu machen) und dann im September 2023 in einigen Medien mit vollem Namen geoutet wurde. Dabei werden ihr keine schweren Straftaten vorgeworfen. Gegen sie laufen immer noch (Stand Frühjahr 2024) Ermittlungen wegen Mitwirkung bei einer Urkundenfälschung.

Ein Vorwurf, den der zuständige Staatsanwalt gegen Anwalt Mirfakhrai und mich bereits im Februar 2023 eingestellt hat. Mit der Begründung, es liege keine Straftat vor, denn nach einem Urteil des Obersten Gerichtshofs ist die eindeutige Kopie eines Dokuments keine Fälschung. Selbiger Staatsanwalt bemühte einige Monate später internationale Behörden auf Basis desselben Vorwurfs, gegen die Frau tätig zu werden. Wie das juristisch funktionieren kann, ist jedem, den ich befragte, rätselhaft.

Die angebliche Oligarchennichte hat nur aus Verbundenheit mit mir mitgemacht und nichts dabei verdient, im Gegenteil, sie hat sich und ihre Familie sogar in Gefahr gebracht. Wozu diese Ermittlungen? Das ist natürlich auch der Vorwurf, den sie mir heute macht.

Aber zurück nach Wien – und zurück zu den Ibiza-Anbahnungen. Sie fanden parallel zu den langwierigen Polizei-Ermittlungen in der *Plasser & Theurer*-Sache statt, was für mich persönlich zu absurden Momenten führte. Ich saß im Juni 2017 bei Vernehmungen mit den Ermittlern des Landeskriminalamtes und des Bundesverfassungsschutzes in St. Pölten. Gleichzeitig bastelte ich am Ibiza-Making-of. Das hatte aber auch etwas Gutes: Aus meinen leidigen Erfahrungen mit Wandls *Plasser & Theurer*-Engagement wusste ich: Wir müssen sehr genau darauf schauen, dass wir nichts Illegales machen. Das war die Vorgabe, und ich glaube, sie wurde auch erfüllt.

The Making-of

Im Laufe des Jahres 2016 hatte ich also unsere Legende zur Ansteuerung von FPÖ-Chef Strache beisammen. Ich fasse mich kurz, weil die Ibiza-Vorgeschichte schon oft, ja zu oft erzählt wurde. Allein ich habe über die Hintergründe in zahlreichen Podcasts gesprochen. Strache hat seine Sicht der Dinge in einem Buch (»Das Ibiza-Attentat«) wiedergegeben, zum Teil falsch und mit kuriosen Verschwörungstheorien aufgeladen. Die »Obermaiers« von der *Süddeutschen Zeitung*, also die beiden Investigativ-Journalisten, die das Ibiza-Video im Mai 2019 publizierten, Frederik Obermaier und Bastian Obermayer, haben mit dem Buch »Die Ibiza-Affäre« eine detailreiche und wichtige Rekonstruktion vorgelegt. Dazu gibt es TV-Dokumentationen und die durchaus witzige *Sky*-Serie »Die Ibiza Affäre«, in der der Wiener Burgschauspieler Nicholas Ofczarek mich als etwas tollpatschigen, leicht übergewichtigen Neurotiker spielt, was mich durchaus ehrte.

Die von uns erfundene russische Oligarchennichte trat zuerst als Interessentin für ein großes Wald-und-Wiesen-Grundstück der Gudenus-Familie auf, aber erzählte von Anbeginn auch davon, dass sie Geld in andere österreichische Bereiche zu investieren bereit wäre. Eigentlich aber suche sie primär Wege und Kontakte, ihr nicht ganz sauberes Geld aus dem im Zusammenbruch befindlichen »Laundromat-System« – so nennt man die transnationalen Geldwäscheanlagen der Oligarchen – zu schleusen und am besten auch gleich zu waschen. Sie hätte rund 300 Millionen Euro von ihrem reichen Onkel bekommen. Der Grund dafür sei ein Familienstreit gewesen, der Vater ihrer beiden Kinder sei bei einem gemeinsamen Business geschädigt worden, das Geld sei quasi ein Schmerzensgeld, aber wir verbaten uns Nachfragen, weil das für sie alles sehr belastend und traumatisierend gewesen sei.

Ich gab ihren Vertrauten. Eigentlich sollte ich nur eingangs bei der ganzen Sache dabei sein und mich dann zurückziehen. Aber weil ich beim ersten persönlichen Treffen im Wiener Luxushotel *Grand Hotel Wien* vergaß, die Speicherkarten in die heimlich installierten Kameras einzulegen, musste ich meinen Part ausweiten.

Anfangs gab es noch kurz die Idee, dass ich als grober, aggressiver, richtig unguter russischer Bodyguard auftrete, ich nannte ihn für mich »Victor«. Den ließ ich aber nur zweimal, erstmals bei einem Telefonat mit der Maklerin, raus. Die Szene wurde in der *Sky*-Serie recht realitätsnah nachgestellt. Danach ließen wir diese Idee wieder fallen, weil es wichtig war, dass das Ehepaar Gudenus auch zu mir Vertrauen aufbaute. Ich durfte sie nicht abschrecken. Ich musste im Fortgang der Geschichte ja alle Seiten glaubhaft betreuen können, egal wie es ausgehen würde. Auch, weil mit dem Anwalt Ramin Mirfakhrai ausgemacht war, dass wir ihn im

Laufe der Wochen »rausspielen« würden, er also nur den Anfang machen musste und dann wir übernehmen würden.

Ich kehrte einen Hauch vom schroffen Victor wie gesagt nur einmal hervor, als es darum ging, die Maklerin namens Irena Markovic, die wir für die Anbahnung benutzt hatten, nicht zu nahe an uns rankommen zu lassen. Sie wollte natürlich einen Maklervertrag unterschreiben, weil sie Angst hatte, dass ihre Provision unter den Tisch fallen würde. Aus ihrer Sicht absolut verständlich, aber das wollten wir nicht. Unser Ziel war immer, Strache auf Video dabei aufzunehmen, wie er korrupte Dinge sagt. Gudenus war für uns nur der Türöffner. Und die Maklerin war der Wegweiser zur Tür.

Der Erstkontakt zwischen Gudenus und dem russischen Lockvogel wurde im Jänner 2017 angebahnt – über Gudenus' Ehefrau und die mit ihr bekannte Immobilienmaklerin Markovic. Markovic erzählte Tajana Gudenus von einer vermögenden Russin, die sich »für Immobilien der Familie des Klägers im Kremstal interessiert«. Im März kam es zu einem Abendessen mit der Immobilienmaklerin, dem Ehepaar Gudenus, dem Anwalt Ramin Mirfakhrai sowie dem russischen Lockvogel und mir im *Grand Hotel Wien*.

Dafür haben wir geklotzt und nicht gekleckert, der erste Eindruck musste natürlich stimmen. Wir kamen mit einem Chauffeur in einer Luxuslimousine der Marke *Mercedes-Maybach* an. Ich kümmerte mich um die (verfälschte) Passkopie. Wir wussten, dass die Anfertigung und Verwendung einer erkennbaren Kopie eines verfälschten Ausweises laut Höchstgerichtsurteilen nicht strafbar ist. Das hatte Mirfakhrai sorgfältig geprüft. Also bastelte ich uns aus einem Konvolut aus im Darknet angebotenen Datensätzen, die ein Bekannter aus einem anderen Projekt übrighatte, einen lettischen Pass. Ursprünglich lautete er auf einen Männernamen, das Foto der falschen Oligarchin stammte von einem unserer Treffen. Sicherheitshalber schickte ich das ganze drei

Mal durch den Kopierer, bevor es die Maklerin zu Gesicht bekam. Es sollte schließlich deutlich als Kopie erkennbar sein, damit wir uns nicht strafbar machten.

Wir speisten für rund 4.000 Euro mit Butlerservice in der Rotunde, einem privaten, kreisrunden Raum des *Le Ciel* im siebten Stock des *Grand Hotels*. Von dort ging es weiter in ein anderes Wiener Luxushotel namens *Meliá*, wo wir eine Suite angemietet hatten. Leider fehlten in den Kameras, die ich extra besorgt hatte, wie schon erwähnt, die SD-Karten. Ursprünglich sollte die Oligarchennichte mit Gudenus ins *Meliá* fahren, der Anwalt hatte uns wie ausgemacht nach dem Essen verlassen und ich sollte mich im *Meliá* dann auch zurückziehen. Das tat ich, aber sie rief mich sehr bald an und erzählte mir, dass Gudenus schon im Lift am Weg zur Suite angefangen habe, ihre Hand zu streicheln – im Beisein seiner Frau, die das nicht weiter zu stören schien. Diesen Weg wollte sie ganz sicher nicht einschlagen, sie drohte alles abzubrechen, wenn ich nicht sofort wieder zurückkommen würde. Also legte ich einen scharfen U-Turn mitten auf der Wagramer Straße hin und fuhr zurück zu dem Hotel und dem partyfreudigen Gudenus-Ehepaar.

So blieb die Runde dann doch größer, Tajana und die Maklerin waren dabei, dann kam noch Maximilian Krauss von der FPÖ dazu. Weil die Kameras nichts aufgezeichnet hatten, fehlen die Bilder von diesem Abend. Schade, denn sie hätten der Öffentlichkeit einen guten Eindruck davon gegeben, was die blaue Wiener Schickeria unter einer gelungenen Party versteht. Seit dem legendären Hit des Wiener Musikers Falco (»Ganz Wien«) hat sich daran offenbar wenig geändert.

Am Ende ging es noch in die Wiener Nobel-Disco *Volksgarten*, direkt im Wiener Regierungsviertel gelegen. Auch dort habe ich sehr dick aufgetragen und mit Geldscheinen herumgewedelt, damit wir im VIP-Bereich einen Tisch bekommen. Ich erinnere mich nur in Auszügen an den Rest des Abends im Klub *Volksgarten*. Ein Fußballer eines Wiener Traditionsvereins bekam von mir ein paar Geldscheine unter die Nase gehalten, um seinen Tisch zu räumen, die Bodyguards beider Seiten waren recht grob in ihren Versuchen, uns Platz zu machen, und Alkohol floss in besorgniserregenden Mengen. Johann Gudenus gab die Geschichte seiner Narbe auf der Stirn wieder, die von einem vorhergegangenen Besuch im *Volksgarten* und einem durch den Raum geworfenen Glas herrühren soll. Der Zweck war jedenfalls erfüllt: Nach diesen paar Stunden waren wir – also die Familie Gudenus und die falsche Oligarchennichte namens Alyona Makarova und ich – beste Freunde.

Es folgte ein weiteres Treffen, aber nur zu dritt, mit Gudenus und der Maklerin, im dritten Wiener Bezirk in einer Wohnung aus dem Portfolio von ihr. Da habe ich Gudenus noch einmal unser Anliegen skizziert: 350 Millionen Euro, die wir veranlagen wollen. Schwarzgeld, das reingewaschen werden soll, im Idealfall über ein verschachteltes Firmenkonstrukt. Dieses Konstrukt aus mehreren zu gründenden Firmen, die untereinander aufgeblasene Werte verschieben sollten, skizzierte ich ihm auf ein paar losen Blättern Papier. Er hat das nicht recht verstanden.

Wir hielten daraufhin den Kontakt mithilfe eines anonymen Burner-Phones, eines billigen Handys ohne Vertrag, mit dem wir alle zwei bis drei Wochen weitere Koordinationstreffen nur zwischen uns beiden vereinbarten. Das diente der Aufrechterhaltung und Vertiefung unserer Beziehung und dazu, mehr Informationen für unser eigentliches Ziel, Parteichef Strache, zu bekommen. Gudenus machte bei all dem mit.

Das nächste große Zusammentreffen war in der Präsidentensuite des Hotels *Sofitel* angesetzt, einem ganz in Weiß gehaltenen, modernen Ensemble aus Wohn-, Ess- und Schlafzimmer. Überall viel Glas, auch in Form von Glastischen, in meinen Augen nicht wirklich geschmackvoll. Diesmal hatte ich etwas mehr Ambition und Geschick in die Kameratechnik gelegt. Ich hatte mich sogar bastlerisch betätigt und eine Kamera inklusive Festplatte in eine als Geschenk verpackte Box platziert und die Linse durch ein kleines Loch in der Masche des Geschenkbandes gezogen. Ich war mächtig stolz auf mich. Auch diese Kamera versagte. Hitzeentwicklung. Man lernt nie aus.

Für den Abend wäre Strache schon angesagt gewesen, er sagte dann aber leider kurzfristig aufgrund irgendwelcher Verpflichtungen im Nationalrat ab. Es waren also Gudenus und sein jüngerer Bruder anwesend, dazu die uns schon bekannte Maklerin, die sich nicht so leicht abschütteln ließ, Frau Gudenus und natürlich die Oligarchennichte und ich. Anwalt Mirfakhrai hatte schon einen Vertragsentwurf vorbereitet, eine Art Absichtserklärung zu den zuvor mit Gudenus besprochenen Firmenkonstruktionen, die im Prinzip den Inhalt hatte: Wir sind korrupt. Gudenus hat auf Anraten seiner – alerten – Frau an diesem Abend dann doch nicht unterschrieben. Das war ziemlich knapp.

Zuerst sah in der Präsidentensuite im *Sofitel* alles nach einem weiteren verschwendeten Abend aus. Wir hatten zwar diesmal alles Mögliche auf Video gebannt, was wir beim ersten Treffen verpasst hatten – dank meiner Unachtsamkeit. Aber dann passierte doch noch etwas Spannendes. Gegen zwei Uhr früh an diesem Abend kam Gudenus nämlich mit einem Mal wie aus dem Blauen – wie passend bei einem FPÖler, dessen Parteifarbe Blau ist – mit der Idee daher, die Anteile der *Kronen Zeitung* zu kaufen. Es war eher unerwartet. Wir saßen zu viert um einen Couchtisch, Gudenus hatte gerade über die Vorzüge der Frauen in Moskau schwadroniert, wie viel Spaß man dort habe – eine bemerkenswerte Aussage in Anbetracht der Anwesenheit seiner Ehefrau. Die aber zuckte mit keiner Wimper. Auch das hatte ich so noch nicht erlebt. Jeder hört oder schaut mal höflich weg, aber eine öffentliche Demütigung so reaktionslos an sich vorbeiziehen zu lassen, war dann doch ungewöhnlich.

Der Kontext damals war folgender: Es war schon allgemein bekannt, dass die deutsche *Funke*-Gruppe ihre *Krone*-Anteile auf den Markt werfen würde. 2019 wurden sie dann tatsächlich verkauft. Nicht an uns, sondern an René Benko. Seit damals hielt Benkos *Signa* für kolportierte 80 Millionen die Hälfte der Anteile an der *Funke-Österreich-Holding*, sie hält wiederum rund 50 Prozent an *Krone* und *Kurier*.

Nun war da aus unserer Sicht eine Spur, die es wert war, weiterverfolgt zu werden – und die genau jenen Aufhänger für Strache bot, den wir die ganze Zeit gesucht hatten. Vielleicht also doch kein ganz erfolgloser Abend.

Ich hatte also unser prinzipielles Interesse an der »Wir interessieren uns auch für die *Krone*«-Idee bekannt gegeben. Mir war die Brisanz sofort klar. Auch die Absicht dahinter war recht durchsichtig. Die Beeinflussung der Berichterstattung der größten Zeitung des Landes kurz vor den Wahlen. Ich hatte Erkundigungen zu der Thematik eingeholt und im Zuge dessen aus einem Schiedsgerichtsspruch eines Schweizer Gerichtes gelernt, dass die Übernahme der *Funke*-Anteile, in meinen Augen zumindest, geschäftlich nicht ganz einfach werden würde. Da stand ein großes Fragezeichen im Raum.

Die *Kronen Zeitung* und ihre zerstrittenen Gesellschafter, das ist eine lange und legendäre Geschichte, an der Anwälte seit Jahren gut verdienen. 1959 erwarb Hans Dichand die Rechte am Titel »*Kronen Zeitung*«, kurz darauf kam es zu Rechtsstreitigkeiten. Der Österreichische Gewerkschaftsbund scheiterte damals vor Gericht, als er versuchte, ein unter fragwürdigen Umständen gewährtes Darlehen an Dichand zu reklamieren. In den 1980er-Jahren kam es zum Bruch zwischen den langjährigen *Krone*-Partnern Hans Dichand und Kurt Falk. Der Hälfteanteil von Kurt Falk ging an die deutsche *WAZ*, die heute *ww-Gruppe* heißt. Dichand behielt den Rest. Er stieg dabei gut aus. Dichand und das deutsche Medienhaus setzten damals umfangreiche Gesellschafterverträge auf, Dichand erhielt eine Gewinngarantie, die ihm unabhängig vom wirtschaftlichen Erfolg bis heute jedes Jahr eine hohe siebenstellige Summe garantiert. Und genau darüber streiten die Gesellschafter vor einem Schweizer Gericht seit Jahren. Wer sich in die *Krone* einkaufen will, muss unter Umständen prüfen, ob er am Ende nicht nur Verluste übernehmen muss.

Um glaubwürdig zu bleiben, kam ich ein paar Wochen nach dem Abend im Sofitel auf Gudenus zu und vermittelte ihm, es wäre uns auch möglich, die anderen Anteile der *Kronen Zeitung* zu übernehmen – die der Erben des Gründers Hans Dichand. Mehr noch, wir könnten den Aufkauf bis nach den Wahlen geheim halten, um einer Skandalisierung zu entgehen. Das war zwar reichlich fantastisch, aber er schien mir wie elektrisiert von der Idee.

Am Tag nach dem Sofitel-Abend jedenfalls – wir hatten alle nur wenige Stunden Schlaf gehabt – folgte die »Besichtigung« von Gudenus' Liegenschaften. Ich hatte dafür extra eine *Mercedes-G-Klasse AMG 65* aus München als Mietwagen besorgt. Immerhin musste die Oligarchennichte ja standesgemäß durch die Hügel und Wälder der Wachau kutschiert werden. Das hat den jüngeren Bruder von Gudenus sehr beeindruckt. Er freute sich sichtlich, als ich seiner Bitte nachgab, den Wagen über die ihm bekannten Waldwege, vorbei am privaten Schießstand und durch Furten zu jagen. Ich versuchte einen gelassenen Eindruck zu bewahren, wissend, dass der Mietvertrag Geländefahrten strikt untersagte. Nun ja, wo kein Kläger, dort kein Richter.

Im Grunde war das Hauptanliegen der Familie Gudenus, ihre Familien-Liegenschaften teuer zu verkaufen, Johann erhoffte sich bis zu 15 Millionen Euro, die wir auch nicht kategorisch ablehnten, trotz des Wissens um den realen Wert, der maximal bei der Hälfte lag. Das bot uns die Möglichkeit, allerlei mögliche Sonderwünsche zu formulieren, welche normalerweise kaum erfüllbar waren. Eines meiner Highlights war, als wir ihm wie selbstverständlich eröffneten, wir würden die Liegenschaft gerne durch bewaffnete Sicherheitsleute sichern lassen und dafür ein paar zugedrückte Augen bei den örtlichen Behörden brauchen. Das Drumherum, die Veranlagungen, alles, was wir aufgebaut hatten, um Strache anzufixen, interessierten ihn weniger – mit Ausnahme der *Kronen Zeitung*.

Damals kam auch Ibiza als Ferienort der blauen Elite erstmals ins Spiel. Gudenus erzählte davon, dass er mit Strache und seiner Familie jeden Sommer dort urlaubte. In diesem Jahr sollte es im Juli sein. Ich wurde hellhörig. Das könnte endlich der Moment sein, bei dem wir Strache mit der Oligarchennichte zusammenbringen könnten. Ich intensivierte also meine Angebote, ließ Gudenus wissen, dass Makarova noch viel größere Summen in die österreichische Wirtschaft investieren wolle, sofern sich der Kontakt zur FPÖ als nachhaltig erweisen sollte, die ja in den Umfragen so stark war, dass jeder davon ausgehen konnte, dass sie nach den Nationalratswahlen im Herbst in Österreich eine gewichtigere Rolle spielen würde. Sprich, wir wollten uns Freunde in der neuen Regierung einkaufen und dadurch profitieren. Gudenus war all dem nicht abgeneigt, pries mehrfach die Qualität seiner Zugänge an, schlug Wels und Graz als mögliche Investitionsorte vor, da dort die FPÖ mit besonders vertrauensvollen und geschäftstüchtigen Funktionären vertreten sei.

So entstanden die Wege im Gehen, um den spanischen Dichter und Philosophen Antonio Machados zu zitieren. Wir haben von Treffen zu Treffen improvisiert, mussten unser Vorgehen immer wieder den Gegebenheiten anpassen und durch sich öffnende Türen schreiten, andere schlossen sich vor unseren Augen auch wieder. Es war eine dynamische Situation, auf die man sich wieder und wieder einstellen musste.

Spanien beispielsweise als Drehort war ein Zufall, aber so gesehen für uns ein Glücksfall. Denn wie wir erfuhren, ist es in Spanien nicht verboten, heimlich Videos aufzuzeichnen, wenn man selbst am Bild ist. Wir ließen das im Vorfeld juristisch prüfen, von drei unterschiedlichen Anwälten. Wir – also Mirfakhrai und ich – hatten das Projekt deshalb auch als investigative, journalistische Arbeit angelegt, weil wir uns vorweg natürlich bei darauf spezialisierten Anwälten informiert hatten und wussten, dass Journalisten mehr Rechte haben, wenn sie Dinge zutage fördern, für die es ein öffentliches Interesse gibt. Der Anwalt schickte mir vor jedem Treffen auch entsprechende SMS: »Viel Erfolg bei deinem investigativen Projekt!«

Da der Anwalt Mirfakhrai, der das Ganze finanziert hat, keinen Fixbetrag vorgeschossen hat, also kein Rahmenbudget genannt hat, musste ich ihn von Mal zu Mal um das notwendige Geld bitten. Das hat es nicht einfacher gemacht. Und er war natürlich enttäuscht, wenn das nächste Treffen wieder nicht das erwünschte Ergebnis – einen kompromittierten Strache – ergeben hat. Aber so sind solche Dinge nun mal, man hat mit Menschen zu tun, da kann man oft nur Parameter setzen, innerhalb derer man operiert.

Für Ibiza war mein Budget schon so klein, dass ich Mühe hatte, die aufgebaute Fassade der superreichen Russin aufrechtzuerhalten. Daumen mal Pi habe ich 8.000 Euro für zwei Nächte gezahlt. Die Villa, die ich auf *Airbnb* fand, kostete pro Nacht etwas über 1.000 Euro. Mit vier Schlafzimmern und vier Bädern, Garten und Pool war die »Architect Country Villa« stattlich, sie war auch gerade frisch renoviert, aber lang nicht luxuriös genug für eine Oligarchin.

Eigentlich hatte ich eine ganz andere Behausung ins Auge gefasst. Eine Villa an den Steilklippen der Küste mit Infinity-Pool und zehn Schlafzimmern für locker-lässige 10.000 die Nacht. Auch einen Privatjet für den Transport hatte ich schon angefragt. Nur all das war dann Mirfakhrai, zu meinem Missfallen, zu viel. Wir erklärten Gudenus und Strache deshalb, dass es die Villa eines Bekannten der Oligarchennichte sei, ihr eigentliches Anwesen liege am Meer.

Dort seien aber ihre Kinder und sie würde jemanden, den sie noch nie gesehen hatte – Strache – mit Sicherheit nicht zu ihren Kindern lassen. Damit war der Ton gesetzt, Strache war nicht hofierter Gast, sondern geduldeter Interessent.

Auf der Baleareninsel kamen wir am Mittwoch, dem 26. Juli, alle separat mit Linienflügen an. Ich hatte noch dazu das Glück, einen Charterflug via Zwischenstopp zu haben, der nur Handgepäck erlaubte. Ich musste einen alten Bekannten aus Schulzeiten bitten, mir meinen Koffer voller Überwachungstechnik für mich hinzufliegen. Er war weit von einem idealen Kandidaten entfernt – auf der anderen Seite: Man wird nicht viele Leute finden, die sich mal so bereit erklären, einen Koffer für einen Tag nach Ibiza zu fliegen, ohne allzu viele Fragen zu stellen. Er war kein besonders verlässlicher Kollege, ich musste ihn in Wien in der Früh zum Flughafen bringen, nachdem er sein Spesengeld, welches ich ihm gegeben hatte, am Vorabend in Alkohol umgewandelt hatte. Für den Rückflug musste ich ihn in stark alkoholisiertem Zustand um vier Uhr früh vor meiner eigenen Abreise zum Flughafen bringen, um ihn sicher im Flieger zu wissen. Auf Ibiza wiederholte sich das Ganze dann ebenso. Alles weit von einem professionellen Ablauf entfernt. Vor Ort mietete ich dann einen *BMW M4 Cabrio* um 800 Euro pro Tag, auch dies wieder den Budgetlimits geschuldet. Der *Bentley*, den ich eigentlich reservieren hatte lassen, blieb unabgeholt zurück.

Die Vorbereitungen vor Ort gestalteten sich auch schwieriger als erhofft. Ich hatte vermutet, gerade auf Ibiza überall den Luxus-Champagner oder den Wodka, den ich im Sinn hatte, zu finden. Mitnichten. Dann fand ich noch dazu keinen Copyshop, bei dem ich mir zur Vorbereitung Unterlagen zum Thema Wasserrecht ausdrucken konnte, die mir der Anwalt zusammengestellt hatte. Niemand druckt offenbar auf Ibiza Hunderte Seiten Dossiers des *IMF (International Monetary Fund)* aus. Wir hatten die Absicht, Strache in ein

Gespräch über den Verkauf von österreichischem Wasser zu verwickeln und dafür eine Gesetzesänderung mit Zwangsenteignung vorzuschlagen.

Meine Oligarchennichte-Darstellerin war auch nicht entzückt, sie wollte eigentlich ein paar nette Tage auf der Insel verbringen, rechtzeitig zu ihrer Familienfeier zurück zu Hause sein und ganz sicher nicht mit mir im Sportwagen herumkurven auf der Suche nach einem Laden, der uns 300 Seiten Papier mitten in der Siesta ausdruckt. Letztlich fanden wir einen Internet-Laden, der uns das machte, nachdem man sich ausreichend Papier von einem nahe gelegenen Betrieb geborgt hatte. Die Inhaberin muss uns für Bekloppte gehalten haben. Sie ließ sich fünf Mal versichern, dass wir die 50 Cent pro Blatt auch wirklich zahlen würden.

Strache hatte das Treffen schon am Vormittag auf den nächsten Tag verschoben. Zumindest hatten wir also Zeit, am Nachmittag am Strand essen und danach baden zu gehen. Der selbst gemachte Honig-Schnaps, den wir nach dem Essen serviert bekamen, war das Beste am ganzen Urlaub. Zu meinem Unglauben weigerte sich das Restaurant partout, uns eine Flasche davon verkaufen. Es lief an dem Tag wirklich nichts rund.

So kam es übrigens auch zu den angeblich – aus Sicht Straches – ungepflegten Fußnägeln. Wir waren den ganzen Tag unterwegs gewesen, sie in offenen Schuhen. Perfekt waren die Nägel danach nicht mehr, aber weit davon entfernt, »schmutzig« zu sein, wie Strache meinte.

Am nächsten Tag, einem Donnerstag, dem 27. Juli 2017, besuchte ich Gudenus im Hotel *Palladium* am Coco Beach, um sicherzugehen, dass es mit unserem Treffen am Abend diesmal klappen würde. Da passierte etwas Ungewöhnliches. Über ein paar Flaschen Weißwein, umrahmt von den Theorien zu Außerirdischen und sich auf Ibiza kreuzenden Energielinien, erzählte Gudenus mir, dass er Informationen aus dem Umfeld des »*Red Bull*«-Milliardärs Didi Mateschitz und der ÖVP habe, dass jemand versuchen würde, sie, die FPÖ, mit einem Video reinzulegen. Ich hatte große Mühe, meine Mimik im Griff zu halten. Mir fiel fast die Kinnlade herunter. Es war eine völlig absurde Situation. Ich reagierte nicht darauf und gab nur ein verblüfftes »Aha« von mir. Im Nachhinein konnte ich rekonstruieren, dass das Gerücht wohl entstanden war, nachdem Anwalt Mirfakhrai mit einem Journalisten Kontakt gehabt und dabei etwas von unserer Aktion angedeutet hatte.

Meine Mini-Kameras waren diesmal jedenfalls bereit, mehrfach gecheckt auf SD-Karten und volle Akkus. Trotzdem sollte nur knapp die Hälfte am Ende Aufzeichnungen liefern. Die drei wichtigsten waren auf dem Kaminsims, in einem Lichtschalter und im Garten montiert. Daneben gab es noch einen Stromstecker, einen Kaffeebecher, eine Strandtasche, eine TV-Fernbedienung. Alles, was der Zulieferer aus Kroatien so im Sortiment gehabt hatte.

Lustiges Detail am Rande: Als ich später einmal bei dem Zulieferer war, um ein System abzuholen, teilte mir der Mitarbeiter im Plauderton mit, der Chef sei ein Vizedirektor einer kroatischen Sicherheitsbehörde. Mittlerweile würden sie nicht mehr nach Deutschland liefern. Grund soll das Ibiza-Video sein.

Ein Abend mit Strache

Ich habe Strache nur an diesem einen Abend selbst erlebt. Aber das hat mir gereicht, um alles zu verstehen, was in dieser Partei passiert ist. Ich war die ganze Zeit vor Ort, holte ihn ab und brachte ihn in den Morgenstunden zum Taxi. Ich hatte also viel Gelegenheit, ihn in den unterschiedlichsten Settings zu erleben. Er war sehr von sich eingenommen, er wollte gefallen und hofiert werden. Je mehr die vermeintliche Oligarchennichte ihn – in seinem Fall – rechts liegen ließ, desto mehr bemühte er sich um ihre Gunst und Aufmerksamkeit. Ich konnte deutlich spüren, wie sehr er geliebt und bewundert werden wollte und wie sehr er das auch gewohnt war. Und wie sehr es ihn deshalb irritierte, wenn es nicht auf Anhieb geschah.

Aber gleichzeitig war er nicht unangenehm, persönlich, als Gegenüber. Er war kumpelhaft, verbrüdernd, jovial – ganz so, wie ihn das Millionenpublikum später dann im Ibiza-Video sehen konnte. Ich habe solche und ähnliche Typen in meinem Berufsleben immer wieder kennenlernen können.

Was dahintersteckt, kann ich nur vermuten, vielleicht eine Kränkung, die sich mit narzisstischen Zügen paart? Vielleicht die Kränkung eines Aufsteigers, der sich an seinen Erfolg klammert und jeden Morgen mit dem Gedanken aufwacht: Bleibt mir das alles heute noch erhalten?

Im Nachhinein ist dieser Abend oft als Korruptions-Tango beschrieben worden. Als siebenstündiger Tanz. Das ist eine sehr treffende Beschreibung. Was in der Finca auf Ibiza gesagt wurde, ist oft und ausführlich beschrieben worden. Mit fünf Jahren Abstand liest man die Worte Straches noch einmal mit einem anderen Blick. Vor allem wenn er über seine Beziehungen zu Russland, Ungarn und Serbien spricht. Aus heutiger Sicht ist dieses Video ein wichtiges zeithistorisches Dokument. Es gibt tiefen Einblick in die Seele und die Strategien Straches im Juli 2017, kurz bevor er Vizekanzler werden sollte. Manches, was damals wirr und aufschneidend wirkte, liest sich im Nachhinein sogar prophetisch, vieles ist ja dann tatsächlich eingetreten, kaum war die FPÖ an der Macht.

Deshalb will ich noch einmal kurz zusammenfassen, was damals gesagt wurde. Was davor geschah, ist banal: Wir duschten uns, richteten uns her, arrangierten das bestellte Abendessen und kühlten die Getränke ein.

»Können wir anfangen, offen zu sprechen?«, fragte Makarova nach dem Abendessen, denn »we do not have so much time. We must come to an agreement first!« Dass die

Oligarchin an Gudenus' Latifundien interessiert war, hatte Strache offenbar erst vor Ort erfahren. Gudenus dürfte ihn vor allem mit der Option *Kronen Zeitung* gelockt haben. Dass nämlich über den Kauf von Anteilen an der *Kronen Zeitung* gesprochen worden war, wusste er offensichtlich, denn eine seiner ersten Fragen, nachdem er auf der mittlerweile berühmten Couch Platz genommen hatte, zielte in diese Richtung.

Sie könne sich schon noch so einiges andere vorstellen, eröffnete die von mir instruierte Oligarchennichten-Darstellerin wie ausgemacht Strache. Sie habe nicht nur Interesse an der *Krone*, sondern auch an einer Teilprivatisierung des heimischen Wassers, an Straßenbau-Aufträgen, Glücksspiellizenzen und Instandhaltung von militärischen Anlagen, staatlichen Kunstsammlungen, also so praktisch an allem, was man als sensible Bereiche des Staates betrachten könnte: Strache möge ihr, wenn er einmal in der Regierung sei, mit seinen Kontakten helfen. Beide Seiten könnten profitieren.

Das Setting war also klar, so klar, dass ein anständiger Oppositionspolitiker sich zu diesem Zeitpunkt höflich hätte verabschieden müssen. Danke für die Einladung, man bedauere, aber solche Ansinnen – also, das ist nichts für uns. Aber Strache sollte nur einmal aufstehen, um auf die Toilette zu gehen. Stattdessen schwadronierte er über sich und seine Beliebtheitswerte in Serbien, seine tollen Freunde, seine politischen Absichten, seine Lebensphilosophie und allerlei Verschwörungstheorien. Selbst als ich ihm ganz direkt sagte, dass das Geld der angeblichen Oligarchennichte sinngemäß »eigentlich nicht ganz legal« sei und: »es ist kein Drogengeld, aber es kann auch nicht einfach so auf eine Bank«, blieb er weiter sitzen.

Strache verstand sich offenbar als Brückenkopf für den Osten. »Wir wollen in die Visegrádgruppe rein. Wir wollen uns sehr stark Richtung Osten öffnen, Richtung Russland. Nicht zu dieser dekadenten westlichen Welt.« Denn Europa werde islamisiert und »die einzige Rettung wird's geben im Osten«. Er erzählte über Ungarns Premier Viktor Orbán, der bei ihm »immer abhebt, wenn ich was brauch«.

Im Laufe dieses langen Abends offenbarte Strache der Russin auch seine potenziellen Spender, etwas, das er später, nach Veröffentlichung, widerrief. Die würden aber nicht an die Partei zahlen, sondern an einen Verein, am Rechnungshof vorbei, der Parteispenden in Österreich kontrollieren muss. Gudenus hatte sichtlich Mühe, das Konstrukt präzise ins Russische zu übersetzen. Er war fließend im Small Talk auf Russisch, aber sobald er in die Fachsprache wechseln musste, wurde er etwas holprig. Deshalb war die Konversation streckenweise ein wenig mühsam. Strache: »Der Verein ist gemeinnützig, der hat nichts mit der Partei zu tun. Dadurch hast du keine Meldungen an den Rechnungshof. Das ist ein gemeinnütziger Verein, mit drei Rechtsanwälten. Der hat ein Statut: Österreich wirtschaftlicher gestalten.« Und weiter: »Es gibt ein paar sehr Vermögende. Die zahlen zwischen 500.000 und eineinhalb bis zwei Millionen. (...) Ich kann ein paar nennen, die zahlen aber nicht an die Partei, sondern an einen gemeinnützigen Verein.«

Strache nannte sogar Namen, die allerdings später allesamt dementierten, etwas mit der FPÖ zu tun zu haben. Er wollte offensichtlich prahlen und die vermeintliche Russin beeindrucken. So fielen die Namen des Kärntner Waffenschmieds Gaston Glock, der deutschen Kaufhauserbin Heidi Horten, des Glücksspielkonzerns *Novomatic* (der »an alle« spende). Auch des – im Jahr 2023/24 spektakulär Pleite gegangenen – Immobilieninvestors René Benko, »der der ÖVP und uns zahlt«.

Während Strache den Namen Glock nannte, stand Gudenus auf und imitierte mit ausgestreckten Zeigefingern einen Pistolenschützen. Der Screenshot dieser Szene wurde zur Bildikone. Gudenus, in korrekter Schusshaltung, Strache, mit Bierbauch und Ruderleiberl auf der Couch – das ist bis heute das Bild, das die meisten Menschen vor dem inneren Auge haben, wenn sie an den Ibiza-Skandal denken.

An dieser Stelle muss ich vielleicht kurz ausholen und erklären, warum der so selbstverständlich geäußerte Satz »*Novomatic* zahlt alle« in Österreich besonders einschlug. *Novomatic*, 1980 gegründet, ist ein weltweit agierender, höchst erfolgreicher Glücksspielkonzern mit Sitz in Gumpoldskirchen südlich von Wien. Er ist mit der Politik des Landes in gutem Kontakt, schließlich braucht ein so großer Konzern Lizenzen, um tätig zu sein. Immer wieder holte sich der Konzern Ex-Politiker als Berater, aus allen Parteien, sogar von den Grünen. Ausdauernd lobbyierte man für das »kleine Glücksspiel«. Seine Reglementierung wurde 2010 gelockert, statt bisher 50 Cent durfte man nun pro Automatenspiel zehn Euro setzen – entsprechend höher sind Gewinn oder Verlust. Größer damit natürlich auch der potenzielle Schaden bei den Spielern und das darauffolgende Leid. Nur die Grünen stimmten gegen diese Liberalisierung. In Wien hatte der Konzern weniger Glück: Da wurden die Automaten verboten, auf Druck junger Rebellen in der SPÖ, gegen den Willen des damaligen Wiener Bürgermeisters Michael Häupl.

Schon vor dem Ibiza-Video hatte *Novomatic* den Ruf, mit Kritikerinnen und Kritikern recht ruppig umzugehen. Journalisten, die recherchierten, wurden damit konfrontiert, dass Anwälte eingeschaltet werden könnten. Später, nach Veröffentlichung des Videos, sollten die Korruptionsermittler den Konzern durchleuchten. Ausgangspunkt der später so genannten *Casinos*-Affäre war eine anonyme Anzeige im Mai 2019, kurz nach Veröffentlichung des Videos. Der Verdacht: *Novomatic* habe sich durch einen Deal mit der FPÖ unter anderem den Wunsch nach einer heiß begehrten Online-Gaming-Lizenz erfüllen wollen. Im Gegenzug sollen Vertreter des Glücksspielkonzerns dafür gesorgt haben, dass der freiheitliche Bezirkspolitiker Peter Sidlo als Wunschkandidat des damaligen Parteichefs Strache einen Vorstandsjob bei der *Casinos Austria AG (Casag)* erhalten würde. Sidlo avancierte 2019 tatsächlich zum *Casag*-Vorstand. Nach Bekanntwerden der Affäre wurde er wieder abberufen.

Und last, but not least: *Novomatic*, genau genommen dessen Gründer Johann Graf, ist mit dem umtriebigen Lobbyisten Gert Schmidt in bestem Kontakt. Kennengelernt haben sich die beiden 1981, als Schmidt noch beim österreichischen Wirtschaftsmagazin *Trend* als Journalist tätig war. Das ist ein wichtiges Detail, um den Fortgang der Ibiza-Geschichte zu verstehen.

Aber zurück ins Jahr 2017, nach Ibiza. Von Ermittlungen gegen *Novomatic* war da noch keine Rede, und die Regierungsbeteiligung der FPÖ war zwar in Aussicht, aber das Koalitionsabkommen – mitsamt sogenanntem »Sideletter«, geheimen Zusatzvereinbarungen, in denen sich FPÖ und ÖVP die Republik aufteilten – noch nicht unterschrieben. Strache gab den Saubermann. Seine Spender, erklärte er, würden ihn nur aus idealistischen Zielen unterstützen, ganz sicher nicht, weil sie ihn korrumpieren wollen würden. Sie würden die Islamisierung verhindern wollen und hätten Angst, dass ihre »Kinder verrecken« oder auswandern müssten. Also wenn der Russin sein politisches Programm gefalle, dann könne auch sie »da und dort eine Spende« leisten. »Alles rechtskonform, alles überprüfbar, alles auf einer Rechtsbasis, die unangreifbar ist.«

Zwischendurch betonte Strache immer wieder: »Ich bin jeden Tag, jeden Tag sauber. Das Wichtigste im Leben ist, mit dem, was man hat, zufrieden zu sein, gerade sein. (…) Korrupt bin i ned. (…) Das war immer mein Weg, und der Weg hat mich in Wahrheit dorthin gebracht, wo ich heute bin; weil heute sagen die Großen (…), den müssen wir ernst nehmen.« Käuflich sei er nicht. »Ich mache nichts in meinem Leben, das ist mir heilig, ich mache nichts, was rechtswidrig ist (…), das ist mein Werdegang und das ist meine Stärke.«

Am meisten schien Strache und Gudenus dennoch die Sache mit der *Krone* zu interessieren. 2017 gehörte die Boulevardzeitung je zur Hälfte der Familie Dichand und der deutschen *Funke*-Gruppe. Strache wollte bei dem mutmaßlichen Plan der Fake-Oligarchennichte zur Übernahme von Österreichs größter Tageszeitung mehr als nur zuschauen. Er wollte mitmischen. Und dann wollte er bestimmen können, ganz nach dem Vorbild Orbáns. Wie sagte er es wortwörtlich auf Ibiza? »Wir wollen eine Medienlandschaft ähnlich wie der Orbán aufbauen.« Auch warum die *Krone* in Österreich so entscheidend sei, erklärte er der Oligarchennichte eindringlich: »Das Spannende ist, es ist die mächtigste Zeitung Europas zur Bevölkerungszahl. Man hat ein Machtvolumen, das gigantisch ist (…). Du kriegst mit der Zeitung jeden Einfluss, in Wahrheit. Du hast die Waffe in der Hand, dass alle dich schalten und walten lassen in Österreich in Wahrheit.« Und weiters: »Wenn das Medium zwei, drei Wochen vor der Wahl, wenn dieses Medium auf einmal uns pusht, dann hast du recht. Dann machen wir nicht 27, dann machen wir 34 Prozent. Und das ist genau der Punkt.« Gudenus fasste es so zusammen: »Die *Kronen Zeitung* wär für uns alle gut, für Sie geschäftlich, für uns politisch.«

Straches Mega-Plan: Die Russin solle die Hälfte der Dichand-Erben erwerben und er, Strache, würde dann die andere Hälfte – jene der *Funke*-Gruppe – organisieren. Das würde der Russin Millionengewinne (»35 statt 15 Millionen«) bringen und ihm noch mehr Macht. Dafür würde er sich auch – ganz im legalen Rahmen – erkenntlich zeigen. Zur Erinnerung: Zum Zeitpunkt des Treffens auf Ibiza war das Verhältnis zwischen den Erben des 2010 verstorbenen Hans Dichand und der deutschen *Funke*-Gruppe schon schwer zerrüttet. Immer wieder beschäftigten beide Parteien Schiedsgerichte, um Rechtsfragen zu klären. Immer wieder stand ein Verkauf von *Funke*-Anteilen zur Debatte. »Beim *Funke*-Anteil habe ich gesagt, dass Freunde von uns daran arbeiten«, erzählte Gudenus der Ibiza-Runde von dem früheren Treffen mit der falschen Oligarchennichte.

Strache dachte, dass der Wiener Investmentbanker Heinrich Pecina ihm beim Kauf der *Krone*-Anteile helfen würde. Er sei ein »wirklich großer Unterstützer« der Freiheitlichen. Pecina hatte in den Jahren davor tatsächlich viele ungarische Medienunternehmen gekauft, angeblich im Auftrag der ungarischen Regierungsspitze. Manche der betroffenen Medien wurden danach auf Orbáns Parteilinie gebracht, andere eingestellt. »Pecina ist ein Investor, der hat dem Orbán alle ungarischen Medien der letzten 15 Jahre aufgekauft und für ihn aufbereitet«, sagte Strache. Und: »Der hat bei der *Funke*-Gruppe die Kontrolle drauf.« Auch Pecina dementierte nach Erscheinen des Videos Straches vollmundige Annahmen.

Im November 2018 verkaufte die *Funke*-Gruppe aber dann tatsächlich ihre Anteile. Der Tiroler Milliardär René Benko übernahm 49 Prozent der österreichischen Sparte. Auch sein Name fiel schon an unserem Abend auf Ibiza: »Und der Nächste, der auf alle Fälle kommt, ist der Benko, der will nämlich sowieso die *Krone* haben«, prophezeite Strache. Ausnahmsweise hatte er damit recht.

Warum wollte Strache unbedingt die *Krone*? Die Vermutung liegt nahe: damit sie ihn hochschriebe. Und dann könne man auch über die »eine Hand wäscht die andere«-Sache reden. Im Rückblick fielen in dieser Passage der an einprägsamen Passagen reichen Nacht die für mich wichtigsten Sätze, die Strache von sich gab. So nahe an den Verdacht der Korruption sollte er davor und danach nicht mehr kommen.

»Wenn sie wirklich die Zeitung vorher übernimmt, wenn's wirklich vorher, um diese Wahl herum, zwei, drei Wochen vorher, die Chance gibt über die Zeitung, uns zu pushen (…), dann passiert ein Effekt, den die anderen ja nicht kriegen. (…) Wenn das ihr Asset ist, das sie mitbringt drei Wochen vor der Wahl, bist du deppat, dann brauch ma gar nicht reden. Tschuldige, tschuldige, dann sag ich ihr: Dann soll sie eine Firma wie die *Strabag* gründen. Alle staatlichen Aufträge, die jetzt die *Strabag* kriegt, kriegt sie dann. So und über die Geschichte reden wir. Weil den Haselsteiner will ich nicht mehr.«

Mit anderen Worten: Strache (»I am the ›*Red Bull*‹-Brother from Austria«) wollte öffentliche Aufträge einer Frau zuschieben, die ihm mit ihrem Geld politisch hilft. Einmal fasste er es auch so zusammen: »Nehma *Strabag*, Autobahnen: Du, das Erste in einer Regierungsbeteiligung, was ich dir zusagen kann, ist: Der Haselsteiner kriegt keine Aufträge mehr. So. Dann haben wir ein Riesenvolumen an infrastrukturellen Veränderungen.«

Der Durchgriff in die *Krone*-Redaktion war dann der willkommene Bonus. Journalisten »sind ja sowieso die größten Huren auf dem Planeten, sobald sie wissen, wohin die Reise läuft, funktionieren sie so oder so. Man muss es ihnen nur kommunizieren«. In dem Zusammenhang fiel auch der legendäre Zack-zack-zack-Satz: »Sobald sie die *Kronen Zeitung* übernimmt. Sobald das der Fall ist, müssen wir ganz offen reden, da müssen wir uns zusammenhocken. Da gibt es bei uns in der *Krone*: zack, zack, zack. Drei, vier Leute, die müssen wir pushen. Drei, vier Leute, die müssen abserviert werden. Und wir holen gleich mal fünf neue herein, die wir aufbauen.«

Und dann ging es auch noch ums Wasser, das Thema, das ich im Vorfeld vorbereitet hatte. Unser Wunsch war eine Gesetzesänderung, die Trinkwasser zur Ressource des nationalen Interesses erklärt. So etwas ist in vielen Ländern bereits Praxis. Mit dieser Änderung sollte die Zwangsenteignung von bestehenden Besitzverhältnissen ermöglicht werden und dann musste da jemand diese unfreiwillig abgegebenen Werte verwalten. Hier kamen wir dann ins Spiel.

Es ist nicht schwer, sich auszumalen, welche Einflussmöglichkeiten mit solch einer Kontrolle einhergehen. Aber so richtig darauf einsteigen wollte Strache nicht. Austro-

Wasser zu verkaufen, sei politisch tabu. Aber er könne sich vorstellen, »eine Struktur zu schaffen, wo wir das Wasser verkaufen, wo der Staat eine Einnahme hat, und derjenige, der das betreibt, genauso eine Einnahme hat«. Man müsse nur »um die Prozente streiten«. Wenn man so wie ich anwesend war, verstand man genau, was er meinte. Und auch dass wir nicht so weit voneinander entfernt waren. Zumindest war das mein Eindruck.

Ein Modell wie in Norwegen schwebte ihm vor, sagte er später, auch da werde Erdöl zum Gemeinwohl verkauft. Für mich persönlich machten diese Begegnung und all die Aussagen den Eindruck, dass es darum ging, wie und unter welchen Umständen eventuelle Profite aufzuteilen wären. Strache betonte, dass es ihm wichtig sei, alles legal zu halten – erwähnte aber im gleichen Atemzug Personen, Vorstandsposten, die Partei und alle möglichen Firmen. Welchen Reim sollte man sich darauf machen?

Ich muss zugeben, je länger der Abend und je wirrer Straches Gedanken wurden, desto genervter waren ich und vor allem die Oligarchennichte. Irgendwie hatten wir vor Ort den Eindruck, das wird nichts Gescheites mehr, uns fehlen die klaren Aussagen, die wir gerne auf Band und Bild gehabt hätten, um seiner unter dem Vorwurf der Korruption habhaft werden zu können. Es dauerte einfach schon zu lange, wir waren erschöpft und müde und Strache hörte nicht auf zu reden. Die Stimmung war ein paar Mal am Kippen.

Natürlich funktionierte das Video letztlich, weil es eben ein Video war. Als Abschrift oder eingesprochen von anderen – eine Variante, die in der *SZ* aus rechtlichen Gründen kurz vor Drucklegung überlegt wurde – hätte es nie diesen Impact gehabt. Straches Maske war gefallen, er lümmelte, schwurbelte und schwadronierte, soff und tschickte, also rauchte – und alle konnten ihm dabei zusehen. Dieser Medienlogik verdankten wir auch, dass eine persönliche Banalität Schlagzeilen machte. Es ging nicht um Korruption, sondern um Fußnägel und die Schönheit meiner Oligarchennichten-Darstellerin.

Dass ausgerechnet folgende Sätze bei so vielen hängen geblieben sind, hätte ich mir damals auch nicht gedacht. »Bist du deppert, die ist schoarf!«, murmelte er, als die vermeintliche reiche Russin namens Makarova schon recht genervt aus dem Zimmer ging. Dann sagte er zu Gudenus: »Nur was mir auffällt, wahnsinnig dreckige Fußnägel! Da schau ich auf die Füße und sehe, völlig ungepflegt. Das passt nicht zum Gesamtbild. Überall schwarze Ränder, das passt nicht zum Gesamtbild!« Gudenus beruhigte seinen misstrauischen Chef: »Ich sag dir eines, das ist kein Fake!« Strache dämmerte es kurz: »Falle, eine eingefädelte Falle!« Gudenus insistierte: »Das is ka Falle!« Strache: »Du schau, bei uns gibt es nur ganz legale korrekte Geschichten. Jetzt verabschieden wir uns!«

Er war also schon auch auf der Hut und vor allem mir gegenüber vorsichtig, vermutlich, weil er mich nicht ganz einschätzen konnte. Was macht der Österreicher mit der reichen Russin hier, in welcher Beziehung steht er zu ihr? Aber gleichzeitig hat er uns, als ich sie am Ende des Abends zum Taxi brachte, zu sich zum Essen eingeladen nach Klosterneuburg, in sein privates Zuhause. Macht man das, wenn man jemandem misstraut?

Aus der Verabschiedung wurde noch nichts. Die Russin Makarova war noch in der Küche, als er zu mir sagte: »Wir können hier alles machen, wenn sie Investment bringt, bringen wir ihr geile Immobilienprojekte da, dort. Alles. Aber immer auf einer korrekten Ebene. Sie kriegt geile Connections, sie kriegt geile Ebene, sie kann bei großen Immobilienprojekten dabei sein, wo der Schnitt auch höher ist als acht Prozent.« Im Weggehen instruierte er Gudenus noch einmal, der Russin zu versichern: »Sie wird in uns immer – Joschi, hör zu – immer einen offenen und ehrlichen Gesprächspartner haben.« Er solle ihr das jetzt noch einmal klarmachen.

Gudenus ging also noch einmal in die Küche und erklärte Makarova dort auf Russisch: »Es ist möglich, nur er (Strache, Anm.) sagt es nicht, verstehen Sie?« »Nun ja«, erwiderte sie, »er muss mich auch verstehen, dass ich in diesem Moment der einzige Mensch bin, der etwas tut – und ich tue viel –, und dies ist gefährlich, selbst für mich. Vor dem Einschlafen beginnen wir immer ein Gespräch und wir kommen zu nichts.« (Damit meinte sie: bevor das Thema am Einschlafen war.) Gudenus: »Wir sind zu hundert Prozent bereit zu helfen, egal was kommt.« Sie: »Aber Sie verstehen, was ich für einen Plan habe?« Gudenus: »Wir verstehen sehr gut.«

Jeder hat genau gewusst, worum es geht. Sie haben nicht verstanden, warum wir darauf insistieren, dass es ausgesprochen wird. Die Einzige, die das offen kurz einmal thematisiert hat, war Gudenus' aufmerksame Frau Tajana. Sie war den ganzen Abend zurückhaltend und beobachtend geblieben. Sie war die klügste der Partie. Nur eines hat Strache an diesem Abend nicht gemacht, obwohl es immer wieder gerüchteweise behauptet wurde: Illegale Drogen waren an diesem Abend keine im Spiel, nur legale Genussmittel, vor allem Wodka und *Red Bull.* Nein, Strache (und auch Gudenus) haben auf Ibiza nicht gekokst. Aber es hätte auch keinen Unterschied gemacht.

Die Nacht endete spät und angespannt. Wir hatten viel getrunken und waren erledigt. Meine Freundin und ich kamen kaum zur Ruhe, von Schlaf konnte keine Rede sein. Ich musste meinen Bekannten, der mir den Koffer auf die Insel geflogen hatte, in den frühen Morgenstunden zum Flughafen bringen. Der Anwalt war hochnervös, weil ich ihm von der seltsamen Episode mit Gudenus erzählt hatte. Er hatte mich den ganzen Abend über mit Nachrichten bombardiert, bis ich irgendwann vor Ankunft unserer Gäste das Handy ausschaltete, entsprechend viele Anrufe hatte ich am nächsten Morgen. Ziemlich geschlaucht stiegen wir beide morgens in unsere Flieger und flogen in verschiedene Richtungen nach Hause.

Es war nicht das letzte Treffen mit Gudenus. Bald nach unserer Rückkehr im August 2017 forderte ich im Namen der angeblichen russischen Oligarchennichte eine »Geste des guten Willens« von der FPÖ. Gudenus schlug vor, dass die Partei am 4. September 2017 eine Pressemitteilung via *Originaltextservice (OTS)* der *Austria-Presse-Agentur* verschickt. Darin solle der Industrielle und *Strabag*-Miteigentümer Hans Peter Haselsteiner angegriffen werden. Sie ging am geforderten Tag tatsächlich um 14.14 Uhr raus. Darin fordert die FPÖ, dass »der politisch höchst aktive Milliardär Hans Peter Haselsteiner seine offenbar scheckheftgepflegten Polit-Netzwerke offenlegen«[18] soll. Und sie beinhaltete eine interessante Kürzelkombination in der Fußzeile, in der sich normalerweise die Autoren solcher Aussendungen mit ihren Namenskürzeln vermerken, »wer/zah/lts/chaf/ft/an«. Diese Pressemitteilung fiel damals niemandem wirklich auf, sie wurde erst ausgegraben, als das Video mit den besten Sagern dieser Nacht fast zwei Jahre später publik wurde.[19]

Die Vermarktungsfrage

Wer glaubt, dass wir – also der Anwalt Mirfakhrai und ich – uns nach dem Ibiza-Dreh-Abenteuer zurücklehnten, entspannten und dachten: »So, und jetzt machen wir das alles öffentlich«, irrt. Es gab keinen richtigen Masterplan, zumindest keinen gemeinsamen. Das erklärt auch, warum zwischen dem Dreh im Juli 2017 und der Veröffentlichung im Mai 2019 fast zwei Jahre vergingen.

Wir hatten ein Abkommen: Er war im Besitz von Ribarichs Spesenvorwürfen, also der Sammlungen an Belegen, die Straches von ihm enttäuschter Leibwächter ihm zur persönlichen Absicherung schon im Jahr 2015 gegeben hatte. Ich behielt die auf der Baleareninsel entstandenen Videoaufnahmen (und die anderen, die davor aufgenommen worden waren) bei mir. Unser Plan war immer, das eine mit dem anderen gemeinsam zu veröffentlichen, weil wir uns davon die größtmögliche Überzeugungskraft erhofften. Das Video war ja stets nur als Unterstützung für Ribarichs Spesenvorwürfe gedacht, quasi als Add-on.

Aber am Weg dorthin gab es Hindernisse. Das größte hieß: Ribarich, unser »Kronzeuge«. Es wäre logisch gewesen, das Video rechtzeitig zu den Nationalratswahlen im Herbst 2017 zu »platzieren«, aber der »Kronzeuge« fühlte sich weiterhin nicht ausreichend abgesichert und war damit auch zu keiner Aussage bereit.

Aber was heißt »abgesichert«? Immer wieder wurde uns vorgeworfen, wir wollten mit dem Video Geld verdienen, es also verkaufen am Markt der Aufmerksamkeit. Das ist unwahr. Vielmehr wollten wir für Ribarich eine finanzielle Sicherheit aushandeln, in Form eines Fonds oder Depots, in der Höhe jener Leistungen, die ihm entgehen würde, wenn er nicht mehr für die Polizei oder die FPÖ weiterarbeiten könnte. So kamen auch die kolportierten Summen zustande: zwei, drei, einmal sogar fünf Millionen Euro. Sie klingen hoch, aber versteuert hätten sie Ribarichs Leibrente ergeben.

Im Lauf des Jahres 2017 kam noch ein weiteres Hindernis dazu, aus unserer Sicht zumindest: Ribarich hatte sich wieder mit Strache arrangiert, arbeitete erneut für ihn und wollte sein Material deshalb gar nicht mehr veröffentlichen. Der Wahlkampf stand außerdem unter dem Eindruck eines Dirty-Campaigning-Skandals, der als »Silberstein-Affäre« in die österreichische Zeitgeschichte eingehen sollte. Die SPÖ hatte den israelischen Wahlkampfberater Tal Silberstein engagiert, bekannt für seine rauen Methoden. Unter anderem hatte er angeblich Fake-*Facebook*-Seiten bauen lassen, mit denen er die FPÖ und ÖVP angriff. Das alles flog kurz vor dem Wahltag auf und kostete dem damaligen SPÖ-Chef Christian Kern sicher einige Prozentpunkte. Es hätte keinen unpassenderen Zeitpunkt geben können, um ein heimlich aufgenommenes Video in die Welt zu setzen.

Also verging das Jahr 2017 ohne Veröffentlichung, und auch in der ersten Jahreshälfte 2018 passierte nichts. Mich ärgerte das zunehmend und ich verhehle auch nicht, dass Mirfakhrai und ich darüber in Differenzen gerieten. Es war lange ein Hin und Her. Wir hatten uns gegenseitig ein Vetorecht zugesprochen. Keiner durfte etwas unternehmen ohne Zustimmung des anderen. Ohne Video kein Spesenskandal, ohne Spesenskandal kein Video.

Zwischenzeitlich war Mirfakhrai auch der Meinung, wir sollten es für den Moment einfach abhaken und bleiben lassen. Ich hingegen wollte es vor den EU-Wahlen im Juni 2019 platzieren, das war für mich persönlich die »Deadline«. Schlicht und ergreifend, weil es die einzige Möglichkeit war, ohne den Bodyguard ausreichend internationale Aufmerksamkeit und damit den gewünschten Effekt zu bekommen.

Ramin Mirfakhrai hatte schon 2015 einige eher unglückliche Versuche unternommen, die Informationen des Bodyguards in der Wiener Medien-, Politik- und Datenschutzszene zu platzieren. Aber weil niemand wirklich verstand, was genau der Wert des Videos sei und warum es dafür einen Fonds für eine Quelle brauche, blitzte er überall ab. Er versuchte sein Glück im Umfeld des Industriellen Hans Peter Haselsteiner, den Strache im Ibiza-Video für Staatsaufträge blockieren wollte; sprach mit dem roten Berater Niko Pelinka und nahm Kontakt zu Thomas Drozda (SPÖ) auf. Es gab weiters Kontakt im Vorfeld der Wien-Wahlen 2015 mit einem hochrangigen ÖVP-nahen Berater.

Der erinnerte sich später im Nachrichtenmagazin *Profil* so an die Begegnung:[20] »Im Sommer 2015 ist der Anwalt auf mich zugekommen. Er hat mir Fotos vorgelegt, von denen er behauptete, sie würden die Übergabe von Schwarzgeld an die FPÖ belegen.« Dabei handelte es sich um Aufnahmen einer Sporttasche, die im Kofferraum von Straches

Limousine liegt. In der Tasche sollen wie bereits erwähnt mehrere Millionen Euro gewesen sein, mit denen eine Gruppe ukrainischer Oligarchen dem früheren FPÖ-Abgeordneten Thomas Schellenbacher ein Nationalratsmandat gekauft haben soll. Eine Affäre, die nie aufgeklärt wurde.

Auch Mitarbeitern der NEOS wurde Material im Vorfeld der Wien-Wahl 2015 angeboten, aber ein Termin in der Kanzlei des Anwalts blieb folgenlos. Abseits der Sporttaschen-Fotos wurden auch Auszüge aus einer angeblichen Chat-Kommunikation mit Strache hergezeigt, berichtete der damalige NEOS-Generalsekretär Nikola Donig dem *Profil*. Als Quelle nannte Mirfakhrai nur einen »Informanten«, der so viel Geld brauche, dass er ein Jahr davon leben kann.

Jemand aus meinem Umfeld probierte es über eine Mittelsperson bei der Wiener Wochenzeitung *Falter*, bekannt für ihre investigativen Recherchen, aber auch diese Anbahnung blieb erfolglos. Mir fehlten die Medienkontakte, wir traten wohl auch zu uneindeutig auf. Außerdem stand immer noch die finanzielle Absicherung des Leibwächters Ribarich im Raum, was den – falschen – Eindruck erweckte, hier will jemand Belastungsmaterial gegen Geld verkaufen.

So entstand in mir langsam die Idee, es nicht in Österreich, sondern in Deutschland zu probieren. Mehr Impact, seriöser, professioneller, nicht so vertratscht wie das Wiener Parkett, dachte ich. Die *Süddeutsche Zeitung* lag nahe, die *Panama Papers* waren eine unschlagbare Referenz. Es war das erste große internationale Rechercheprojekt, es ging um vertrauliche Unterlagen des panamaischen Offshore-Dienstleisters *Mossack Fonseca*, die infolge eines 2,6 Terabyte großen Datenlecks 2016 an die Öffentlichkeit gelangten. Die *SZ* war führend in den Recherchen gewesen.

Das erste Treffen mit den *SZ*-Aufdeckern Frederik Obermaier und Bastian Obermayer nahmen der Anwalt und ich gemeinsam wahr. Dafür fuhren wir in eine deutsche Stadt, die mir aus vergangenen Erfahrungen als Treffpunkt geeignet erschien. Die *SZ* entwickelte sich schnell zu unserem bevorzugten Medienpartner. Trotzdem habe ich danach auch mit anderen deutschen Redaktionen gesprochen. Darunter auch mit dem Team von Jan Böhmermann.

Danke, Jan Böhmermann!

Die Begegnung mit dem berühmten deutschen Polit-Satiriker war für mich ein mehr als zweifelhaftes Vergnügen. Manche meinen, ich sollte im Rückblick dem deutschen Star dankbar sein. Sie haben nicht verstanden, dass das, was der Satiriker kurz vor Ibiza gemacht hat, alles andere als lustig war. Er sorgte mit seiner Dankesrede bei der 30. Romy-Gala am 11. April 2019 nämlich dafür, dass alle, die in die Ibiza-Video-Recherchen involviert waren, aber auch alle, die gerüchteweise schon etwas gehört hatten, hochgradig alert wurden.

Ob ihm das bewusst war? Oder ob er nur einen Witz auf Kosten von mir und ein paar anderen Menschen machen wollte, die er damit schwer unter Druck brachte? Denn nach seinem Auftritt waren unsere Zielpersonen – Strache, Gudenus, die FPÖ und auch die ÖVP – vorgewarnt. Etwas ist im Anrollen. Der Überraschungseffekt: halb perdu. Ich finde sein Verhalten unmöglich und spreche das auch offen aus. Er hat sich mir und den Kollegen gegenüber, die an der Geschichte dran waren, nicht fair verhalten. Er handelte aus Eigennutz und brachte auch seine Mitarbeiter in eine unangenehme Situation.

Aber der Reihe nach. Was war passiert? Die Romy ist die Preisverleihung für die Film- und Fernsehbranche, sie wird vom *Kurier* ausgerichtet. Böhmermann war für die Idee zu »Lass dich überwachen. Prism is a Dancer« ausgezeichnet worden. Seine Dankesrede wurde als Videobotschaft an das Publikum übertragen.

Darin sagte er Sätze, die seltsam zusammenhanglos wirken. Außer für alle, die zu diesem Zeitpunkt schon ins Video eingeweiht waren: »Ich hänge gerade ziemlich zugekokst und *Red-Bull*-betankt mit ein paar FPÖ-Geschäftsfreunden in einer russischen Oligarchenvilla auf Ibiza herum und verhandle darüber, ob und wie ich die *Kronen Zeitung* übernehmen kann und die Meinungsmache in Österreich an mich reißen kann.« Aber darüber »darf ich leider öffentlich nicht reden, schon gar nicht heute Abend«, scherzte Böhmermann weiter. »Darum sage ich einfach nur: danke, danke, danke!« Zum Abschluss richtete Böhmermann noch einen Wahlaufruf an die Gäste: »Alle, denen Europa am Herzen liegt, wählen am 26. Mai – und alle, die finden, dass die österreichische Bundesregierung einen guten Job macht, gehen bitte erst am 27. Mai wählen.«[21]

Dass Böhmermann gut einen Monat vor Veröffentlichung des Ibiza-Videos diese Anspielungen machen konnte, lag natürlich in meiner Verantwortung. Ich habe damals den Kontakt zu ihm gesucht, weil ich immer noch auf der Suche nach prominenten Persönlichkeiten war, die unseren Kronzeugen Ribarich vielleicht finanziell absichern könnten. Die *SZ* hatte das vorneweg gleich kategorisch abgelehnt, dazu komme ich gleich.

Und ich erwartete mir via Böhmermann, der ja ein Millionenpublikum hat, über den Hebel der sozialen Medien eine stärkere Breitenwirkung im jungen Publikum. Anfang April 2019 gab es einen Termin in Köln bei der *BTF* – bei der Produktionsfirma *Bild- und Tonfabrik*, die damals noch für die Sendung »ZDF Neo Magazin Royale« verantwortlich war. Ich war seit 2018 mit einem zentralen Mitarbeiter Böhmermanns, Jean Peters, dazu in Kontakt.

Ich habe es wie bei allen meinen Kontakten zu Medien gemacht: Vor und während des Treffens wurden Vertraulichkeitserklärungen unterschrieben, mit Pönalen in sechsstelliger Höhe. Böhmermann, der ein wenig später zu unserem Gespräch dazustieß, unterschrieb keine. Ich wollte nicht unhöflich sein, aber für mich war so und so klar, dass die Vertraulichkeitspflicht auch für ihn galt, sein Mitarbeiter sie unterschrieben hatte. So war es auch in der Vertraulichkeitserklärung formuliert.

Das Treffen lief für mich nicht wie gewünscht. Böhmermann wirkte auf mich überheblich und es war eines der unangenehmsten Meetings, die ich bis dato gehabt hatte – und wie man sich vorstellen kann, hatte ich im Zuge meiner Tätigkeiten so einige. Er insinuierte, dass ich nur auf Geld aus sei. Dabei hatte ich ihm lang und breit erklärt, dass es, wenn, dann nur um einen Treuhandfonds für Ribarich ginge, der erst zur Ausschüttung kommen würde, wenn Ribarich eine Selbstanzeige macht und sich damit exponiert. Und wenn man drei oder mehr Millionen einzahlen würde, käme ohnehin nur die Hälfte raus, weil man das ja versteuern muss. Zum Schluss, als klar war, dass wir nicht zusammenkommen werden, scherzte er meiner Erinnerung nach noch im Abgang sinngemäß: »Na, dann leaken wir es einfach.« Sechs Tage nach unserem Treffen fand in Wien besagte Romy-Gala statt, bei der er die erwähnten Anspielungen fallen ließ. Mir ist alles runtergefallen, als ich das Video davon spätnachts sah. Ich war in Schockstarre.

Die Kollegen von der Investigativ-Abteilung der *SZ* waren jetzt natürlich auch sauer auf mich. Wenn ich mit ihnen arbeite, warum spreche ich dann auch bei Böhmermann vor? »Das war halt nicht die klügste Idee, die du da gehabt hast«, meinten sie. Übrigens: Böhmermann zeigte damals auch die Ausstellung Deuscthland#ASNCHLUSS#Östereich (sic), die am 3. Mai 2019 im Grazer Künstlerhaus eröffnet wurde und sich kritisch mit Straches FPÖ auseinandersetzte. In einem Wandtext über das »nie vom Faschismus geheilte« Österreich, ein »Land wie eine Dose *Red Bull*«, stand mittendrin die Frage: »Wer kauft die *Kronen Zeitung*?« Fotografieren und zitieren war in der Ausstellung verboten. Böhmermann hatte sich also gut bedient am Video.

Einer seiner damaligen Mitarbeiter beim »Magazin Royale«, der schon erwähnte Journalist Jean Peters, wechselte später zur Rechercheplattform *Correctiv* und schrieb eine kritische Geschichte über das damalige Verhalten seines Chefs. Prompt bekamen diverse Medien, die die Geschichte aufgriffen, Post von Böhmermanns Medienanwalt. Er habe keine Verschwiegenheitsvereinbarung unterzeichnet.

Das Verhältnis zwischen der Quelle und dem Berichterstatter ist nie einfach. Als Quelle riskiert man viel, man öffnet sich, vertraut sich Unbekannten an. Etwas, das – würde ich behaupten – jedem schwerfällt, für jemanden mit meinem Background ist es fast, wie sich selbst das Messer anzusetzen. Natürlich, Journalisten müssen Distanz wahren, dürfen sich mit ihrer Quelle nicht zu sehr solidarisieren, gleichzeitig kommt man sich natürlich sehr nahe. Immer steht im Raum: Springt eine Seite ab?

Bei der *SZ* hielten mich die beiden recherchierenden Kollegen bis zum Schluss in Schwebe, noch eine Woche vor Veröffentlichung gab es große Bedenken der *SZ*-Rechtsabteilung, dass eine Veröffentlichung des Videos mit den echten Stimmen nicht rechtskonform sei. Aber eine Synchronisation hätte die Authentizität zerstört. Zum Glück entschied sich die Chefredaktion schlussendlich doch dafür, die Originalversion zu bringen.

Dieses Zögern, Hinhalten – aus journalistischer Sicht mag es einfach nur maximale Professionalität und Seriosität gewesen sein – war mit ein Grund, dass ich auch andere große, renommierte Redaktionen kontaktierte. Ich wollte einfach nicht nur auf ein Pferd setzen müssen und damit noch mehr zum Spielball werden. Dazu kam: Die Zeit – vor den EU-Wahlen – wurde immer enger.

Frederik und Bastian – wir waren per Du –, die beiden Ibiza-Aufdecker der *SZ*, haben unsere wechselhafte Beziehung aus ihrer Sicht sehr offen und ehrlich in ihrem Ibiza-Buch beschrieben, ich kann nur meine Sicht ergänzen. Die *SZ* verlangte aus meiner Sicht sehr viel von mir. Ich fand ihr Verhalten zum Teil unbotmäßig. Zeitweise fühlte ich mich als Quelle beziehungsweise Macher und Vermittler mit meinen Sorgen und Ängsten zu wenig verstanden. Vor allem nach der Veröffentlichung, als die Suche nach den »Hintermännern« losging und ich ins Visier kam, hätte ich mir mehr Rückendeckung gewünscht.

Ich trug die Last der Ibiza-Geschichte seit Monaten mit mir herum, ich konnte schlecht schlafen, ich war im Dauerstress. Und dann sitzt du Menschen gegenüber, mit denen du schon vertraut und auch per Du bist, die sich brennend für die Geschichte, die du mitgebracht hast, interessieren, aber nicht so sehr für dich und dein Schicksal. Das tut weh. So geht es wohl vielen »Quellen«. Ich habe selbst Quellen engagiert und geführt, ich kann das alles nachvollziehen. Aber vielleicht kann man Quellen doch mehr unterstützen, etwa mit juristischen Hilfestellungen. Das ist mit ein Grund, warum ich mich heute bei diesem Thema so engagiere.

Heute denke ich mir: Die Obermaiers haben der Geschichte sehr geholfen – und sich auch ein wenig. Sie haben die Story ganz einfach geritten. Auch im Nachgang. Sie haben ein Buch dazu veröffentlicht, es gibt zahlreiche TV-Dokus, sie halten Vorlesungen, es war finanziell wie karrieretechnisch für sie nach den *Panama Papers* der zweite erfolgreiche Höhepunkt (heute arbeiten sie übrigens über ihr eigenes Investigativ-Unternehmen *paper trail media* mit dem *Spiegel* zusammen). Sie waren einfach Vollprofis, die nicht nur die Geschichte perfekt ausrecherchierten, sondern zu jedem Zeitpunkt immer auch schon den Verkauf, die Vermarktung und die Verteidigung gegen Kritik mitdachten.

Etwas, was wir – die Ibiza-Macher – leider überhaupt nicht vorbereitet hatten. Wir waren eben keine Öffentlichkeits- und Marketingprofis, sondern ein Anwalt und ein Sicherheitsberater. Wir hatten keinen Plan für den Tag X + 1, also den Moment, wenn das Video in der Welt ist. Welche Geschichte erzählen wir? Was ist unser Motiv? Wer sind wir eigentlich? Wie erklären wir das alles? Das gab Spekulationen und Verleumdungen viel Raum. Da lag sicher unser schwerster Fehler. Außerdem waren der Anwalt und ich über die Vorgehensweise weiter uneins, was alles noch mehr verkomplizierte.

Was ich an Frederik und Bastian bewundere, ist ihre Ernsthaftigkeit und absolute Seriosität. Kein Vergleich zur Wiener Medienszene, in der Vertraulichkeit selten gilt, viel zu viel gemauschelt und getratscht wird, weil jeder jeden kennt. Ich verstehe die Journalisten von der *Süddeutschen Zeitung* und ihre Rigidität im Rückblick viel besser, weil ich seitdem viel darüber gelernt habe, wie Medien und Öffentlichkeit funktionieren, und konkret, wie investigativer Journalismus funktioniert. Sie mussten sich doppelt und dreifach absichern und immer zwei Schritte vorausdenken. Sie konnten ja anfangs nicht wissen, was ich wusste: dass das Video echt ist, die Darstellerin der Oligarchennichte nicht gezwungen wurde mitzumachen, das Video von uns im Bewusstsein aufgezeichnet worden war, dass das nach spanischem Recht auch legal war, nicht verboten und somit alles seine Ordnung hat.

Ich war für sie ganz sicher auch kein einfacher Informant. Ich meldete mich schleppend, gab zuerst nur 15 Minuten Best-of, dann die Audio-, dann die Videoversion frei, ich schickte sie kreuz und quer zu Treffpunkten, manipulierte die Bildschirme, sodass man nur mit Spezialbrillen etwas sehen konnte, kurzum: Ich kam sicher sehr nerdig und paranoid rüber.

Als Beweise dafür, dass alles wahr ist, legte ich ihnen die Rechnung für das Sushi, das wir auf der Insel bestellt hatten, und meine Buchung für die Finca vor. Sie ließen einen Datenforensiker überprüfen, dass die Personen am Video tatsächlich Strache und Gudenus sind und keine Deep Fakes. Sie verifizierten, dass Strache in dem Juli tatsächlich auf der Insel gewesen war, gemeinsam mit Gudenus. Aber dann, kurz nachdem Jan Böhmermann seinen Auftritt auf der Romy-Gala hatte, stellten die Obermaiers noch eine weitere, ultimative Bedingung: Sie wollten die Frau treffen, die die Oligarchennichte gegeben hatte. Nur dann wäre die Story *fit to print*, also fertig, um in Druck zu gehen. Befehl der Chefredaktion.

Das war nun wirklich fast unmöglich für mich. Sie hatte mir auf Ibiza schon deutlich gemacht, dass ich unsere Freundschaft strapaziert hatte, warum sollte sie mir noch einen Gefallen tun? Ich gebe zu, ich wollte es den Journalisten jetzt auch nicht mehr zu einfach machen. Ich hatte das immer als rote Linie definiert, und jetzt wollten sie genau das von mir. Also arrangierte ich das Treffen an einem EU-Grenzort, der schlecht erreichbar war – für alle. Ich bat die Frau zu kommen, ohne ihr zu sagen, worum es geht.

»Wir müssen uns treffen«, meinte ich nur. Hätte ich es ihr gesagt, hätte sie sowieso abgelehnt. Einmal angekommen, verbrachten wir einen gemütlichen Abend. Als ich ihr sagte, dass wir am nächsten Tag die beiden *SZ*-Journalisten und eine russischsprachige Korrespondentin des *Spiegels* treffen sollen, lehnte sie zuerst kategorisch ab. Dann meinte sie, sie träfe sie nur, wenn die Journalisten die Quelle der *Panama Papers* offenlegen. Das war ihr ungeschickter Versuch, sich gegenseitig abzuchecken. Zum Äußersten zu gehen. Gleichgewicht der Abschreckung gewissermaßen. Das lehnten die Obermaiers natürlich ab.

Na gut, meinte sie dann. Treffen wir uns in der Sauna. »Ich gehe mit den beiden nackt in die Sauna.« Das ist vermutlich der beste Ort, um vertraulich zu bleiben, weil man nackt weder verkabelt sein noch versteckte Kameras am Körper befestigen kann. Aber die Obermaiers weigerten sich. Ich glaube, sie hatten einfach Angst. Angst, gefilmt zu werden, erpresst zu werden, in Gefahr zu geraten. Ich kann das verstehen, sie haben sicher mächtige Widersacher wegen ihrer vorherigen Recherchen.

»Dann lassen wir es«, meinte sie. Völlig überraschend änderte sie tagsüber dann noch einmal ihre Meinung, so kam es zum spontanen Treffen am Nachmittag in einem Café. Sie war dann – sehr zur Überraschung der Obermaiers – freundlich, entspannt und souverän. Sie hatte schon viele heikle Meetings in ihrem Leben gehabt, das war nie das Problem. Sie hatte es zuerst einfach nicht gewollt. Sie wollte einfach nicht identifizierbar werden.

Fast wäre die Stimmung gekippt, als sie zum Auftakt gefragt wurde: »What do you do?« Das war die erste Frage, die Bastian Obermayer über die Lippen kam, obwohl ausgemacht war, dass sie keine persönlichen Fragen stellen dürfen, sondern nur solche, die zur Verifizierung der Geschehnisse auf Ibiza dienen. Kurz war ich wieder »Victor« und fuhr ihn scharf an. »Look, if you want to fuck around, we can end this right here right now, your call.«

Diese harte Wortwahl meinerseits hatte den gewollten Effekt. Ab dann nahm das Gespräch einen guten Verlauf. Um ihnen jeden Verdacht der Beeinflussung zu nehmen, ging ich nach einiger Zeit vor die Tür, auch um ein Auge auf die Umgebung und etwaige Beobachter oder Verfolger zu haben. Danach konnten die Journalisten sicher sein, dass ich sie nicht unter Druck gesetzt hatte und sie das alles freiwillig mitgemacht hat. Sie fragte mich später danach, warum ich so scharf reagiert habe. Sie habe nämlich schon eine nonchalante Antwort parat gehabt, die natürlich nicht stimmt: »I fuck for money.« Ich konnte mir ein lautes Lachen nicht verkneifen. Diese Frau überraschte mich immer wieder.

Das war eine der letzten Gelegenheiten, zu der wir uns persönlich trafen. Das letzte Mal sahen wir uns Anfang 2020, damals fuhr ich über 6.000 Kilometer mit dem Auto von meinem damaligen Aufenthaltsort in Südspanien. Warum ich dort landete, erzähle ich im nächsten Kapitel. Malaga – Berlin, nonstop. Respekt an den Fahrer an dieser Stelle, er schaffte die Strecke in knapp 33 Stunden. In Berlin hatte ich die Möglichkeit, mein Transportmittel zu wechseln, für den Rest des Weges. Kurz zuvor war eine Aufnahme von ihr aufgetaucht, von schräg hinten, die die Maklerin offenbar damals in Wien im Auto gemacht hatte. Meine Freundin war wenig begeistert, denn mein Versprechen, dass sie nie, nie, nie enttarnt werden würde, stand kurz davor, gebrochen zu werden. Freilich wusste ich da noch nichts von einem anderen Happening, das zum schlussendlichen Sicherstellen des Videos durch die Polizei führen würde.

Zurück nach München, in den Mai 2019: Die Obermaiers hatten ihr letztes Fragezeichen ausstreichen können, sie hatten die Darstellerin der Oligarchennichte persönlich treffen und sich davon überzeugen können, dass sie bei dieser wahnwitzigen Aktion freiwillig mitgemacht hatte. Damit war die Geschichte der Investigativ-Journalistenalso *fit to print.*

Der Tag der Veröffentlichung

Keine großen Ereignisse ohne kleine Hoppalas: Kaum bemerkt, ist die Ibiza-Geschichte am 17. Mai 2019 aufgrund eines technischen Fehlers schon um 16.30 Uhr auf der Seite der *Süddeutschen Zeitung*, sz.de, kurz online gegangen, wurde dann aber sofort wieder vom Netz genommen. Der mit dem *Spiegel* und dem *Falter* akkordierte Start war nämlich erst um 18 Uhr. Kurz davor hat es bis heute unerklärliche Attacken auf den Server der *SZ* und auch auf meine Firmenserver gegeben. Bei der *SZ* spielte das ein oder andere Handy verrückt und die ohnehin herrschende Nervosität steigerte sich nochmals deutlich.

Ich saß zu diesem Zeitpunkt in einem Haus im idyllischen Murnau am Staffelsee bei München, nur eine kurze Autobahnfahrt vom Hauptgebäude der *SZ* entfernt. Am Vortag war ich noch dort gewesen, weil ich die formalen Freigaben für die Rechte am Video unterschreiben musste. Die Urheberrechte lagen ja bei mir, ich hatte dummerweise darauf bestanden, jede Veröffentlichung, die ab dem 17. Mai geschah, einzeln zu genehmigen. Das sollte mir noch ordentliche Kopfschmerzen verursachen, ich hatte vollkommen unterschätzt, wie viele TV-Stationen das Material weltweit senden würden, in praktisch allen möglichen Zeitzonen. Via eine speziell eingerichtete E-Mail-Adresse kamen also im Dauertakt die Anfragen inklusive drängender Nachrichten, diese zu bearbeiten, über unseren gesicherten Kanal mit der *SZ*.

Somit war ich ab dem 17. Mai, 18 Uhr vor allem damit beschäftigt, die Hunderten Anfragen von Medienstationen aus aller Welt zu bearbeiten. Aus allen Zeitzonen, aus allen möglichen Ländern. *Puls 4*, *CNN*, japanische Stationen, Ecuador ... rund um die Welt. Gleichzeitig versuchte ich natürlich, die laufende Berichterstattung möglichst umfassend zu verfolgen. Refresh, refresh, refresh. Es war ein Dauerfeuer, das Gefühl des Triumphes oder der Erlösung oder gar Entspannung trat aber eigentlich nicht ein.

Im Gegenteil. Seit dem 11. April, als Jan Böhmermann das Platzen des Ibiza-Skandals angedeutet hat, stand ich unter Strom. Schon in den Wochen und Monaten davor fühlte ich mich zunehmend beobachtet. Das kann natürlich an meiner Berufsparanoia liegen. Aber in meiner damaligen Wohnung in Wien, die im Dachgeschoss eines Hochhauses in der Donau-City lag, umgeben von einem Balkon, fand ich zum Jahreswechsel Fußspuren im Schnee. Immer wieder erlebte ich Situationen, die mich kurz innehalten ließen. Ich habe damals angefangen, meine Terrasse abzusichern, mit Stacheldraht, meine Fenster schusshemmend und bruchsicher zu machen und meine Eingangstüre zu verstärken. Meine IT-Infrastruktur hatte ich schon lange davor nach Litauen verlegt, zu einem Anbieter mit besonders hohen Sicherheitsstandards.

Mit Böhmermanns Leak wurde ich dann vollends supermisstrauisch. Ich hatte wachsende Angst und versuchte, vielleicht ein wenig übertrieben, mich abzusichern. Die Wochen bis zur Veröffentlichung verbrachte ich in Bad Gastein in einer Wohnung eines Freundes. Sie liegt im *Grand Hotel de l'Europe*, dem berühmtesten Hotel der Stadt. Viel surrealer und gleichzeitig fantastischer hätte die Kulisse nicht sein können. Ich ging spazieren und wandern, spürte die Ruhe vor dem Sturm im Wissen, dass ich den Sturm gemacht hatte. Das ist ein Gefühl, das man schwer beschreiben kann.

Ich rechnete mit massiven Angriffen, möglicherweise auch aus dem von der FPÖ geführten Innenministerium. In der FPÖ rumorte es nach Böhmermanns Hinweis gewaltig. Am 13. April hat Straches Ex-Leibwächter Ribarich ihn über das Ibiza-Video informiert, zumindest behauptet er das. Strache habe ihn »nur angeschaut und ›Hä?‹« gesagt. Bald änderte er sein Verhalten. Anfang Mai soll Strache an seinen Bodyguard in einer Mail geschrieben haben, dass er glaube, dass »beinhart« versucht worden sei, Personen aus seinem – Straches – Umfeld zu bestechen – auch ihn, Ribarich. »Wenn auch indirekt.« Er wollte dazu so etwas wie eine eidesstattliche Versicherung von Ribarich haben. Strache arbeitete also sehr früh an seiner Verschwörungserzählung, er sei Opfer eines Netzwerkes geworden. Er drängte auch Ribarich, in seinem Sinne etwas über seinen Kontakt zu Anwalt Mirfakhrai zu verfassen, aber dieser sträubte sich.

Ich wollte mich irgendwie absichern und kam auf die Idee, die Präsidentschaftskanzlei über das kommende Video zu informieren. Irgendwie wollte ich das Staatsoberhaupt informell über die bevorstehenden Ereignisse in Kenntnis setzen. Aber wie? Dies schien mir die einzig logische Anlaufstelle, sowohl Innenministerium als auch das Verteidigungsministerium waren ja in FPÖ-Hand, und auch der damalige Bundeskanzler Kurz schien mir nicht die richtige Ansprechperson. Ich hatte über eine gemeinsame Bekannte mit einem Mann Kontakt aufgenommen, der im Wahlkampf für Bundespräsident Alexander Van der Bellen aktiv gewesen war. Zum Zeitpunkt unseres Treffens war dieser Mann, er heißt Joseph M., nicht für die Grünen aktiv. Nach dem erfolgreichen Wahlkampf von Van der Bellen war er in die Privatwirtschaft gewechselt. Später, in der türkis-grünen Regierung, saß er im Kabinett des grünen Vizekanzlers Werner Kogler.

Am 7. Mai fuhr ich deshalb von Bad Gastein nach Wien, um mich am 9. Mai mit diesem ehemaligen Mitarbeiter von Bundespräsident Alexander Van der Bellen in einem Wiener Hotel zu treffen. Ich spielte M. Teile des Videos vor und bat ihn um einen guten Kontakt in die Präsidentschaftskanzlei, um dort eine Art Bekennerschreiben und ein Testament zu hinterlegen. Ich muss auf ihn keinen besonders nachvollziehbaren Eindruck gemacht haben. Er sagte später, die Szenen des Videos, die ihm gezeigt worden waren, seien »weder zuordenbar noch klar akustisch verständlich« gewesen. Die »Tragweite der Information« habe er damals nicht einschätzen können.

Nachvollziehen kann ich das bis heute nicht, aber ich muss es akzeptieren. Immerhin: Er empfahl mir, an die Büroleitung der Hofburg zu schreiben. Das tat ich dann auch am Tag vor Veröffentlichung des Videos, also am 16. Mai. Aber auch in der Präsidentschaftskanzlei fand ich offenbar nicht das Gehör, das ich damals suchte. »Zutreffend ist, dass Julian H. das Schreiben mit seinem Namen kennzeichnete. Nicht zutreffend ist hingegen, dass er die Veröffentlichung des Ibiza-Videos ankündigte.«[22], ließ die Präsidentschaftskanzlei später verlauten. Ich hätte »lediglich vage Andeutungen über eine bevorstehende Veröffentlichung zum Thema Korruption gemacht sowie geäußert, dass er mit Repressalien rechne«. Und weiters: »Eine Antwort wurde nicht erbeten und erging auch nicht. Da der Inhalt zu diesem Zeitpunkt nicht nachvollziehbar war, wurde das Schreiben – wie in solchen Fällen üblich – ad acta gelegt.«

Aber bevor ich mich mit M. traf, passierte etwas Ungewöhnliches, das meiner ohnehin schon virulenten Paranoia gar nicht zuträglich war. Am Weg von Bad Gastein nach Wien wurde ich am 7. Mai direkt bei der Einfahrt nach Wien von einer Zivilstreife gestoppt. Dabei wurde mir meine – gefälschte – slowenische Lenkberechtigung abgenommen. Die Vorgeschichte dazu ist ein wenig verworren: Das Papier stammt aus jener Zeit, als ich noch für meinen »Chef« Wandl tätig war. Das Papier wurde von einem von Wandls Mitarbeitern in Slowenien organisiert, der war nämlich auch in Slowenien und Serbien als V-Mann der dortigen Sicherheitsbehörden geführt. In Serbien hatte er einen sehr hochrangigen Kontakt direkt ins serbische Innenministerium, der sich später als Teil eines bekannten Drogenkartells herausstellen sollte. Die Verhältnisse in diesen Gegenden können schnell unübersichtlich werden.

Nachdem ich vom Polizeikommissariat entlassen worden war, wollte ich nicht mehr nach Hause in meine Wohnung, aus Angst, dass dort die nächste böse Überraschung auf mich wartete. Ich ließ mich von einer Bekannten im *Hotel Meliá* einbuchen – je genau in jenes Hotel, in dem einst Gudenus, die Oligarchennichte und ich einen intensiven Abend verbracht hatten – und von dort dann mit einer *S-Klasse*-Limousine nach Salzburg bringen. Das kostet so knapp 1.000 Euro. Aber zu diesem Zeitpunkt war es mir das wert. Es gibt kaum weniger kontrollierte Transportmöglichkeiten als von einem Chauffeur gefahrene Luxuslimousinen.

Damals hatte ich noch in Wien und München eine Wohnung, einen neuen 5er-*BMW* in der Garage, eine VIP-Kundenkarte von *Tom Ford*, die 1.000 Euro waren verschmerzbar. Der Grenzübertritt war dann eine andere Sache, ich wollte schließlich keinem Chauffeur vertrauen, der nachher meinen Zielort angeben konnte. Also hatte ich für mich etwas Unauffälligeres organisiert. Freunde brachten mich in einem alten Camper über die Grenze. Und so saß ich dann am 17. Mai am Staffelsee bei München und konnte live dabei zuschauen, wie das Video, das ich vor knapp zwei Jahren auf Ibiza gedreht hatte, weltweit gesehen wurde.

In den Tagen danach kam es noch mächtiger, wie wir alle wissen: In den Worten von Herbert Kickl, mittlerweile

FPÖ-Chef, damals Innenminister und der Chefstratege von Strache: »Das ist der Super-GAU, das war's.« Es ging Schlag auf Schlag. Strache trat als Vizekanzler und Parteichef zurück, Norbert Hofer übernahm. Die ÖVP erhob Anspruch auf Kickls Innenministerium, die türkis-blaue Koalition zerbrach, Neuwahlen wurden ausgerufen. Der Kreml fühlte sich genötigt, sich zu der Sache öffentlich zu äußern und der Oligarch, dessen Namen wir für die Tarnidentität der Oligarchennichte verwendet hatten, reagierte ungehalten und blies zur Jagd auf alle Beteiligten.

HC Strache und Ehefrau Philippa gingen zunächst noch davon aus, dass seine Partei ihn politisch reaktivieren würde. Bei den EU-Wahlen hatte er etwas überraschend so viele Vorzugsstimmen gewonnen, dass er mit einem Direktmandat ins EU-Parlament hätte einziehen können. Widerstrebend verzichtete er, offenbar auf massiven Druck der eigenen Partei. Tatsächlich innerparteilich erledigt hatte Strache dann aber erst die Spesenaffäre, die Anfang September 2019 durch eine anonyme Anzeige ins Rollen gekommen war. Also genau jener Teil, der auf den Wahrnehmungen von Straches Leibwächter Ribarich fußte. Genauso wie Mirfakhrai und ich es immer kalkuliert hatten. Die entsprechende Sachverhaltsdarstellung an die Wiener Staatsanwaltschaft, die dann auch bei einem Medium landete, kurz nachdem sie eingebracht worden war, waren für mich keine Überraschung.

Ins Rollen kamen aber auch die umfangreichen Ermittlungen im Ibiza-Komplex, die von Anfang an zweigleisig verliefen. Zum einen war da die Wirtschafts- und Korruptionsstaatsanwaltschaft, die im Auftrag der Oberstaatsanwaltschaft Wien gleich am Montag nach Platzen des Skandals am Freitag davor gegen Gudenus und andere wegen Verdachts der »Untreue«, »Anstiftung zur Untreue« und »Vorteilsannahme zur Beeinflussung« ermittelte, sich also der Dinge annahm, die in der Finca von Strache & Co. in den Raum gestellt worden waren. Sie fokussierte auf das, worum es meiner Meinung nach gehen sollte: die Verfehlungen von Politikern.

Zeitgleich wurde aber im Bundeskriminalamt die berühmt-berüchtigte *Soko Tape*, manchmal auch *Soko Ibiza* genannt, eingerichtet, in deren Fokus vor allem die Herstellung und die Auftraggeber des Videos standen – also letztlich ich. Ihr standen auch Mitarbeiter des Bundesamts für Verfassungsschutz und Terrorismusbekämpfung zur Seite, die Beamten kannten sich untereinander gut, es war eine Seilschaft, einige mit einer Vergangenheit im Polizeikommissariat Hallein.

Bereits am 22. Mai hatte sich mein ehemaliger Geschäftspartner Sascha Wandl zu Wolfgang Fellner in dessen Privat-TV *oe24.at* gesetzt, um in einem Exklusivvideo die »Hintermänner« des Ibiza-Videos zu outen.[23] Er hatte mich erkannt und wollte dieses Wissen gleich vermarkten. »Ich habe Julian H. ausgebildet. Das Ibiza-Video trägt genau meine Handschrift. Auf den Videoaufnahmen habe ich ihn dann sofort erkannt-« Anwalt Mirfakhrai war schon zuvor »enttarnt« worden, nachdem Gudenus ihn hatte identifizieren können.

Schon am 24. Mai teilte Heinz-Christian Strache mit, dass er wegen des »rechtswidrig und geheim erstellten Videomitschnitts« gegen einen Anwalt, einen Detektiv (gemeint war ich) und einen noch unbekannten »Lockvogel« (gemeint war die falsche Oligarchennichte) Strafanzeige erstatten werde.

Nicht nur die FPÖ ließ nach mir fahnden, auch Russland schaltete sich ein. Der Pressesprecher von Präsident Wladimir Putin, Dmitri Peskow, sagte gegenüber Reportern, er wolle den Skandal um Strache und das Ibiza-Video nicht »kommentieren, weil es nichts mit Russland, dem Präsidenten oder der Regierung zu tun hat. Wir wissen nicht, wer diese Frau ist, ob sie russischer Nationalität oder Herkunft ist.« In russischen Medien hieß es: Dieser Fall sei offensichtlich nicht ohne das Eingreifen eines europäischen Geheimdienstes geschehen. Das hatte ja auch Strache in seiner Rücktritts-Pressekonferenz vermutet. Er sah fremde Mächte am Werk, deren Ziel es sei, das Gleichgewicht der politischen Kräfte in Europa zu ändern und die politische Annäherung an Russland zu verhindern.[24]

Auch der vermeintliche Onkel der falschen Oligarchennichte nahm Stellung: Igor Makarov, Chef der Unternehmensgruppe *Areti* und auf Platz 48 auf der Liste der reichsten Menschen Russlands, sagte der russischen Ausgabe von *Forbes*: »Es ist allgemein bekannt, dass ich ein Einzelkind bin, und deshalb habe ich auch keine Nichten. Ich habe keine Verwandtschaftsbeziehungen zu einer Frau, die Aljona Makarova heißt.«[25]

Das waren dann schon Dimensionen, mit denen ich so nicht gerechnet hatte. Ich hatte Angst. Es war höchste Zeit für mich, eine Runde abzutauchen. Hatte ich das von vornherein geplant? Ja, denn ich hatte eigentlich gedacht, dass es etwa ein halbes Jahr brauchen würde, bis sich die Aufregung um das Video gelegt und die Dinge geklärt hätten und sich auch für die Behörden ein klareres Bild herauskristallisieren würde. Das war ein weiterer gravierender Irrtum von mir.

Die Jagd nach mir

Auszeit

Ich wusste immer, dass ich früher oder später enttarnt werden würde. Ich rechnete mit maximal einer Woche, bis mein Name öffentlich bekannt werden würde. So hatte ich es auch dem Rechercheteam der Medien prognostiziert. Freilich hatte ich das Wie und Wer ganz anders erwartet. Mir schien die Brotkrumen-Spur, die ich durch die Verwendung meiner eigenen Kreditkarte bei Anmietung der Finca gelegt hatte, das Naheliegendste.

Dass es ausgerechnet mein ehemaliger Chef und dann Compagnon Sascha Wandl sein würde, der mich outet, noch dazu im sehr boulevardesken österreichischen Privat-TV-Sender *oe24*, befragt von dessen Gründer Wolfgang Fellner, verblüffte mich dann doch. Die Szene hätte nicht skurriler sein können: Da sitzen Fellner und Wandl im TV-Studio des Senders und plaudern im breitesten Wiener Slang über die Affäre und mich. »Und dann ist Ihnen aufgefallen, ›Hallo, mein Ex-Kumpel, den ich ausgebildet habe, ist der Drahtzieher des Strache-Gudenus-Interviews‹?«, fragte ihn Fellner. Der Sender verloste damals auch eine Nacht in der Ibiza-Villa. Ibiza sells, das war klar.

Auch warum Wandl mich outete, war klar. Zu diesem Zeitpunkt war er schon Angeklagter im bereits mehrfach erwähnten *Plasser & Theurer*-Verfahren, sein Motiv war wohl damals, mich und andere Belastungszeugen wie seine beiden ehemaligen Mitarbeiter aus Bosnien, S. und K. öffentlich schlechtzumachen. Prozessbeginn war Ende Juni, wir alle sollten dort auftreten. Aber weil Wandl mit 2,9 Promille erschien, wurde der Prozess verschoben.[26]

Deutschen Journalisten, die dieses Schauspiel sahen, kam Österreich wohl endgültig vor wie eine Operettenrepublik, die zu viel der legendären Polizei-Slapsticksendung »Kottan ermittelt« geschaut hat. Ebenso überraschte mich, dass es dem Bundeskriminalamt monatelang offenbar nicht möglich war, die Buchung der Finca, die ich mit meiner eigenen Kreditkarte gemacht hatte, auszuheben. Andere waren da weitaus schneller.

Ich hatte – wie schon erwähnt – nur mit drei bis sechs Monaten geplant, die es brauchen würde, bis die Sache abgewickelt und zur Ruhe gekommen war. Ich glaubte damals noch, dass der »Kronzeuge« Ribarich seine Punkte machen, das Video als Teil eines zivilgesellschaftlichen Aktes eingeordnet werden und sich alles in Wohlgefallen auflösen würde. Dann sollte auch das Interesse an meiner Person wieder abgeflaut sein. Entsprechend viel Geld hatte ich für diese Auszeit reserviert und mir dafür auch privat ausgeborgt. Am Ende sollten mich die knapp eineinhalb Jahre meines Untertauchens zwischen Veröffentlichung des Ibiza-Videos und meiner Festnahme in Berlin im Dezember 2020 mehr Geld kosten, als die meisten Menschen in einem Jahr verdienen. Aber das nur nebenbei.

Mein Ursprungsplan war also: Video wird veröffentlicht, ich nehme bis Jahresende einen längeren Urlaub. Danach komme ich nach Österreich und Deutschland zurück und gehe weiter regulär meinen Geschäften nach wie zuvor.

Ich hatte daher schon lange vor dem Ibiza-Skandal für den 1. Juni 2019 drei Flüge von München aus gebucht, alle mit aktivem Check-in: nach Lanzarote, Warschau und Birmingham. Wenig überraschend wählte ich Lanzarote, aber nur um dort weiter nach Fuerteventura zu reisen. Nur keine digitalen Spuren hinterlassen, das war die Maxime der nächsten Tage, Wochen, Monate. Normale Handys? Kredit- oder Bankomatkarten? Schnell mal was googeln? Was zum Alltag der meisten Menschen gehört, war für mich tabu. Ich zahlte die eine Nacht im Hotel auf Lanzarote cash. Dort lernte ich eine erste Lektion über Spanien: Die Menschen dort sind im Gegensatz zu fast überall anders keine Fans von Bargeld. Das sollte später noch deutlich problematischer werden.

Nach Fuerteventura wollte ich, weil ich dort jemanden kenne und außerdem ein Freund von mir eine Jacht dort liegen hat. Die bestieg ich für einige Zeit, mit einem etwas flauen Gefühl im Magen, denn inzwischen hatte ich die Nachrichten über eine mehr als seltsame Aktion mitbekommen.

In der Woche kurz vor Publikation des Ibiza-Videos sowie den Tagen bis zu meiner Abreise nach Spanien hatte ich auch Kontakt zu einem meiner Mitarbeiter in meiner Sicherheitsberatungsfirma, Slaven K., gehalten. Ich hatte ihn über das Ibiza-Video und seine Hintergründe informiert. Ich wusste, dass er ein zentraler V-Mann der österreichischen Polizeibehörden war, und ging davon aus, dass er die Informationen, die er von mir bekam, weitertrug. Wir trafen uns insgesamt drei Mal nach dem 17. Mai. Meine Vermutung, dass er die Informationen weitergetragen hatte, wurde für mich dadurch bestätigt, dass bei unserem ersten Treffen nach Veröffentlichung des Ibiza-Videos auf seinem Handy eine *WhatsApp*-Nachricht von einem mir bekannten hochrangigen Polizeibeamten eintrudelte, der ihn aufforderte, mir schöne Grüße auszurichten. Beim dritten Treffen wollte er übrigens Geld von mir. Sein Argument: Er werde von seinem ehemaligen Chef Wandl fälschlicherweise belastet, in der Ibiza-Causa mitgewirkt zu haben, daraus entstünden Anwaltskosten und die sollte ich nun übernehmen, schließlich habe ich die ganze Sache hochgezogen. Er werde das Geld dafür entweder bei mir oder eben woanders eintreiben, indem er das Ibiza-Video verkaufe. Dabei hatte er es gar nicht. Das war typisch seine Denke.

Das war also mein Versuch, mit den offiziellen Behörden auf halb informellem Weg, mit Slaven K. als Mittelsmann, in Kontakt zu treten. Ich tat das im Wissen, dass ich sehr bald ins Visier von Ermittlungen kommen würde. Ich wollte vorbauen und zeigen, dass ich prinzipiell gesprächsbereit sei. Ich wollte der Polizei meine Version der Ibiza-Video-Genese darbieten. War das naiv? Ungeschickt? Vielleicht. Aber mit meiner Vorgeschichte, mit meinen Kontakten in dieser Sicherheitsszene, in der offizielle und inoffizielle Sphären sich verschieben, war diese Vorgehensweise durchaus nachvollziehbar.

Im Nachhinein frage ich mich trotzdem, warum ich Slaven K. so lange vertraut habe. Zuerst dachte ich mir, er sei mein idealer »Bote«. Jeder im BKA kennt ihn, er hat sehr gute Zugänge, er kann meine Infos ganz oben deponieren. Aber ich hatte unterschätzt, welche Wirkung der Auftritt seines und meines Ex-Chefs Wandl bei Wolfgang Fellner auf ihn hatte. Wandl hatte dort ja nicht nur mich in der Ibiza-Causa belastet, sondern auch Slaven K. und Edis S. K. ging fix – aber fälschlicherweise – davon aus, dass ich mit dem Video Geld gemacht hatte. Jetzt wollte er seinen Anteil von mir haben.[27] Und wenn ich ihn ihm nicht gäbe, dann würde er es sich eben woanders holen. Denn als Mitbeschuldigte hatten sie etwas sehr Wertvolles für andere interessierte Seiten: Akteneinsicht und damit laufende Informationen über den Ermittlungsstand in Sachen Ibiza.

Später stellte sich heraus, dass es schon Anfang Juni auf Initiative eines Salzburger Polizisten und eines Bundesheerbediensteten in Wien zu einem Treffen mit dem Ehepaar Strache sowie Slaven K. gekommen war, bei dem ausgelotet worden war, ob das Video zum Verkauf stünde. Das ganze Video, wohlgemerkt. Dabei war es die ganze Zeit bei mir, K. hätte darauf keinen Zugriff gehabt.

Die Vollversion war zu diesem Zeitpunkt noch nicht öffentlich bekannt und Strache hoffte wohl darauf, dass er sich rehabilitieren könne, wenn man seine Aussagen im Kontext sehen könnte. Strache wollte das Video haben, damit er die entlastenden Szenen rauf und runter spielen könnte und damit seine angebliche Unschuld beweisen. Das Treffen soll über eine Chatgruppe namens »Gerechtigkeit« abgestimmt worden sein. Auch ein Sponsor soll dabei laut damaligen Medienberichten genannt worden sein: der *Red Bull*-Extremsportler Felix Baumgartner, der mit Strache, der ja auch Sportminister gewesen war, gut bekannt war.[28]

Etwas später, im September 2019, wurde bekannt, dass der damalige Innenminister Wolfgang Peschorn die Abziehung eines Ermittlers aus der *Soko Ibiza* eingeleitet hatte. (Österreichs Regierung befand sich damals im Übergang: Der amtierende Innenminister Peschorn war ein unabhängiger Spitzenbeamter.) Bei erwähntem Ermittler handelte es sich um Niko Reith, der vor der Gründung der *Soko* Strache eine aufmunternde SMS geschickt hatte – und später bei seiner Vernehmung dabei gewesen sein soll.

Verwundert es da, dass meine Zweifel wuchsen, dass bei den Ibiza-Ermittlungen alles mit rechten und fairen Dingen zugehen würde? Ich hatte natürlich auch schon im Vorfeld überlegt, wer mich rechtlich vertreten könnte. Ursprünglich wollte ich den sehr bekannten Wiener Medienanwalt Richard Soyer mandatieren, aber der arbeitete bereits für Mirfakhrai, war also »belegt«. Ich entschied mich dann für den Berliner Anwalt Johannes Eisenberg. In Österreich vertraten mich zwei Anwälte: der Salzburger Wolfgang Auer, den ich schon als Anwalt von Slaven K. kannte und den ich von meinem zweiten Wohnsitz München aus gut erreichen konnte. In Wien vertraute ich dann in der Folge wieder auf Oliver Scherbaum, jenen Anwalt, der mir – wie schon erwähnt – bei meiner ersten Verurteilung wegen eines Drogendeliktes als Pflichtverteidiger zugeteilt worden und dem ich sehr verbunden war. Er war zwar überhaupt kein Fan des Ibiza-Videos und dessen Machart. Aber ihn empörte, wie die Ibiza-

Ermittlungen gegen mich abgelaufen waren, deshalb übernahm er gerne meinen Fall mit. Für die rasant anwachsenden Anwaltskosten, die mir dadurch entstehen sollten, hatte ich nicht vorgesorgt. Sie führten dann auch im Laufe des Jahres 2023 zu meinem Privatkonkurs über rund 225.000 Euro.[29] Unter uns gesagt: Hätten alle Anwälte die normalen Tagsätze verrechnet, wäre es noch teurer gekommen.

Eisenberg ist ein Anwalt wie aus dem Hollywood-Drehbuch. Genial, exzentrisch, mit exzellentem politischem Netzwerk, aber auch brutal. Ich bin noch nie von jemandem so hart angesprochen und auch beflegelt worden wie von ihm und ich hätte es mir auch von niemand anderem gefallen lassen. Er war ein ehemaliger Punker, der Taxi-Fahrer gewesen war, bevor er Anwalt wurde, der den ehemaligen DDR-Stasi-Chef Erich Mielke vertreten und offensichtlich ein Faible für schwierige Fälle hatte.

Im Juli flog ich von meinem ersten Stützpunkt Fuerteventura direkt nach Berlin zu ihm, um meine Verteidigungsstrategie zu besprechen. Es gab damals Überlegungen, weitere Videosequenzen zu veröffentlichen, ich hatte auch schon jemanden in der Schweiz damit beauftragt, unsere Gesichter herauszupixeln, aber Eisenberg riet mir dringend ab. Zum damaligen Zeitpunkt hätte das den abstrusen Vorwurf der Soko, ich hätte Strache erpressen wollen, unnötig erhärten können. Die Soko ermittelte ja höchstgeheim in verschiedene Richtungen, unter anderem wegen versuchter Erpressung Straches.

Rätselhaft erschien vielen Beobachtern damals folgender Nebenschauplatz: Am Tag nachdem der Ibiza-Skandal geplatzt war, ging ein anonymer Account namens »Kurzschluss14« auf *Twitter*, heute X, online, der Teile des Videos unverpixelt postete und dazu einige Fotos mit einer Koks-Line und dem Hinweis: »#Strache hat nen Informant für die Drogengeschichten von #Kurz? Wir kaufen mal Popcorn für den Wahlkampf! Wenn #KanzlerKurz Anstand hat, tritt er ebenfalls zurück, weil er diesem korrupten Typen ins Amt verhalf – oder müssen wir nachhelfen? #Rücktritt #Strachegate #Neuwahlen«. Bis heute ist nicht aufgeklärt, wer dahintersteckt und wie der Account zu den unverpixelten Videosequenzen kam. Der Personenkreis, der Zugang zu dem Original-Material hat, ist sehr klein, aber ich will darüber nicht spekulieren. Die unmissverständliche Botschaft von »Kurzschluss14« aber beunruhigte wohl viele in der Regierung, vor allem in der ÖVP. Es wurde wohl auch als Warnschuss verstanden.

Im Spätsommer 2019 verbrachte ich dann ein paar Tage im Ferienhaus meiner Mutter bei Avallon in der Nähe von Dijon in Frankreich. Es sollte im Jahr 2020 noch ein zweites Mal eine Rolle spielen, als Ort, wo ich zur Ruhe komme und mich neu orientieren kann. Aber wohin als Nächstes? Welche Gegend sollte ich wählen, um zu überwintern? Ich entschied mich schließlich für Südspanien, Fuengirola – ein sehr britisch geprägter Ferienort südlich von Malaga.

Ich wählte für mich Fuengirola auch deshalb, weil ich bereits einige Wochen vorher ein Konvolut aus Informationen eines mir damals noch unbekannten Erstellers weitergereicht bekommen hatte. Es sollte später als »Kleinschmidt-Papier« bekannt werden.[30] Wenn das, was darin stand, auch nur annähernd stimmte, war es hochgradig brisant. Es ging um Russland, es ging um Söldner, um einen Vorstand eines Finanzunternehmens, um Libyen und um Österreich. Darin fanden sich viele international bekannte Namen und einige mir unbekannte. Einer davon lautete Jan. Inzwischen kennt ihn die ganze Welt: Jan Marsalek, *Wirecard*-Manager, mutmaßlicher Spion Russlands.

Einer meiner alten Kontakte aus dem Sicherheitsbereich hatte mich gefragt, ob ich Interesse hätte, mir die Sache näher anzusehen, vor Ort in Russland. Hier stand also ein neues Recherche- und Arbeitsprojekt im Raum. Aber Russland? Eine Einreise dort, kurz nach der Stellungnahme des

Kremls zu Ibiza, das wäre ein One-Way-Ticket. Aber es gab ja noch eine andere geografische Anbindung, Libyen. Südspanien und Libyen, nun ja, da war die Entfernung nicht ganz so groß. Plus sowohl das politische Klima als auch das Wetter sind viel ansprechender. Warum also nicht? Ich richtete es mir also in meiner Ferienwohnung in Fuengirola ein. Ich war nicht alleine, sondern in Gesellschaft einer Bekannten, die mich auch schon davor begleitet hatte. Ich vertraute ihr bis zu einem gewissen Grad, was sich noch als Fehler herausstellen sollte. Aber dazu später.

Ich hatte also das neue Arbeitsprojekt für meine Auszeit in Spanien dabei, das sich auch geografisch gut anbot: das Libyen-Projekt des *Wirecard*-Managers Jan Marsalek. Den Entwicklungshelfer namens Kilian Kleinschmidt, der das Dossier geschrieben hatte, lernte ich erst im Herbst 2020 in Berlin kennen. Vorerst gab es nur jede Menge Unterlagen und Medienberichte. Im März 2019 hatte die *Financial Times* erstmals von verdächtigen Transaktionen in Singapur mit einem Gesamtvolumen in Höhe von zwei Milliarden Euro berichtet, über die Marsalek Bescheid gewusst haben soll. Damals galt er als mutmaßlicher Betrüger, dass er auch als Spion tätig geworden sein könnte, war noch nicht öffentlich bekannt. Die Sache interessierte mich. Ich tauchte tief in Marsaleks Libyen-Projekt ein, es stand für mich in einem größeren Zusammenhang mit russischen Geldwäsche-Strukturen, für die ich mich schon vorher interessiert hatte. Die globale Geldwäsche-Enthüllung »Russian Laundromat« (»Russischer Waschsalon«), die Unregelmäßigkeiten im internationalen Finanzverkehr aufdeckte, hatte einen wichtigen Anstoß geliefert. Mittlerweile – also im Jahr 2024 – wissen wir viel mehr darüber, damals fehlten noch einige Puzzlestücke.

Aber so viel war in Kleinschmidts Dossier schon nachzuvollziehen: An der Seite der Sicherheitsunternehmer Wolfgang Gattringer (Ex-BMI-Kabinett von Ernst Strasser,

ÖVP) und Gustav Gustenau (Ex-Brigadier, FPÖ-nah) trieb Ex-*Wirecard*-Vorstand Jan Marsalek ein dubioses Anti-Migrations-Projekt in Libyen voran. Dabei sollte der Aufbau von Milizen und Grenzschutz im Vordergrund stehen, um Geflüchtete von der Einreise nach Europa abzuhalten. Vieles deutet darauf hin, dass das Projekt dem Wahlkampf von Sebastian Kurz im Jahre 2017 dienlich sein sollte. Kurz reiste vor der Projektanbahnung nach Libyen, Marsalek traf den damaligen Innenminister Wolfgang Sobotka in Moskau. Ein Mitarbeiter aus dessen Ministerium (BMI) vernetzte die Gruppe um Marsalek im Anschluss mit dem unabhängigen Experten Kilian Kleinschmidt (ehemals UN-Flüchtlingskommissariat). Der sollte für das Libyen-Projekt eigenen Angaben zufolge instrumentalisiert werden. Nach dem Wahlkampf flaute das Interesse Marsaleks ab, Kleinschmidt musste seiner Bezahlung hinterherrennen – und fing an, die ganze Sache zu hinterfragen.

Gerüchte, dass man Flüchtlingsströme als »Waffen« einsetzen könnte, Fluchtrouten schließen oder Menschen losschicken würde, waren nichts Neues. »Weaponizing of Migration« war seit 2015 der Fachbegriff dafür. Die Ursprungsidee war, die sogenannte Südroute aus Afrika zu kontrollieren, indem man in Libyen Flüchtlingscamps baut. Aber Marsalek hatte die Idee pervertiert. Er wollte aus den Camps Soldaten für seine angebliche Privatarmee rekrutieren, die er von der Gruppe Wagner oder ihnen nahestehenden Kräften ausbilden lassen, mit *Wirecard*-Geldern bezahlen und damit Migrationsschleusen öffnen oder schließen wollte. Angeblich war dieser Plan mit hochrangigen Staatschefs abgestimmt, Belege für diese schweren Vorwürfe fehlen allerdings bis heute. Deshalb gilt natürlich für alle Genannten die Unschuldsvermutung.

Inzwischen war es später Herbst geworden. Ich wechselte meine Wohnung und meinen Standort. Bei meiner Begleiterin sank die Stimmung. Ich reiste in dieser Zeit viel, ich war in Warschau, Berlin, Paris. Manchmal nahm ich den Zug nach Madrid und flog von dort weg, immer ein wenig nervös, dass ich bei einer Kontrolle vielleicht unangenehme Fragen zu erwarten hatte. Silvester verbrachte ich in Málaga. Zur Abwechslung ging ich mal wieder aus. Zuvor hatte ich ein sehr eingefrorenes Leben gehabt. Ich war dauerbeschäftigt gewesen. Ich hatte Artikel über die Ibiza-Causa und die laufenden Ermittlungen und Nachwehen gelesen, parallel dazu zum Libyen-Projekt recherchiert und meine Kommunikation zu dem mittlerweile recht weitläufigen Netzwerk, das ich aufgebaut hatte, gehalten. Ich verbrachte viel Zeit vor Bildschirmen. Andere gingen zum Strand. Ich war zu der Zeit wohl kein besonders angenehmer Zeitgenosse, es kümmerte mich aber auch nicht.

Abtauchen, wie macht man das? Wichtig ist natürlich, in einer digitalisierten Welt so wenig Spuren zu hinterlassen wie möglich. Kreditkarten? Bankomatkarten? Njet. Bargeld ist das Zahlungsmittel der Wahl. Handys sind das perfekte Tracking-Instrument. Jedenfalls wenn man die Seriennummer der SIM-Karte oder des Geräts hat. Aber ohne diese und bei smarter Verwendung ist es ein kalkulierbares Risiko. Für die sensibleren Dinge gibt es spezielle Geräte, sogenannte Kryptotelefone, unterschiedlicher Qualität und Kosten. Es ist sicherlich auch hilfreich, einen der Hersteller zu kennen.

Ohne ein belastbares Netzwerk aus Freunden und Bekannten, die mich in diesen Monaten mit Bargeld, immer anderen Handys und den dazugehörigen, wechselnden, internationalen SIM-Karten versorgten, wäre ich nicht durchgekommen. Es war für mich eine logistische und intellektuelle Herausforderung, kaum Spuren zu hinterlassen. In den heiteren Momenten habe ich es als Katz-und-Maus-Spiel gesehen, durchaus auch genossen, man hat schließlich einen Sportsgeist. Und warum das Ganze? Eben weil ich den Behörden und vor allem den Ermittlern der *Soko Ibiza* nicht vertraute.

Aber im Grunde fühlte ich mich zu diesem Zeitpunkt, wir stehen jetzt am Jahreswechsel 2019/2020, immer noch recht sicher. Ich wusste, ich bin den Behörden etwa zwanzig Schritte voraus. Mein Netzwerk hielt, ich hatte ausreichend Bargeld, meine Bekannten halfen mir bei allen Dingen, bei denen ich keine Datenspuren hinterlassen wollte.

Dann kam die Pandemie. »Plan for the unexpected« ist eine oft bemühte Weisheit. Niemand hatte das eingeplant. Ich selbst sollte an Corona erst viel später erkranken, da war ich schon wieder in Österreich und saß im Gefängnis. Die Spanier nahmen die Seuche sehr ernst und ab dem Frühjahr 2020 war mein Bewegungsspielraum urplötzlich sehr eingeschränkt. Was tun? Die Leute horteten Toilettenpapier, warum, das versteht kein Mensch, ich kaufte mir eine PlayStation, um mir die erwartbaren langen Tage zu vertreiben. Davor hatte ich das letzte Mal wahrscheinlich mit 14 Jahren gespielt. Ich fand nicht mehr zu meiner jugendlichen Begeisterung zurück, aber es lenkte doch ausreichend ab.

Es gibt grundsätzlich schon viele Polizeikontrollen in Spanien, in der Pandemie wurden sie aber noch mal verschärft. Sie kontrollierten bevorzugt an den Kreisverkehren, von denen es unzählig viele gibt. Neben den omnipräsenten Militärhelikoptern entlang der Küste wurden jetzt auch in Wohngebieten Drohnen eingesetzt. Im ersten Lockdown, der sich fast bis in den Mai zog, waren die Ausgehbeschränkungen massiv. Das verkomplizierte meine Lage natürlich um einiges. Das Bargeld wurde knapp, meine Versorgungslinien, mein Netzwerk hielt, aber alles dauerte länger. Fliegen ging im Jahr 2020 nicht mehr, nach dem Lockdown im Mai nahm ich entweder den Zug oder den Bus oder ließ mich mit dem Auto fahren, weil ich ja keinen Führerschein mehr hatte. Außerdem birgt selbst fahren sowieso immer das größte Risiko, in eine Kontrolle zu geraten.

Dann wurde ich auch noch aus meiner Wohnung geschmissen, weil ich nur Untermieter war und mein Vermieter meine Zahlungen nicht an den Besitzer weitergereicht hatte. Das war äußerst unangenehm. Von einem Tag auf den anderen in sehr eingeschränktem Umkreis eine Wohnung aufzutreiben ist, na, nennen wir es mal »anspruchsvoll«. Es folgten ein paar Tage in einer überteuerten Absteige mit defekter Klimaanlage. Aber dann hatte ich Glück. Mein nächstes Quartier war »First Line Beach«, also direkt am Strand, wo einen die Polizei meistens in Ruhe lässt. Man will die vermögenden Anwohner dort schließlich nicht allzu sehr belästigen, wie es scheint. Über einen Freund, der einen prominenten Fußballer kennt, landete ich in dessen Bungalow in einer luxuriösen Wohnhausanlage in Marbella. Dort abzuhängen, war ganz nett. Obwohl ich gleichzeitig trotzdem permanent angespannt und dauergestresst war. Einmal bin ich in der Küche unvermittelt umgekippt. Einfach so. Ich war kurz bewusstlos. Ich habe in der Zeit viel über meine körperlichen und psychischen Grenzen gelernt.

Zum Zahnarzt aber musste ich, das war unvermeidlich. Ich hatte ständig Zahn- und Kieferschmerzen, weil ich in der Nacht permanent mit meinen Zähnen mahlte. Ich suchte mir also einen Zahnarzt in der Gegend, ein Rumäne, der, als er erfuhr, dass ich Österreicher bin, mir während meiner Behandlung seine Meinung zum Ibiza-Skandal ausbreitete. Was für ein absurder Zufall. Es sei eine Schweinerei, was dem Strache passiert ist. Arg, wie man einen ehrlichen, konservativen Politiker hinters Licht geführt habe. Sogar einen Detektiv habe man auf ihn angesetzt. Hätte ich keinen Schlauch im Mund gehabt, hätte ich schon fast protestiert. Er war offensichtlich kein Fan. Hoffentlich erkennt er mich nicht, dachte ich mir, meinen Namen hatte er nämlich – Ausweispflicht. Zur Folgebehandlung wählte ich dann eine andere Ärztin. Man muss es nicht unnötig drauf anlegen.

Dann kam der erste Ibiza-Jahrestag, im Mai 2020. Die *Soko Tape* alias *Soko Ibiza* präsentierte pünktlich zum Jahrestag und mit maximalem medialen Effekt das Ibiza-Video.

Sie hatten es gefunden! Beim Ex-Freund einer Bekannten, die ich gebeten hatte, eine hinterlegte Kopie des Videos zu vernichten. Offenbar umsonst. Das feierten sie jetzt groß ab. Immerhin konnte ich mir nun endlich selbst ein Bild vom Soko-Leiter namens Andreas Holzer machen, als er bei *oe24* seine Selbst-Beweihräucherung vollzog. Ich war nicht übermäßig beeindruckt.

Kurz darauf gab es eine Hausdurchsuchung bei jenem Bekannten, der mir acht Monate zuvor die erste Wohnung in Spanien organisiert hatte. Die Ermittler hatten also ihre erste Spur, wenn auch eine erkaltete. Trotzdem erhöhte es natürlich den Druck auf mich psychologisch. Die österreichischen Behörden hatten gegenüber den Spaniern angegeben, dass ich dort aufhältig sei. Im Rahmen der internationalen Kooperation bekamen sie auf diese Behauptung hin einen Hausdurchsuchungsbefehl.

Nun stellten sich einige Fragen. Bleiben und stillhalten? Hier weiter ausharren oder doch zurück nach Berlin, wie es mir mein Anwalt riet? Ich war dort, wo ich war, sicher verwahrt, aber Bewegung war nun natürlich riskanter. Hätte ich die Ambition gehabt, einfach nicht gefunden zu werden, hätte ich mich dort noch jahrelang an den Pool legen können, aber das war nicht das Ziel. Würde ich aber in Spanien aufgegriffen, ohne Vertrauensanwalt vor Ort, wäre es sicherlich ungünstig gewesen.

Ob es einen Haftbefehl gegen mich gab, wusste ich paradoxerweise die ganze Zeit über nicht, so absurd das klingen mag. Und das, obwohl meine Anwälte regelmäßig bei der Polizei nachfragten. Sobald es nämlich einen Haftbefehl gibt, kann die Polizei auch ohne staatsanwaltliche Anordnung loslegen. Mein Anwalt hatte zuvor schon bei der Staatsanwaltschaft Wien prophylaktisch eine Beschwerde gegen einen möglichen Haftbefehl eingereicht, die österreichische Justiz ist jedoch trickreich, wenn sie will. Man kann in Österreich keine Beschwerde gegen einen Vorgang erheben, dessen Aktenzahl man nicht kennt. Wenn man also keine Auskunft bekommt, ob es einen Haftbefehl gibt, und einem gleichzeitig die Akteneinsicht verwehrt wird (so wie mir), ist man damit faktisch rechtsschutzlos. Frank Kafka hätte damit seine Freude.

Ich analysierte also in Ruhe meine Optionen und setzte ich mich dann bewusst langsam in Bewegung zurück nach Berlin. Wäre das verfilmt worden, käme jetzt eine lange Roadtrip-Sequenz. Wir fuhren im Konvoi, mit drei Autos, einer als Vorhut, einer zum Ablenken im Fall des Falles und im letzten Auto saß ich mit meinem Fahrer. Die erste Etappe führte uns über zwei Wochen 1.200 Kilometer die spanische Küste entlang an die spanisch-französische Grenze. Wir gingen es ganz gemütlich an, insgesamt hatte ich drei Wochen bis nach Berlin veranschlagt. Wir verhielten uns wie Touristen, auch weil wir am Ende irgendwie welche waren.

Am Weg wechselte ich mal wieder meine Handys und SIM-Karten. Kurz vor Barcelona, bei einer Raststation, machten wir eine Pause. Nach einigen Minuten fuhren mehrere Mannschaftswagen der Guardia Civil den Parkplatz, auf dem wir uns befanden, im Schritttempo ab. Das war zwar in Spanien nicht unbedingt ungewöhnlich, alarmierend war es dennoch.

Ein Teil unserer Gruppe war noch nicht abfahrbereit und die Hoffnung, dass es ein regulärer Pitstop der Polizei sein könnte, erfüllte sich nicht. Einfach herumstehen war keine wirkliche Option, also schickte ich einen Wagen vor, der uns mitteilen sollte, ob die Ausfahrt gesperrt war. Das theoretische Worst-Case-Szenario war, dass meine neuen Telefone, die diesmal ausnahmsweise am Postweg gekommen waren, abgefangen worden waren und ich anhand der IMSI-Nummer trackbar geworden war. Das hielt ich zwar für unwahrscheinlich, aber nicht gänzlich unmöglich. Ich versuchte also möglichst unauffällig in einem parkenden Wagen bei direkter Sonneneinstrahlung auf ein *all clear* zu warten. Das geht natürlich schlecht, nicht einmal Masochisten sitzen freiwillig in einem abgestellten Pkw bei 40+ Grad. Zurück in die Raststation zu gehen war auch keine wirkliche Option, und von dem vorgeschickten Wagen kam keinerlei Reaktion. SNAFU, wie es die Amerikaner so gerne sagen. *Situation normal, all fucked up.*

Es blieb nichts übrig, als es zu riskieren. Wir fuhren also los, ich wie immer als Letzter, bogen in die lang gezogene Kurve zur Ausfahrt und da waren sie auch schon. Der erste Wagen war gestoppt worden und wurde durchsucht, der Wagen vor mir wurde zur Seite gewunken. Und mein Wagen wurde durchgewinkt.

Aber ich war jetzt natürlich vollends paranoid. Und meine Begleiter – mein üblicher Fahrer und dessen Bekannte – wurden auch unruhig. Ich hatte jedem einen angemessenen Lohn versprochen, wenn sie mich nach Berlin bringen, sie hatten aber keinerlei Ahnung, wer ich war. Natürlich verstanden sie, dass ich kein normaler Tourist war, aber es gibt genug Leute in Spanien, die halt mal schnell und unauffällig verreisen müssen. Und auch genug Menschen ohne fixen Job, die sich dann als Chauffeur anbieten.

Der normale Grenzübergang schien mir jetzt nicht mehr sehr apart, aber weiter mussten wir. Ich telefonierte also meine Kontaktliste durch, ob da jemand mit genialen Ideen war. Wie so oft war dies der Fall. Jemand hatte einen alten Schulfreund irgendwo in den Bergen entlang der Grenze, ein paar Telefonate später gab es einen Ort und ein Ziel.

Über die Grenze »schmuggelte« mich ein alter Bekannter eines anderen alten Bekannten, wie das eben so ist. Ein weißhaariger, sehr freundlicher Herr, der kaum Englisch sprach, brachte mich in seinem klapprigen Bus über einen Pyrenäenpass. Ich hatte mit irgendetwas Ausgefuchstem gerechnet, einem Schmugglerpfad durch die Berge, einem getarnten Versteck im Wagen – in der Realität winkte er den Grenzpolizisten freundlich zu und grüßte sie auf Katalanisch. Sie hatten alle, aber auch wirklich alle Autos vor uns kontrolliert, aber uns nicht. In meinem Stress hatte ich noch dazu meine Handys auf der spanischen Seite in der Ortschaft, in der wir uns getroffen hatten, vergessen. Top-Profi eben. Der Herr fuhr mit mir also seelenruhig wieder zurück und dann wieder retour. Er wollte nicht einmal Geld für seine unfassbar wertvollen Dienste. Der Rest der Truppe war schon längst drüben und wir trafen uns auf ein Eis und ein paar nervöse Witze.

Es klingt paradox, aber auf der französischen Seite, in der unglaublich malerischen Kleinstadt Céret, konnte ich mich erstmals ein wenig entspannen. Meine Begleiter und ich blieben wieder fast zwei Wochen, weil es einfach so wunderschön war. Wir mieteten ein historisches Steinhaus und erkundeten das Umland. Hier will ich später einmal eine Zeit lang wohnen, schwor ich mir damals.

Der nächste Halt war bei meiner Mutter in Südfrankreich, mit der ich die ganze Zeit über Kontakt gehalten hatte. Dass es mir gelungen ist, durchgehend einen aufrechten Draht zu allen sicherzustellen, war meine eigentliche Leistung. Solange man eine funktionierende und sichere Kommunikationsstruktur aufrechterhalten kann, lassen sich die meisten Dinge lösen. Wir quartierten uns in einem privaten Gästehaus in der Nähe ein und blieben fast drei Wochen. Meine Tage sahen damals so aus: Ich hatte einen Rucksack mit acht mobilen Routern, sechs Telefone, vier Laptops. Um mich einzuwählen, fuhr ich oft vierzig Kilometer weiter, in eine andere Funkzelle, um mich dort einzuloggen, um E-Mails oder sonstige abgesicherte Online-Kanäle zu checken. In der Nacht besuchte ich dann meist meine Mutter. Ich kaufte meinen Gefährten Angelruten, damit sie sich die Zeit vertreiben konnten. Die Gegend eignet sich hervorragend zum Fischen, nur offenbar ist Fischen im Meer und Fischen in einem See etwas deutlich anderes. Sie fingen praktisch nichts, während die Einheimischen neben ihnen Fisch nach

Fisch aus dem Wasser zogen. Aus den angekündigten drei Wochen waren inzwischen sechs geworden. Aber ich wollte meiner Mutter die Gelegenheit geben, noch etwas Zeit mit mir zu verbringen, sollte denn tatsächlich eine Verhaftung auf mich warten.

Dann brachen wir zur deutsch-französischen Grenze auf. Die Deutschen hatten wieder zu kontrollieren begonnen aufgrund von Corona. Aber wie so oft, wo Kontakte, dort Wege. Hinter Straßburg ging es über die Grenze. Jemand hatte einen Helfer organisiert, der in der Gegend lebte und zugesagt hatte, mich die letzte Etappe bis nach Berlin zu fahren. Er war ein Öko-Freak und weigerte sich, mehr als 100 km/h zu fahren. Wer meinen Fahrstil kennt, kann sich vorstellen, wie sehr ich gelitten habe auf dieser Fahrt. Aber sei es drum. Berlin bot mir endlich die Aussicht, wieder etwas mehr die Kontrolle über die Dinge zu bekommen und mich zu sortieren.

Es war für mich auch die vorläufige Endstation. Ich stellte mich emotional und gedanklich darauf ein, hier mit der Polizei oder Justiz direkt in Kontakt zu kommen. Mein Anwalt war ohnehin vor Ort. Wenn schon, denn schon, beschloss ich. Ich hatte so ziemlich alles, was ich seit der Veröffentlichung an To-dos gehabt hatte, abgearbeitet. Dann erledige ich halt noch schnell ein paar *non-essentials* aka Arztbesuche, dachte ich mir. Um ein Leuchtfeuer für etwaige Verfolger abzufeuern, behob ich bei meiner Hausbank am Alexanderplatz am Schalter mit Ausweis einen höheren Betrag. Eine Woche später erneut. Ich wollte nun endlich wissen, ob es diesen Haftbefehl gibt oder nicht.

Ich machte eine Gastroskopie, ließ mir meine Augen lasern, was ich schon lange vorgehabt hatte. Und ich ließ mir zu guter Letzt auch noch alle meine Zähne überkronen, in einer der bekanntesten Zahnarztpraxen Berlins. Sie waren alle ziemlich erledigt, weil ich wie erwähnt in der Nacht mit den Zähnen mahlte und sich dadurch meine Kieferstellung verschoben hatte. Ganz spurlos ist der Stress eben nicht an mir vorbeigegangen. Zum Glück zahlte das meine private deutsche Krankenversicherung anstandslos.

Wenn man so will: Ich machte einen großen Boxenstopp, zur Runderneuerung. Das alles zog sich bis in den November. Ich ahnte, die *Soko Ibiza* würde Zeit brauchen, auch wegen des Lockdowns. Zu meiner großen Überraschung geschah in all diesen Wochen nichts. Obwohl ich sehr deutliche Spuren hinterließ. Bei meiner Bank, mit meiner Gesundheitskarte. Wenn bis Weihnachten nichts geschieht, bin ich wieder weg, schwor ich mir. So langsam kann keiner sein, nicht mal die Österreicher. Berlin im Winter ist nicht besonders attraktiv. Dann verbringe ich den Winter lieber wieder im Süden.

Die Geschichte, wie es zu meiner Festnahme kam, war typisch. Ich hatte mich auf jemanden verlassen, auf den ich mich besser hätte nicht verlassen sollen. Ich habe es bereits angedeutet: Es ging um eine Freundin, die mich in Spanien eine Zeit lang begleitet hatte. Leider chattete sie, wenn ihr langweilig war – und das war es ihr in Spanien oft – mit ihrem Ex-Freund in Österreich. In der Wohnung ihres Ex-Freundes in Wiener Neustadt fand die *Soko Tape* letztlich auch das Ibiza-Video. Eigentlich hatte ich sie während unserer Zeit in Spanien gebeten, bei einem ihrer Besuche in Wien eine der Kopien des Videos, die ich an verschiedenen Orten verwahrt hatte, zu vernichten. Aber sie hielt sich offenbar nicht an meine Anweisungen, sondern gab die Kopie ihrem Ex-Freund. Warum genau, habe ich bis heute nicht recht verstanden.

In Deutschland war die Weitergabe des Ibiza-Videos – anders als in Österreich – als nicht strafbar eingestuft worden, weil die deutschen Gerichte das Video als nicht illegal ansahen. Ich beschloss, die Frau nach Berlin zu lotsen. Mir war lieber, sie war bei mir, als sie käme am Ende auch noch in Kontakt mit dem *Novomatic*-Lobbyisten Gert Schmidt. Der hatte nämlich anscheinend schon längst begonnen, auf eigene Faust – aber immer auch in gutem Kontakt mit den

Behörden – in meinem persönlichen Umfeld zu recherchieren. Ich bat sie zwar, auf dem Weg nach Berlin ihr Handy ausgeschaltet zu lassen, aber sie hielt sich nicht daran. So führte sie die Ermittler zu mir. Es kam also wie so oft davor anders als erwartet und trotzdem nicht wirklich überraschend.

Als Treffpunkt hatten wir den Parkplatz eines Baumarkts ausgemacht. Es war dunkel, da es schon Abend war. Es war Lockdown, es war kalt. Ich war mir sicher, dass wir schon überwacht wurden. Mir war ein schnelles Taxi aufgefallen, das so aussah wie jene, die von der Polizei gerne als Observationsfahrzeuge verwendet werden. So wie Lieferdienstautos. Außerdem stand dort auch ein weißer Lieferwagen, ohne laufenden Motor, in dem Menschen saßen. Bei der Kälte? Das war mehr als ungewöhnlich.

Wir fuhren mit zwei verschiedenen Autos weiter. Der nächste Treffpunkt war eine von mehreren Wohnungen in Berlin, die mir zur Verfügung standen, damit ich, falls nötig, Ort wechseln konnte. Auch dort fielen mir mehrere Personen auf: Eine Frau fotografierte das Klingelschild, ein Mann stand einsam mit einer Bierflasche in der Kälte, sah aber nicht nach dem üblichen Publikum dafür aus. Ich ging zwei Mal an ihnen vorbei, beschloss dann aber trotzdem, das Haus zu betreten. Aus dem Fenster beobachtete ich noch einige Zeit einen jungen Mann, der an der Ecke stand und den ich am nächsten Tag wieder sehen sollte. Ich hatte an diesem Tag meine letzte Zahn-Behandlung gehabt und war noch ziemlich zugedröhnt durch die Schmerzmittel. Sonst wäre ich vielleicht aufmerksamer gewesen, doch irgendwie war ich es auch leid. Ich wollte wissen, wer das nun war. In Deutschland gibt es nur bei Gefahr im Verzug Hausdurchsuchungen und Festnahmen nach zehn Uhr am Abend. Mir war klar, dass es am nächsten Tag mit hoher Wahrscheinlichkeit so weit sein würde, sollte sich herausstellen, dass es die Polizei war.

Am Morgen steckte ich eine größere Summe Bargeld ein, mein Karten-Portemonnaie, leerte alle meine Speicher, nahm mir ein neues Handy und steckte auch noch den USB-Stick mit all den *Wirecard*-Libyen-Informationen ein. Wenn sie mich festnehmen, dann sollten diese Dinge auch gleich veraktet werden. Das wurden sie natürlich nicht, weil sie angeblich von keinerlei Relevanz seien. *Wirecard* hat ja schließlich nichts mit Österreich zu tun laut den hiesigen Behörden.

Ich kaufte mir einen Kaffee an einem der damals in der Pandemie üblichen Straßenverkäufe und machte mich auf in Richtung Prenzlauer Allee. Nach ein paar Blocks kam mir ein junger Mann entgegen und fragte mich, wo die nächste U-Bahn-Station sei. Ich antwortete ihm nicht und wollte ausweichen, er blockierte mir den Weg – und das war es dann. Ich wusste es in der Sekunde. Der Zugriff erfolgte von hinten, sie zogen mir eine Kappe über den Kopf, was für meine frisch gelaserten Augen kein Vergnügen war. Und verfrachteten mich in ein Zivilauto.

Die Festnahme erfolgte über ENFAST, das Europäisches Netzwerk von Zielfahndungsteams, wonach ich die Beamten zu deren Überraschung gleich fragte. »Ihr seid von ENFAST, stimmt's?« »Sie sind aber gut informiert.« Es war dieselbe Frau, die das Klingelschild fotografiert hatte, und einer ihrer Kollegen.

Wenige Tage zuvor hatte es auch im Haus meiner Mutter in Südfrankreich eine Hausdurchsuchung durch ENFAST gegeben, somit war für mich dann schlüssig, dass per internationalem Haftbefehl nach mir gefahndet worden war. Im Hintergrund gab es mächtige Differenzen zwischen den Wiener und den Berliner Ermittlungsbehörden. Auf Basis einer später als rechtswidrig erkannten Ermittlungsmaßnahme wurden zum Beispiel im September 2019 via Rechtshilfe durch Funkzellenüberwachungen in einer Art Rasterfahndung über 130.000 Datensätze von Teilnehmern, die in diesen Funkzellen registriert waren, abgegriffen. So eine Maßnahme wird selbst bei Terrorermittlungen selten genehmigt und sie sorgte in Deutschland für deutliche Irritationen. Dafür reicht die

Anordnung eines Ermittlungsrichters, weil die Maßnahme im anderen Land nicht erneut geprüft werden muss.

Nach meiner Festnahme hätten die Österreicher gerne die Berliner Wohnung durchsucht, die Deutschen lehnten das ab. So konnten alle dortigen Geräte ohne Behinderung in Sicherheit gebracht werden. Ich hätte damals zu gern die Gesichter der Soko-Ermittler gesehen, die angeblich nicht vor Ort waren. Ich hatte gefordert, eine Anzeige gegen anwesende österreichische Ermittler wegen Rechtsbeugung zu erstatten. Man sagte, es seien keine vor Ort. Waren sie dann doch, aber möglicherweise war das der Grund, warum ich keinen von ihnen zu Gesicht bekam.

Alles, was sie also hatten, war das, was ich bei mir trug, als sie mich auf der Straße überrumpelten. Die Festnahmeanordnung listete nur Datenträger und Mobiltelefone auf, somit gingen mein Portemonnaie samt Inhalt und das Bargeld an meinen Anwalt. Sie hatten ein leeres, noch dazu kodiertes Telefon und einen USB-Stick, den sie wegen seines Inhalts wahrscheinlich lieber nicht haben wollten. Das ganze Theater der vergangenen 16 Monate, die ganzen Winkelzüge, die Rechtsbrüche, die sie aufgefahren hatten, nur um mich überraschend mit möglichen Datenträgern festzusetzen, alles umsonst. Als Ermittler kann ich ihre Wut und Enttäuschung gut erahnen. Es hätte nicht so sein müssen. Das Delikt, wegen dem sie mich festnahmen, verblüffte mich dann doch: Es waren auch ein paar Ibiza-relevante Vergehen dabei, Urkundenfälschung beispielsweise. Aber der gefährlichste Vorwurf lautete: Verdacht auf illegalen Drogenhandel. Es war der 10. Dezember 2020.

Im Gefängnis

Man sagt ja, dass sich Menschen nach drei bis sechs Monaten an alle Umstände gewöhnen, seien sie noch so schlimm und widrig. Das sei die Erfahrung aus Kriegs- oder Krisengebieten.

Man gewöhnt sich und hält aus, was man für unaushaltbar gehalten hat. Für mich war am Anfang das Härteste der Entzug der Sensorik, vor allem von Berührungen, vor allem anfangs in Einzelhaft. Wenn man festgenommen und ins Gefängnis eingeliefert wird, wird man geschubst, herumgeschoben. Und dann berührt dich über Wochen und Monate niemand mehr.

Meine erste Station war das Polizeianhaltezentrum. Das war wohl der ungemütlichste aller Orte, die ich nach meiner Verhaftung kennenlernte. Kaum geheizt, mit einer geschwungenen Liege aus dünnen Holzbrettern mit circa zwei Zentimetern Abstand. Die Jacke wurde abgenommen, damit man sich nicht mit den Schnüren der Kapuze aufhängt. Dort blieb ich eine Nacht und fror bitterlich. Es gibt keine Decken, sondern nur hauchdünne Fleecestoffe, ähnlich jenen, die man in Abzugshauben legt. Ich konnte zumindest eine zweite davon bekommen und bastelte mir, indem ich sie an den Ecken verknotete, so etwas wie einen sehr luftigen Schlafsack. Als Polster nahm ich einen meiner Sneaker, um den Kopf zumindest irgendwie zu stützen. Am nächsten Tag verstand ich, dass sie keine Ahnung gehabt hatten, wen sie da eigentlich einquartiert hatten. Dann kam eine Hauptkommissarin des Berliner LKA und formulierte ihr Bedauern. Sie kenne die Akte und sehe, welcher Schwachsinn das sei. Es tue ihr leid. Erst als mein Anwalt endlich auftauchen durfte, bekam ich dann einen alten Polizeipulli, auf dem groß POLIZEI vorne draufstand. Es gibt bessere Outfits, um in ein Gefängnis eingeliefert zu werden.

Im Berliner Gefängnis in Moabit, wo ich zuerst in U-Haft saß, schneiden sich die Insassen die Haare nicht selbst. Es gibt immer jemanden, der behauptet, er sei Friseur, oder der sich geschickt dabei anstellt und so ein wenig dazuverdient. Die Wartelisten für dieses Haare-Schneide-Service sind lang. In Berlin war ein Mitglied der berüchtigten Hells Angels der inoffizielle Anstaltsfriseur. Als ich drankam, nach ein paar Wochen, und er meine Kopfhaut berührte, brach ich fast in Tränen aus. So überwältigend war es für mich, dass mich wieder jemand berührte. Es war ein Schock.

Zuerst Berlin, dann Wien, dann St. Pölten: drei Gefängnisse, drei sehr unterschiedliche Gefängnis-Kulturen. Jedes Gefängnis ist eine Welt für sich, mit offiziellen und ungeschriebenen Regeln. Berlin war sicher das härteste Pflaster, ich hatte schon gehört, dass sich die Häftlinge untereinander kontrollieren und manche Stockwerke einer Nationalität zugerechnet werden. Ob das wirklich so stimmt, weiß ich nicht. Mein Rayon war jedenfalls deutlich russisch geprägt – ausgerechnet. Ich verhielt mich möglichst unauffällig.

In Österreich sind die Wachbeamten mächtig und zeigen das auch, in Berlin hat das Ganze eher einen Dienstleistungscharakter, das mag mit dem doch potenteren Umfeld zusammenhängen. Informelle Hierarchien wie in Berlin erlebte ich in Wien nicht. In der JA Josefstadt war die Justizwache zumindest vordergründig um Korrektheit bemüht, in St. Pölten schien mir dieses Bemühen etwas geringer.

In Wien hatte ich anfänglich am Wochenende in meiner Zelle immer wieder keinen Strom. Ich erfuhr, dass das als offizielle Disziplinierungs-Maßnahme gilt, nicht dass ich dafür irgendeinen Anlass geliefert hätte. Vielleicht fand es jemand einfach lustig. Gefängniszellen ohne Strom sind wirklich mühsam. Was macht man ohne Licht? Lesen geht nicht. Fernschauen auch nicht. Weil aber der Strom nur im Zimmer, nicht aber in der Nasszelle abgedreht war, steckte ich das TV-Gerät im Bad an. Das Kabel war jedoch so kurz, dass man das Bett verschieben musste, um schauen zu können. Wenn ich fragte, warum ich keinen Strom hätte, bekam ich nur »Wirst schon wissen, was du angestellt hast« als Antwort. Es waren einfach nur Schikanen.

Ich hatte irgendwie noch Glück, es war März und noch nicht richtig warm. Im Sommer konnte es auf der Sonnenseite der Justizanstalt Wien-Josefstadt so heiß werden, dass die Häftlinge den Boden mit Wasser kühlen. Ventilatoren konnte man sich zwar kaufen, aber nur einen pro Person. Trotzdem bleibt es ein Backofen.

Der Anstalts-Psychologe in Wien setzte sich schließlich dafür ein, dass ich in einen anderen Trakt komme – ins Erdgeschoss. ABE, die Sicherheitsabteilung. Meine Zelle ging in einen Innenhof raus. Das war zum einen von Nachteil, weil dort jedes Gespräch, jede Schreierei, Klopfen und Stampfen, Bet-Gesänge, einfach alles hinunterhallte. Außerdem hatten sich die Insassen angewöhnt, ihre Essensreste durchs Fenster in den Hof zu werfen. Das lockte Mäuse an. Ich nutzte das zur willkommenen Ablenkung. Im Berliner Gefängnis hatte ich mir unter anderem Studentenfutter gekauft, das ich nach Wien mitgenommen hatte. Über fünf Wochen hinweg gelang es mir, eine Maus damit anzulocken. Ich legte ihr Rosinen und Nüsse aufs Fenstersims. Sie war klein genug, um durch das dicke Maschendrahtgitter hindurchzuschlüpfen. Am Ende ließ sie sich sogar fast von mir berühren.

Die Ernährung ist ein großes Thema im Knast. Logisch, denn so viel Abwechslung gibt es ja nicht, und die Mahlzeiten werden dann noch wichtiger. Auch da waren die Standards in den Gefängnissen höchst unterschiedlich. In Berlin konnte man sich im gefängniseigenen Supermarkt alles Mögliche bestellen: Rucola, Heidelbeeren, Pulled Pork, Spareribs. In Wien hingegen war die Auswahl klein und ungesund: Schokolade, Chips, Tomaten, Bananen. In St. Pölten gab es dafür einen Kühlschrank, in Wien und Berlin nicht. Auch das klingt banal, aber es ist entscheidend, denn mit der Möglichkeit der Kühlung kann man verderbliche Lebensmittel einkaufen und lagern und sich selber auch mal was kochen. Das sind die kleinen Freuden, das bisschen an Unabhängigkeit und Individualität, die in Haft sehr wichtig sein können. Man kann sich etwas zubereiten, statt nur Snacks zu essen.

Sofern es Kochgelegenheiten gibt. In Berlin gab es gutes Zeug zum Einkaufen, aber keine Kochstellen. Also bastelt man sich selbst welche. Aus einer großen Thunfischdose entstand ein Brenner: Man bohrte in die Seitenwände Löcher, füllte sie mit Speiseöl, drehte aus zerschnittenen Geschirrtüchern Dochte und dämmte das Ganze mit Büchern. Aus Dosendeckeln wurde eine Art Grill gebaut, auf den stellte man eine extragroße Bohnendose als Kochtopf. Das war offiziell verboten, wurde aber toleriert. Wie so vieles im Gefängnis: Es gibt die offiziellen Regeln und dann gibt es die akzeptierten, aber verbotenen Dinge.

In Wien, wo es nichts Gescheites zu kaufen gab, konnte man sich pro Stockwerk eine Kochplatte ausborgen. In St. Pölten wiederum konnte ich mir eine Kochstelle via *Mediamarkt* kaufen, für 45 Euro. Dazu eine Billigsdorfer-Blechpfanne aus dem gefängniseigenen Supermarkt zu 40 Euro. Dieser Gefängnisshop wurde angeblich von einem Ex-Justizwachebeamten gegründet, es müssen laut Vertrag mit dem BMJ die Preise von »draußen« eingehalten werden. Tatsächlich konnte man immer das kaufen, was bei *Lidl* oder *Hofer* gerade in Aktion war. Die Preise waren zum Teil abenteuerlich: ein Häupl Eisbergsalat für 3,50 Euro, eine Gurke für zwei Euro, 500 Gramm Tomaten für fünf Euro. Oft war die Ware auch noch in einem fragwürdigen Zustand, aber man nimmt, was man bekommt.

Im Frühjahr wurde immerhin die hauseigene Gärtnerei aktiviert, eine der Innovationen in St. Pölten. Es wurde Bio-Gemüse angepflanzt, so hatte ich dann ab und an Zugang zu frischen Tomaten, Salat, Gurken, Peperoncini, Paprika.

Zurück zum Kochen: Nach circa einem Jahr hatte ich meine Küchenausrüstung auf zwei Kochplatten und zwei Pfannen aufgestockt. Wir erhielten nämlich vom Gefängnis welche, und die privaten durften wir zwar nicht behalten, aber man findet Wege an den Regeln vorbei. So baute ich mir quasi einen Unter- und Oberhitze-Ofen, indem ich Kochstellen und Pfannen stapelte. Mir gelang es damit, Pizza zu backen und auch eine Art Kebab zuzubereiten. Dafür nahm ich Kochfleisch und schnitt es mit einem an den Kachel-Kanten des WC mühsam geschliffenen Buttermesser sehr fein. Danach marinierte ich es über Nacht in Knoblauch, Paprikapulver und Pfeffer und briet es dann sehr scharf an. Dazu eine Sauce aus Joghurt und mithilfe von Salz glatt gestrichenem Knoblauch, einen ausgehöhlten halben Laib Weißbrot mit der Schnittfläche nach unten in die Pfanne und voilà: ein konkurrenzfähiger Döner. Man bot mir hohe Tauschsummen im Gegenzug, aber ich schaute immer nur, dass ich meine eigene Zelle versorgen konnte. Wenig sorgt für mehr Konfliktpotenzial, als wenn einem andere beim Essen zusehen, die selbst nichts haben. Eine halbwegs gute Zellenatmosphäre ist mehr wert als alles Essen. Das sah ich oft anhand anderer Zellen, wo Sessel zu Waffen wurden oder Schlimmeres passierte.

Zur Weihnachtsfeier meiner Gefängnisabteilung, kurz vor meiner Entlassung, buk ich vier Biskuittorten, was mich pro Torte einen ganzen Tag beschäftigte. Allein Schnee aus Eiklar mit einem behelfsmäßigen Schneebesen zu schlagen, ist zeit- und sehr energieaufwendig. Ich bestrich die so gewonnenen Tortenböden mit Marmelade oder dickem Milchgrieß. Danach glasierte ich das Ganze mit einer Art Sacher-Glasur. Man löse Kochschokolade in etwas Milch über einem heißen Wasserbad, danach verfeinert man mit etwas Orangensaft und Marillenkonfitüre und streicht das dann auf einer straff gespannten Alufolie so lange glatt, bis es den typischen Sacher-Glanz erhält. Pro Woche gab ich für Essen in Haft nicht unbeträchtliche Summen aus. Insofern: Gefängnis kann ganz schön teuer werden, wenn du dich halbwegs normal ernähren willst.

Was einem im Gefängnis am meisten fehlt, oder mir zumindest, war der Zugang zur Nachrichtenaußenwelt. Fernsehen gab es natürlich überall, aber Nachrichten sind nicht der populärste Kanal. »Berlin Tag & Nacht« zu meinem Leid schon.

Handys waren in so einer Situation natürlich so wertvoll wie Gold. In Berlin hatte ich sehr schnell eines. Dank der richtigen Zugänge. Ich wurde angequatscht, 500 Euro später hatte ich eines. Das war unter den Insassen selbst organisiert. Ein führendes Mitglied der Hells Angels hatte sich da ein funktionierendes Vertriebsnetz aufgebaut. Das lief auch sehr korrekt. Als ich vor meiner Auslieferung meines retournieren wollte, da ich ja keinen Nutzen mehr dafür hatte, sorgte der Mann dafür, dass einem draußen zwei Drittel des Geldes zurückgegeben wurden. Ich war doch recht überrascht.

Die Wachen versuchten die Geräte zwar regelmäßig zu orten, dafür gibt es in den Dienstzimmern eigene Geräte, aber man wusste das, schaltete es kurz ein, empfing Nachrichten, ging dann wieder in Flugmodus und so weiter. In Wien kostete ein Handy 1.200 Euro – gerüchteweise lief der Vertrieb auch über die Beamtenschaft, aber das konnte ich persönlich nie verifizieren.

In Deutschland bekam man tagesaktuelle Tageszeitungen direkt ins Haus geliefert, von den Verlagen. Als Spende der Verlage. Auf die Idee würde hierzulande wohl niemand kommen. In Wien konnte man sich Zeitungen kaufen. Die Beamten brachten manchmal *Heute*, *Österreich* und *Krone* mit und reichten sie den Häftlingen weiter. Ich kaufte mir immer den *Standard* – ich glaube, ich war der Einzige. Bücher durfte man sich nicht schicken lassen. Es gibt nur die Literatur der Gefängnisbibliothek, die ist mehr oder weniger gut bestückt. Ich musste mir mühsam erstreiten, das Ibiza-Buch von Strache und das Skandalrepublik-Buch von Peter Pilz zu beziehen. Weil es nach viel Hin und Her unter Prozessvorbereitung lief. Somit bin ich, glaube ich, einer der wohl nicht gerade vielzähligen Käufer des Werks von HC Strache. Die 24,90 war es dann eher nicht wert, aber immerhin erfuhr ich, dass ich möglicherweise von Jan Marsalek und Angela Merkel beauftragt worden war. Was für ein Holler (wie man in Österreich so schön zu »Unfug« sagt).

In St. Pölten war es mit der Informationsbeschaffung komplizierter, weil die Zeitungen extra besorgt werden mussten. Da musste ein Justizwachebeamter zur Trafik fahren. Ich bekam sie nach drei Monaten Diskussionen dann trotzdem. Besuch war eine willkommene Abwechslung, wenn auch nicht immer angenehm. Einmal kam unangekündigt eine Dame, die ernsthaft meinte, sie wisse von den Nuklearcodes und es wäre alles im Griff. Ich brach den Besuch nach fünf Minuten ab. Ich durfte auch Journalisten in Haft empfangen und Interviews geben, auch Filmteams kamen. Nicht zur großen Begeisterung der Anstalt, aber das Ministerium ist hier zuständig. Dann wurde immer eine Art »Propagandazelle« von den Hausarbeitern für die Medien auf Hochglanz gebracht. Die war deutlich größer und moderner als der Rest. Sie war auch nicht bewohnt, sondern diente nur als Wartezelle bei Gerichtsverhandlungen und Transporten. Die eigentlichen Zellen sahen deutlich anders aus.

Im Laufe der Zeit arrangiert man sich und findet seine informellen Wege und Deals. In St. Pölten, wo ich die meiste Zeit verbrachte, arbeitete ich in der Wäscherei, dabei ergaben sich Gespräche mit Wachbeamten, deren Uniformen wir reinigen und bügeln mussten, was immer von Vorteil war. »Wie schaut's aus, kann ich heute trainieren gehen?«, fragte ich regelmäßig. »Na, schauen wir mal«, hieß es meistens. Der Fitnessraum war in der Haftanstalt sehr begehrt, er war klein und die Warteliste lang. Ich wollte mich möglichst viel bewegen und mich fit halten und versuchte auch soweit möglich in den beengten Verhältnissen der Zelle zu trainieren. Dazu nutzte ich mit Wasser gefüllte PET-Flaschen, die ich mit sehr viel Tixo-Band zu einer Art Hantel verband. Bis zu sechs 1,5-Liter-Flaschen lassen sich so stabil verbinden. In der Pandemie und in Spanien hatte ich einige Kilos zugenommen, warum also die Zeit und meine Wut nicht in sinnvolle Bahnen lenken?

Das Gefängnis als sozialer Ort, die Menschen, die dort arbeiten, all das beschäftigt mich immer noch sehr.

Es gibt drei Arten von Beamten, die ich kennengelernt habe: Die ersten machen ihren Job, weil sie kleine Sadisten sind und einen Machtkomplex haben. Die zweiten erledigen ihren Job einfach, was psychisch belastend sein kann, da sie hauptsächlich mit gescheiterten Existenzen und Elend konfrontiert sind. Etwa 70 bis 80 Prozent der Inhaftierten sind ja keine schweren Verbrecher, sondern Menschen, die wegen Dummheiten oder psychologischen Erkrankungen straffällig wurden. Verkrachte Existenzen, die allzu oft auf die übermäßige Härte des Gesetzes treffen und sich vielleicht nicht einmal einen normalen Anwalt leisten können. Dieser Typ von Wachbeamtem blendet das aus und macht einfach seine Routine weiter. Die dritten leiden unter ihrer Arbeit, was sie emotional stark belastet. Viele von ihnen haben mit Alkoholsucht zu kämpfen und bräuchten eigentlich selbst Unterstützung.

Ein Rumäne zum Beispiel, der bei mir im Betrieb arbeitete, hatte beim Lieferanteneingang eines Supermarkts eine Box mit 50 Milka-Schokoladen mitgehen lassen. Weil er eine Vorstrafe im Ausland wegen etwas Ähnlichem hatte, vermeinte der Richter eine Gewerbsmäßigkeit zu erkennen und verdonnerte ihn zu 2,5 Jahren. Ob so ein Urteil der Tat angemessen ist, muss jeder für sich beurteilen, ich fand es überschießend.

Was mich schockierte, war, dass eigentlich jeder der Beamten, mit dem ich im Gefängnis gesprochen habe, das System und den Staat tief verachtet. Als die Gaspreise anstiegen, war die verbreitete Einstellung: »Lassen wir das Gas laufen, der Staat soll ruhig blechen.« Da gibt es eine tief sitzende Verachtung für das System, das sie repräsentieren sollen. In ihren Erzählungen scheint Gerechtigkeit in diesem System eine untergeordnete Rolle zu spielen, es gleicht eher einem Glücksspiel. »Es ist würfeln. Der Richter mag dein Gesicht, kriegst ein paar Jahre weniger. Ist halt so.« Solche Sätze habe ich oft gehört. Daraus sprechen ein starker Zynismus und Desillusionierung. Sie haben sich arrangiert, es gibt keine Empörung, sondern Gleichgültigkeit. Zu oft zu viel gesehen.

St. Pölten habe ich von der Belegschaft her eher rechtslastig empfunden. Es gibt diese Rambo-Mentalität, vor allem jüngere Beamte laden ihre Aggressionen teils im Dienst ab, hatte ich den Eindruck. Die Älteren sind gelassener. Frauen sind oft besonders hart und streng, weil sie sich durchsetzen müssen. Jedenfalls gab es in St. Pölten auch deutlich mehr Abmahnungen und Strafen als in Wien, dabei war das Gefängnis viel kleiner. Das ist relevant für vorzeitige Entlassungen.

Aber ich habe auch immer wieder sehr engagierte und tolle Menschen kennengelernt. Mein Stock-Chef in Wien, ein korrekter, militaristisch-strammer Typ, der gerne zur Polizei gegangen wäre, es aber nur bis in die Justizwache geschafft hat, sagte mir gleich zu Beginn. »Wenn du irgendwelche Probleme hast mit Beamten, sag es mir. Bau keinen Scheiß, ich will keinen Stress.« Das fand ich sehr ehrlich. Genau dieser Stock-Chef holte mich dann als ersten Hausarbeiter, eine Position, die sehr begehrt ist unter den Häftlingen. Für manche Beamte wiederum war ich ein Sonderfall, ich wurde ja in den Medien teilweise als Staatsfeind Nummer eins gehandelt, und so behandelten sie mich auch.

»Du weißt schon, dass ich FPÖ-Personalvertreter bin? Es ist komplett egal, alles gut«, sagte ein Wachbeamter in St. Pölten zu mir. Meine Version der Ibiza-Geschichte hat er mir nicht geglaubt. So wie er fragten mich viele Beamte, wenn wir unter vier Augen waren: Wie war der Strache wirklich auf Ibiza? Und du hast doch Geld dafür bekommen, oder? Und was ich auch oft hörte: »Wir sehen, dass du kein Drogendealer bist. Du sitzt hier nicht ein, weil du Drogen verkauft hast. Aber was hast du denn erwartet?« Das wurde von keinerlei Empörung oder sonstigen Regungen begleitet. Eher mit einem Schulterzucken, als ob es das Normalste der Welt wäre.

Noch etwas beschäftigte mich: In St. Pölten wurden fallweise auch Jugendliche zu uns in die Zellen gebracht, weil es kein Jugendgefängnis gibt. Dann steht plötzlich ein 14-Jähriger da, der ausschaut wie ein 12-Jähriger, der massive Angst hat, die er natürlich nicht zeigen will, und deshalb versucht, den härtesten Macker zu markieren. Ich erinnere mich an einen Jugendlichen, der wegen einer Schlägerei mit Diebstahl ins Gefängnis kam. Er kam raus, zwei Monate später war er wieder da, weil er eine Tankstelle überfallen hatte, für lächerliche 700 Euro. Diesmal hatte er vier Jahre gekriegt. Ich halte wenig davon, Jugendliche ins Gefängnis zu stecken oder gar die Strafmündigkeit runterzusetzen, wie es in Österreich unter ÖVP-Kanzlerschaft immer wieder diskutiert wurde. Wenn du solche Kinder zu normalen Insassen legst, kommen sie mit hoher Chance krimineller heraus, als sie reinkamen.

Aber noch mal zurück nach Berlin, ins Gefängnis Moabit. Von dort aus hatte ich nämlich zwei spektakuläre Ausflüge.

Der erste führte mich zurück zu meinem Promi-Zahnarzt. Als ich nämlich eingeliefert wurde, waren mir die vor meiner Verhaftung zur Anpassung der Kronen vorläufig gesetzten Prothesen teils herausgebrochen. Auf Druck einer Bundestagsabgeordneten des Auswärtigen Ausschusses wurde mir gestattet, meine Zahnrenovierung bei meinem Zahnarzt fortzusetzen, der Gefängnis-Arzt sah sich damit schlicht überfordert. Als ich noch auf freiem Fuß gewesen war, hatte mich der Assistent der luxuriösen Praxis immer mit den Worten »Folgen Sie mir bitte unauffällig« begrüßt. Und ich hatte zurückgescherzt: »Damit habe ich Erfahrung.«

Diesmal kam ich in Begleitung von drei Wachbeamten, in Handschellen und Fußketten in die ganz in Weiß gehaltene Praxis. Ich wurde über den Innenhof reingelassen, wegen Fluchtgefahr. Drei Stunden lag ich auf dem Behandlungsstuhl, die Fußketten mussten trotz Protest des Arztes verbleiben. Auf dem Weg zur Toilette wurde ich begleitet und musste die Tür offen lassen.

Das zweite Mal trat ich im dunklen Anzug aus der Zelle. Das geschah auch nicht alle Tage. Ich, der Häftling, in Österreich quasi Staatsfeind Nummer eins, hatte eine Einladung in den Deutschen Bundestag bekommen.

Im deutschen Wirecard-U-Ausschuss

Dass ich, während ich in Deutschland in U-Haft in Moabit, Berlin, saß, als Zeuge vor dem U-Ausschuss zu *Wirecard* im Deutschen Bundestag aussagen durfte, war für mich rückblickend unglaublich wichtig. Das war der »Point of no return«. Danach konnten die österreichischen Ermittler und ihre publizistischen Verbündeten ihre Erzählung vom dummen Drogendealer Hessenthaler nicht mehr so leicht aufrechterhalten. Jemanden, der dort gesprochen hat, kann man nicht einfach nur als Semi-Kriminellen abtun. Den muss man ernst nehmen, dessen Worte haben Gewicht, der hat etwas zu sagen.

Danach wurden sie deutlich vorsichtiger. Zum Glück hatte ich bei meiner Verhaftung den USB-Stick mit meinen *Wirecard*-Recherchen vorsorglich eingesteckt. Ich wurde im letzten Moment, ganz zum Schluss des U-Ausschusses, geladen. Meine Frist für die Auslieferungshaft war drei Monate, danach musste ich nach Österreich ausgeliefert werden. So sieht es die innereuropäische Rechtssprache vor. Die gerichtliche Ladung war ein paar Tage danach. Die Österreicher haben ein riesiges Theater gemacht, aber die Deutschen bestanden darauf, dass ich diese Aussage wahrnehme. Von Mitgliedern aller Bundestags-Fraktionen bis auf die AFD wurde ich im Gefängnis besucht. Mir kam zu Ohren, dass sich sogar das österreichische Innenministerium bei der deutschen Regierung darüber beschwerte, dass ich im Bundestag als Zeuge aussagen dürfe und deshalb nicht fristgerecht ausgeliefert werden würde. Man drohte damit, dass man dann die Kosten für die Auslieferung nicht übernehmen werde wie üblich. Im Bundestag war sogar ein Antrag geplant, dass meine Auslieferung gestoppt werden soll. Letztlich übernahm dann der Bundestag aus seinem Budget meine Überstellung nach Österreich, um meine Aussage zu ermöglichen, da sich die Österreicher weiter querstellten. Davor hatte ich sogar noch den Antrag auf Asyl in Deutschland gestellt wegen politischer Verfolgung, im Wissen, dass das mit ziemlicher Sicherheit nicht erfolgreich sein würde. Ich wollte mir aber nicht vorwerfen, nicht alles versucht zu haben.

Die Auslieferung nach Österreich, einen Tag nach meiner Aussage im U-Ausschuss, erfolgte dann auch ohne Stopp, dafür gab man mir eine Flasche zum Reinpinkeln. Die Ansage war klar, wir machen keine Pausen. In Schärding, auf der dortigen Polizeistation, gab es dann die Übergabe an die österreichischen Behörden. Ich kannte die Herren, die mich entgegennahmen, beim Namen, aus den Ermittlungsakten.

Einen von ihnen hatte ich im Oktober 2020 auch im Gerichtsaal gesehen, auf dem Bildschirm, als ich – via Zoom, zugeschaltet aus Berlin – meine Aussage als Zeuge im Wandl-Prozess zur Causa *Plasser & Theurer* machte.

Es war das erste Mal seit dem Ibiza-Video, dass ich zu einem fixen Zeitpunkt via fixer Kanal in Erscheinung treten würde. Bis dahin war ich der »Hintermann«, der gesucht wurde. Mir war klar, wer auch immer sich für mich interessieren würde, dies war die Gelegenheit, mich zu orten. Ich bat also einen Bekannten, mir ein technisches Set-up zu bauen, welches erstens mögliche Angriffe abwehren könnte als auch die Quelle dieser zurückverfolgen könnte. Nachher konnten wir feststellen, dass es über 700 Attacken auf die Verbindung gegeben hatte. Auch die Firma, von der die Attacken ausgingen, konnte eruiert werden. In Berlin hatten sie aber ausreichend Sicherheitsstufen eingebaut. »Diese Ösis können ja gar nichts«, scherzten sie damals.

Zurück nach Schärding, zur Übergabe an die österreichischen Behörden. Einen der beiden Beamten, die mich dort offiziell einvernahmen, kannte ich also schon aus dem Prozess. Sein Kollege tippte am Computer, während er begann, sich die Einsatzhandschuhe aus seinem Rucksack langsam überzustreifen. Einsatzhandschuhe, bei einer Einvernahme? Man kann erahnen, was er bezweckte, wenn man gerne Tatort und ähnliche Krimis schaut. Solches Imponiergehabe sieht in Filmen immer toll aus, in der Realität klappt es nicht immer so gut. Er zog sie also an, nachdem ich das ignorierte, zog er sie wieder aus. Dann wieder an – das Spiel wiederholte sich noch zwei Mal, dann ließ er es bleiben. Was immer er damit bezweckte, vielleicht war ihm auch nur langweilig, ich ließ mich nicht irritieren.

Im Vorfeld hatte der Bundestag von der österreichischen Justiz Sicherheitsgarantien für mich verlangt, die SPD hätte sogar fast die Auslieferung gestoppt. Damit war mir klar, dass die Soko-Leute mich wie ein rohes Ei behandeln würden. Sie waren dann auch so freundlich, mich in einen *Audi A6* zu setzen. Wir fuhren mit drei Wägen. »Ich lass Sie ohne Handschellen, Sie machen eh keinen Radau?«, versuchte es der eine Beamte auf freundlich. Wir schwiegen uns die ganze Fahrt über an. Ich kann das gut aushalten. Nur am Ende sagte ich: »Ich hatte keine Vorstellung davon, wie korrupt die Ermittlungsbehörden in Österreich sind.« Das kam nicht so gut an. Wir kamen dann im Polizeianhaltezentrum Roßauer Lände an. Ich kam mit einigem Gepäck an. So hatte ich drei Taschen dabei, großteils mit Lebensmitteln aus dem Gefängnisshop in Berlin gefüllt, unter anderem acht Liter Milch, als Vorsorge.

Es gibt so kleine Momente der Freude, selbst in solchen Situationen. Der Beamte, der mich erkennungsdienstlich fotografierte, war derselbe, der mich 2014 bei meiner ersten Verhaftung abgelichtet hatte. Er erinnerte sich natürlich an mich. Das Porträt, das er damals gemacht hatte, war in den Monaten, als ich verschwunden war, in einigen Boulevardblättern zu sehen gewesen.

Mein Prozess

16 Monate U-Haft in Berlin Moabit, Wien und St. Pölten später, am 30. März 2022, es war ein Mittwoch, wurde ich am Landesgericht St. Pölten zu drei Jahren und sechs Monaten Haft schuldig gesprochen. Wegen Täuschung? Des Missbrauchs von Aufnahmegeräten und der Urkundenfälschung? Der Verbreitung des Ibiza-Videos? Nein. Natürlich nicht, denn das sind alles Bagatelldelikte oder Handlungen, die gar nicht strafbar sind. Dafür hätte es höchstens eine bedingte Geldstrafe gegeben.

Nein. Ich – »Julian Hessenthaler, alias Julian Thaler, alias Alexander Surkov, wie es im Akt mit der Aktenzahl 17 Hv 75/21b heißt – wurde wegen Kokainhandels und wegen »Annahme, Weitergabe oder Besitzes falscher oder gefälschter besonders geschützter Urkunden und Urkundenfälschung« schuldig gesprochen.

Das betraf die schon erwähnte gefälschte slowenische Lenkberechtigung, die mir vor meinem Treffen mit dem ehemaligen Mitarbeiter Van der Bellens in Wien bei einer Verkehrskontrolle abgenommen worden war. Weiters hatte ich damals auch einen gefälschten slowenischen Personalausweis, der auf den Namen meiner rumänischen Bekannten lautete, besessen und übergeben. Ich wollte ihn für eine Recherche rund um Ibiza einsetzen, die uns nach Rumänien geführt hätte, aber daraus wurde dann nichts. Dass dieser Personalausweis damit nie im Rechtsverkehr zum Einsatz kam, was die eigentliche Strafbarkeit darstellt? Geschenkt. Auch dafür wurde ich verurteilt. Aber die lange Strafe bekam ich natürlich wegen Kokainhandels. Ich wurde von Richter Markus Pree schuldig gesprochen, 2017 und 2018 insgesamt 1,25 Kilo Kokain in Niederösterreich, Salzburg und Oberösterreich zu einem Grammpreis von 40 Euro an einen Bekannten übergeben zu haben.

Ich kämpfte natürlich gegen das alles an. Verschiedene Gerichte hatten meine Haftbeschwerden abgelehnt, weil sie mich weiter für »dringend tatverdächtig« hielten. Ich sei »mit hoher Wahrscheinlichkeit der Täter«, es gebe »hinreichende tatsächliche Anhaltspunkte« dafür, dass ich mehr als ein Kilogramm Kokain von bester Reinheit verkauft habe. Doch tatsächlich hatten Monate der Ermittlungen, Hausdurchsuchungen, DNA-Probenahmen, Telefonüberwachungen, Dutzende Zeugeneinvernahmen und sechs Verhandlungstage vor Gericht keine echten Beweise gegen mich gebracht. Keine Drogenfunde, keine Fingerabdrücke, keine Handyfotos, keine Kontobewegungen, keine Chatnachrichten, die mich als Dealer überführen würden.

Der Ibiza-Macher, ab sofort ein verurteilter Drogenhändler! Nicht nur für mich war das ein Justizskandal. Gleich nach dem Urteil meldeten sich zahlreiche Menschenrechtsexperten und NGOs zu Wort.

Nur ein paar Beispiele: Die Menschenrechts-NGO Amnesty International, der Edward-Snowden-Anwalt Wolfgang Kaleck und der ehemalige UN-Sonderberichterstatter über Folter, Manfred Nowak, hatten gewarnt, dass in meinem Fall etwas aus dem Ruder laufe. Die Polizei jage mich mit einer Intensität, »die an Repression gemahne«. *Epicenter.works* nannten mein Urteil ein »Urteil gegen die Meinungsfreiheit in Österreich«. Thomas Lohninger, Geschäftsführer von *Epicenter.works*, vermutete, dass es vor allem darum gegangen sei, »eine abschreckende Wirkung« auf zukünftige Aufdecker zu erzielen. »Die Optik des Verfahrens ist verheerend für die Unabhängigkeit der Justiz in Österreich und für das Vertrauen in den Rechtsstaat.«[31] Die Anti-Korruptions-Initiative *Saubere Hände* rief gemeinsam mit *reDonnerstag* und *Epicenter.works* zu einer Kundgebung für den Abend am Tag nach der Urteilsverkündung am Platz der Menschenrechte in Wien auf. »Zu befürchten ist, dass die Entscheidung des Gerichts negative Konsequenzen für Antikorruption und Transparenz in diesem Land hat: Wer Missstände aufdecken will, könnte ab jetzt fürchten, politisch und juristisch verfolgt zu werden – und daher schweigen«[32], sagte Ursula Bittner, Sprecherin von *Saubere Hände*.

Für den ganzen Prozess kann man eigentlich nur eine Beschreibung finden: kafkaesk. Und das sehe nicht nur ich so, dieser Eindruck entstand in den Augen vieler erfahrener Prozessberichterstatter, die über die Monate hinweg im Landesgericht St. Pölten das Geschehen verfolgten. »Recht oder Rache«, fragte die *w*[33] in einer Reportage über den Prozess. Florian Klenk, Chefredakteur des *Falters*, kommentierte: »Unkritischer Richter, unfaires Verfahren«.[34] Der Prozess sei ein Paradebeispiel dafür, wie schlampig Drogenprozesse abgehandelt werden. »Hessenthalers Verfahren hat gezeigt, dass die Justiz – und hier insbesondere der voreingenommen wirkende Richter Markus Pree – keine gesteigerte Lust hatte, bezahlte Zeugen, befangene Polizisten und verwaschene Anzeigen einem echten Stresstest zu unterziehen. Im Gegenteil: Das Verfahren wurde in die Länge gezogen, der Prozess schlecht gemanagt (eine Einvernahme in Serbien zog sich wochenlang hin) und die Verteidiger wie lästige Bittsteller abgekanzelt – anstatt sie als Verbündete bei der Wahrheitssuche zu sehen.« Solche Kommentare waren natürlich Balsam auf meiner Seele.

Staatsanwalt Bernd Schneider hatte bereits zu Beginn des Prozesses am 8. September 2021 beteuert, die Anklage »hat nichts mit einem Video zu tun, das 2017 auf Ibiza gedreht wurde«. Die Anklage sei auf einen Drogen-»Zufallsfund« in einem Staubsaugerbeutel im Keller der späteren Belastungszeugin zurückzuführen. Die Frau habe eine »Lebensbeichte« abgelegt und mich als einen ihrer Lieferanten genannt. Mich habe meine »Vergangenheit eingeholt«. Mich als »Opfer der Strafverfolgungsbehörden darzustellen« sei einfach nur ein »Ablenkungsmanöver«.[35]

Aber wie genau kam es zu diesem Prozess? Welche Rolle spielten die Belastungszeugen, die aus meiner beruflichen Vergangenheit mit dem Privatdetektiv Sascha Wandl stammten? Warum kam dabei auch wieder der *Novomatic*-Lobbyist Gert Schmidt ins Spiel?

Ich werde es auf den folgenden Seiten genau rekonstruieren. Aber kurz zusammengefasst, geschah Folgendes. Nach dem Ibiza-Skandal war die *Soko Ibiza* vor allem dafür abgestellt, die Hintermänner des Videos zu suchen. Dabei ging sie in den Augen der Wirtschafts- und Korruptionsstaatsanwaltschaft (WKStA) derart überschießend und unprofessionell vor, dass diese ihr den Ermittlungsauftrag letztlich entzog. Die Behörde habe eine »systematische Torpedierung des Ermittlungsverfahrens« betrieben, erklärte das die WKStA-Leiterin Ilse-Maria Vrabl-Sanda in einem Brief an die Behörde.[36] Dabei stieß die *Soko Ibiza* irgendwann einmal auch auf Slaven K., meinen ehemaligen Mitarbeiter, und dessen Freundin Katarina H. Beide sprachen dem Kokain zu und gerieten deshalb in den Fokus der Justiz.

Gleichzeitig recherchierte auch Gert Schmidt in meinem Umfeld, ja er gab den beiden ehemaligen Mitarbeitern von Privatdetektiv Sascha Wandl und mir, Slaven K. und Edis S. sogar 65.000 Euro, um belastendes Material über mich aufzutreiben. Slaven K. und dessen Freundin Katarina H. belasteten schließlich auch mich, indem sie mir unterstellten, 1,25 Kilo Koks verkauft zu haben.

Vor Gericht widersprachen sie sich, bezichtigten sich wechselseitig der Lüge. Es zeigte sich im Laufe des Verfahrens, dass Katarina H. – eine drogensüchtige Kleindealerin und Ex-Prostituierte – psychisch schwer labil ist und zehnmal ohne Dolmetsch befragt worden war, obwohl sie viele Fragen gar nicht verstanden hatte. Nichts davon überraschte mich sonderlich, ich hatte die gute Frau schließlich als Begleitung meines ehemaligen Mitarbeiters Slaven K. schon ein, zwei Mal zu Gesicht bekommen. Ich wunderte mich vielmehr, dass ihr Zustand einem Staatsanwalt wie Bernd Schneider nie aufgefallen sein will, nachdem er ja selbst bei ihrer Einvernahme anwesend gewesen war.

Übrig blieben am Ende also nur die Aussagen zweier sich widersprechender Belastungszeugen: Vor allem jene von Katarina H., die trotz ihres (laut Sachverständigem) »nicht beeinträchtigten« Erinnerungsvermögens in absurder Weise Übergabeorte, Mengen und anwesende Personen durcheinanderbrachte. Die in einer ihrer Einvernahmen den Soko-Beamten angeblich en détail die Veredelung von Kokain darlegte, um dann in ihrem eigenen Prozess in Salzburg auf Nachfrage, woher sie ihr Wissen dazu habe, antwortete: »Die Polizei hat es mir erklärt«, das ist im Protokoll ihrer Hauptverhandlung exakt so dokumentiert.

Der Richter störte sich freilich auch daran nicht. Ebenso wenig wie an ihrer Überstellungsfahrt von Salzburg nach Wien nach ihrer Verhaftung und vor ihrer ersten Aussage. Inklusive der mehreren Pausen, in denen die Soko nur protokollierte, es seien mehrere Pausen gemacht worden und diese für »informelle« Gespräche genützt worden. Der Inhalt dieser Gespräche bleibt weiter im Dunkeln, auch weil Richter Pree den Antrag meiner Verteidigung, die involvierten Soko-Mitglieder in den Zeugenstand zu holen, ablehnte.

Der Schöffensenat des Gerichts hätte diese Belastungszeugen und ihre Aussagen mit Vorsicht bewerten können – tat es aber nicht.

Weil sich der Prozess über Monate schleppte, musste ich sehr lange in U-Haft bleiben. Natürlich hatten wir – meine Anwälte und ich – einen Antrag auf Enthaftung aus der U-Haft gestellt. Der Richter lehnte ihn ab, mit folgender, aus meiner Sicht, durchaus kreativen Begründung: Es bestünde Flucht- und Wiederholungsgefahr, weil ich zum einen zuvor schon mit allen rechtlichen Mitteln meine Auslieferung zu bekämpfen versucht hatte. Er warf mir also vor, dass ich Rechtsmittel ergriffen habe, was wiederum ein Beleg sei, dass ich nicht hier sein wollte. Eine wahrlich überraschende Erkenntnis seitens des Vorsitzenden – und das war dann die Basis für die Fluchtgefahr. Sein zweites Argument: Ich könnte schließlich auch per Internet trotz Fußfessel Drogen handeln. Das stimmt, aber per Internet kann man alles Mögliche machen, wenn man eine Fußfessel hat. Das träfe dann ja auf alle zu, denen das gelindere Mittel – Fußfessel statt Haft – zugestanden wird. Man könnte fragen, wozu es dann überhaupt noch Haftprüfungen gibt, dieser Logik folgend. Nun ja.

Mir erschien Richter Pree wie ein Repräsentant der Judikatur des alten Schlags: streng und herrisch. Er vermittelte mir den Eindruck, dass es besser sei, lieber still zu sein und um Gnade zu betteln. Der Spruch, den ich im Gefängnis aufgeschnappt hatte: »Der Pree, das wird ein Kabarett«, war für mich nachvollziehbar.

Das Landesgericht St. Pölten ist überschaubar, es gibt nur eine Handvoll für Strafsachen zuständige Richter. Ein Staatsanwalt, der seinen Prozess hier einbringt, kann sich vielleicht sogar ausrechnen, welcher Richter den Fall laut Richterrad zugeteilt bekommt. Dass mein Prozess ausgerechnet in Niederösterreich landete, beruhte darauf, dass die erste angebliche Drogenübergabe in Haag stattgefunden haben soll. Somit galt die niederösterreichische Stadt als Tatort, wobei sich auch dieser Ort in den Aussagen der Belastungszeugen Katarina H. und Slaven K., wie so ziemlich alles andere, regelmäßig änderte. Es hätte auch Wels oder Salzburg sein können. Aber wenn man schon die Chance zum Cherrypicking hat, warum nicht St. Pölten wählen, wo der für den Fall zuständige Staatsanwalt seine Karriere begann?

Alleine schon meine Prozessvorbereitung war eine Farce. Mein Akt ist sehr umfangreich, er besteht aus 10.000 bis 20.000 Seiten an Papier, alleine der Ibiza-Komplex hat mehr als 20 Bände mit bis zu 5.000 Seiten pro Band. Ohne einen Laptop ist diese Fülle an Informationen nicht zu überblicken, geschweige denn zu bearbeiten. In Wien wurde mein Wunsch, einen Laptop zu bekommen, abgelehnt. Die Begründung: Es lohne sich nicht, ich werde ohnehin bald nach St. Pölten überstellt. Gut. Mein Akt kam geordnet in *Leitz-*

Ordnern. Die durfte ich aber nicht behalten, weil sie Metallteile enthalten, und das sei ein Sicherheitsrisiko. Also musste ich den Akt lose in einem Karton verwahren. Nach vier Wochen hatte ich natürlich ein Riesen-Chaos. Ohne Büroklammern, ohne Heftmaschine – in einer Zelle, 21 Quadratmeter, zu sechst? Prozessvorbereitung ist so unmöglich. Die Staatsanwaltschaft stellte dann in Aussicht, dass ich einen eigenen Raum zum Aktenstudium bekommen könnte. Im Gefängnis haben sie mich angeschaut, als würde ich mir einen Flug zum Mond wünschen.

Wie hörten sich also die Zeugenbefragungen konkret an? »Die Befragungen der Zeugen im Gericht in St. Pölten klingen manchmal wie dadaistische Texte«, beschrieb es die *Süddeutsche Zeitung*.[37] Beispielsweise am 13. Oktober 2021, als Richter Markus Pree die Belastungszeugin Katarina H. einvernahm. Sie hatte angegeben, dass ich sie mit einer Pistole bedroht habe:

Richter: »In welchem Jahr war der Vorfall mit der Waffe? War das vor diesen mutmaßlichen Übergaben des Suchtgiftes?«

Katarina H.: »Das kann ich nicht genau sagen. An dem Tag hat es geregnet.«

Weil sie ausgesagt hatte, dass ich sie körperlich niedergerungen habe, fragte der Richter: »Vor dem Vorfall mit der Waffe war das mit dem Schwitzkasten?«

Katarina H.: »Das war, als ich ihn massiert habe.«

Richter: »Ist Herr Hessenthaler gesessen oder gelegen?«

Katarina H.: »Er ist gesessen und wir haben geredet. Das ist schwierig zu erzählen.«

Richter: »Können Sie wirklich so viel Kraft über ihn bringen?«

Katarina H.: »Ich bin über ihm gelegen und ich habe das so gemacht.«

Richter: »Sie haben vorher gesagt, Sie haben ihn im Sitzen massiert!«

Katarina H.: »Ich habe ihn im Liegen massiert.«

Oder in der Mitschrift der Verhandlung vom 23. November 2021. Der Richter fragt zum wiederholten Mal nach der Menge Kokain, die bei einem Treffen übergeben wurde, denn:

Richter: »Sie haben bisher anders ausgesagt.«

Katarina H.: »Leider kann ich mich wirklich nicht detailliert erinnern.«

Richter: »Wieso haben Sie das bisher immer sagen können? Sie haben Angaben zur Menge gemacht, wobei natürlich aufgefallen ist, dass die Menge häufig unterschiedlich war. Warum sagen Sie heute nichts mehr dazu?«

Und wie schilderte Slaven K. die angebliche Drogenübergabe?

Slaven K.: »Die erste Übergabe war in der Eichstraße 45, wo ich in Salzburg ein Büro gehabt habe. Es war März oder April 2017.«

Richter: »Warum können Sie das so genau einordnen?«

Slaven K: »Weil ich genau weiß, Herr Hessenthaler hat einen schwarzen Mantel getragen, und ich erinnere mich daran, dass es Frühling war. Es war nicht Sommer, es war in der Übergangszeit, März oder eher April 2017.«

Richter: »Wie groß war die Menge?«

Slaven K.: »250 Gramm war die Menge. Das habe ich im Büro übernommen.«

Richter: »War bei dieser Übergabe Frau H. anwesend?«

Slaven K.: »Nein, sie war nicht anwesend. (...) Ich denke, dass ich später in die Wohnung zur Frau H. gefahren bin.«

Und Katarina H.? Sie widerspricht, sie will an jenem Tag mit im Büro gewesen sein.

Katarina H.: »Als Hessenthaler kam, saß ich mit K.

im Büro in der Eichstraße. Dann habe ich gesehen, dass Hessenthaler gekommen ist mit einer Tasche. Ich habe nicht gesehen, was alles drinnen ist, er ist gekommen, dann hat mich Slaven K. nach draußen geschickt, um einen Kaffee zu machen, und als ich zurückkam, habe ich auf dem Tisch diese Päckchen gesehen.«

Oder die angebliche zweite Kokainübergabe im Sommer 2018.

Katarina H.: »Wir fuhren nach Sattledt, (...) K. war Lenker und ich saß rechts neben ihm. Hessenthaler kam dann eben von meiner Seite zum Auto, ich ließ die Fensterscheibe nach unten, Hessenthaler sagte zu mir, ich soll hinten die Tür aufmachen, und er warf das dann hinein. (...) K. sagte dann zu Hessenthaler, dass er eben nicht so viel Geld hat, es waren zwei Teile, das eine waren 300 Gramm und das andere 200. 300 ließ Hessenthaler bei uns und 200 Gramm nahm er dann wieder mit.«

Slaven K. hingegen sagt, er habe die ganze Lieferung auf einmal übernommen.

Richter: »Ist das dort zur Gänze übergeben worden oder in Tranchen?«

Slaven K.: »Die 500 Gramm sind in einem übergeben worden.«

Der Richter fragt Katarina H. weiters:

Richter: »Bei wie vielen Übergaben von Kokain von Herrn Hessenthaler an Herrn K. waren Sie anwesend?«

Katarina H.: »Bei zwei.«

Richter: »Bei welchen zwei?«

Katarina H.: »In Haag und bei mir zu Hause.«

Richter: »Waren Sie in Sattledt nicht dabei?«

Katarina H.: »Ach ja, Entschuldigung, einmal in Sattledt und einmal bei mir.«

Richter: »Was ist jetzt mit Haag?«

Katarina H.: »Entschuldigung, da habe ich mich bei der Polizei vertan.«

Die Wiener Wochenzeitung *Falter* protokollierte das.[38] Auch noch folgende Szenen: Immer wieder tadelte der Richter Katarina H.: »Dass das nicht sehr glaubwürdig ist, verstehen Sie schon?«, oder: »Sie wissen immer wieder die gleichen und viele Details, zu denen Sie Auskunft geben, und dann bringen Sie ganz einfache Dinge durcheinander.« Katarina H. brach in Tränen aus. Die erste Befragung brach der Richter ab, weil sie einer Panikattacke nahe war. Am Ende belastet Katarina H. auch ihren Komplizen Slaven K. Sie nennt ihn einen »Lügner«, er habe der Polizei Falschinformationen verkauft, weil er »an jeder Situation verdienen« wollte. »Zwei Hauptbelastungszeugen, ein Albtraum«, fasste es die *Süddeutsche Zeitung* in vier Worten zusammen.

Bemerkenswert erscheint mir im Rückblick auch, dass Slaven K. seine Beschuldigungen gegen mich erst im Laufe der Zeit entwickelte. Zuerst sagte er wiederholt aus, ich hätte ihm keine Drogen geliefert. Erst nachdem sein eigener Prozess für ihn einen schlechten Ausgang genommen hatte, kam ihm die Idee, beim Staatsanwalt Schneider um Entlassung auf überwachten Hausarrest anzusuchen, sofern er seine Aussage über mich ändern würde. Sein Anwalt Timo Gerersdorfer, der ihn vertrat, wurde vom *Novomatic*-Lobbyisten Gert Schmidt bezahlt, er scheint Schmidts Haus-und-Hof-Anwalt zu sein.[39] Die Staatsanwaltschaft antwortete auf sein diesbezügliches Schreiben, sie würde keinerlei Zusagen treffen. Dann stimmte sie der frühzeitigen Entlassung zu, kurz nach seiner nun mich belastenden Aussage. Zu diesem Zeitpunkt war gegen Slaven K. ein Ermittlungsverfahren wegen versuchter Erpressung und schweren Betrugs anhängig, in dem er laut Oberlandesgericht Wien als »dringend tatverdächtig« galt. Alles nur Zufälle?

Immer wenn in meiner Geschichte Zufälle ins Spiel kommen, ist Gert Schmidt nicht weit. Auch er trat als Zeuge in meinem Prozess auf. Ein Zeuge, der andere Belastungszeugen für Recherchen bezahlt hat und auch die Anwaltskosten für einen Belastungszeugen übernommen hat: Das ist durchaus ungewöhnlich. Gegenüber der *Süddeutschen Zeitung* rechtfertigte er sein Vorgehen so: »Er habe ›alles‹ dafür getan, die ›Hintermänner‹ herauszufinden«, sagt Schmidt. Sobald der Name Julian Hessenthaler kursierte, kontaktierte er mögliche Mitwisser in der Halb- und Unterwelt und im Gefängnis, zahlte für Informationen und gab diese an die Ermittler weiter. All das erzählt Schmidt ausführlich und mit erkennbarer Begeisterung.[40] So sei er an Slaven K. geraten, der den ›eigentlichen Zugang zu Hessenthaler gehabt‹ habe.« Dass er dann Zeuge der Anklage wurde und auch den Anwalt des Belastungszeugen K. zahlte, sei »›üblich‹, dem dürfe man ›keine Bedeutung beimessen‹ (…) Auch sonst ließ sich Schmidt nicht lumpen: Er zahlte K. und einen weiteren Informanten für Recherchen: Die beiden Männer, die Material über Hessenthaler zusammentrugen, bekamen dafür insgesamt 55 000 Euro.«[41]

Diese Verquickungen versuchten meine Anwälte und ich natürlich vor Gericht zu thematisieren, aber Richter Pree fand die Zahlungen an die Belastungszeugen zwar durchaus fragwürdig, es sei meiner Verteidigung allerdings nicht gelungen, einen Zusammenhang zwischen den Zahlungen und den Belastungen zu belegen. Auch das Oberlandesgericht Wien stellt in einem Beschluss vom 22. Dezember 2021, in dem meine Entlassung aus der Untersuchungshaft verweigert wird, fest, die »Beschwerdekonstruktion« von meinen Anwälten, der Zeuge Professor Schmidt stehe hinter der Falschbelastung, überzeuge wenig. Ein Zusammenhang zum Ibiza-Video sei nicht gegeben.

Es ist schon ein recht spezielles Verständnis der Rechtsprechung, wenn der Staat einem Angeklagten quasi auferlegt, einen Gegenbeweis zu liefern. Wenn dann aber auch noch der Reihe nach Beweisanträge zu diesem Thema abgelehnt werden, findet man sich endgültig rechtsschutzlos. So ist der Inhalt von 678 Chats zwischen besagtem Gert Schmidt und Johann Gudenus weiterhin unbekannt, da sich sowohl der Staatsanwalt Schneider als auch Richter Pree weigerten, diese beizuziehen. Sie hätten nicht viel Arbeit gehabt, denn die Chats waren bereits von einer anderen Staatsanwaltschaft beschlagnahmt, aber nur nicht ausgewertet worden. Staatsanwalt Schneider versteifte sich schlicht auf die Position, es sei kein kausaler Zusammenhang zu meinem Verfahren erkennbar. Die Beweisführung habe im Hauptverfahren, also vor Gericht, stattzufinden. Inwieweit er das mit der StPO § 3 – dem Gebot der Objektivität und Wahrheitserforschung in der Strafprozessordnung – in Einklang brachte, weiß wohl nur er. In der besagten Hauptverhandlung lehnte der Richter die Beiziehung ab, da dies bereits zuvor im Ermittlungsverfahren hätte erledigt werden können.

In der Urteilsverkündung hieß es dann, es gebe »keinen Anhaltspunkt«, dass Zahlungen für eine Falschaussage geleistet wurden. Der zeitliche Zusammenhang zwischen Bezahlung und der ersten Belastung eineinhalb Jahre später passe nicht. Die Belastungszeugen haben nach Ansicht des Gerichts einen »glaubwürdigen Eindruck vermittelt, was die Anlastungen betrifft« und ihre Aussagen nicht abgesprochen. Die Aussagen der beiden zu drei Drogenübergaben »überschneiden sich trotz zahlreicher Widersprüche«[42], außerdem seien solche Widersprüche in Drogenprozessen ohnehin normal, weil irgendwie milieubedingt.

Besonders hart für mich war die Dauer meines Prozesses – ich hatte den Eindruck, er wurde verschleppt. Ob mutwillig oder aus Schlampigkeit, sei dahingestellt. Für mich hieß das jedenfalls: weiter U-Haft, unter besonders harten Bedingungen. Zwischen dem vierten und dem fünften Verhandlungstag vergingen fast drei Monate, das Oberlandesgericht in Wien wertete das als »Verstoß gegen das in Haftsachen geltende besondere Beschleunigungsgebot«. Und nicht einmal dann gelang es dem Richter, eine Zeugin, nämlich Slaven K.s bettlägerige Mutter, übers Internet einzuvernehmen. Denn Richter Markus Pree hatte den vermeintlich letzten Verhandlungstermin ausgerechnet auf den serbischen Staatsfeiertag, den 16. Februar 2022, gelegt. Somit kam das Urteil noch einen Monat später, eben am 30. März 2022.

Mein Anwalt Oliver Scherbaum legte eine Nichtigkeitsbeschwerde beim Obersten Gerichtshof (OGH) ein, sie blieb erfolglos. Damit bestätigte der OGH aber keineswegs ein strafbares Verhalten meinerseits. Die Abweisung war vielmehr Folge der österreichischen Strafprozessordnung, die erstinstanzliche Urteile eines Schöffengerichts de facto unbekämpfbar macht, weil das Rechtsmittelgericht die Beweiswürdigung des Erstgerichts nicht mehr überprüfen, geschweige denn umstoßen kann. Nächste Instanz ist der Europäische Gerichtshof für Menschenrechte, an den wir uns natürlich gewendet haben. Er wird das gesamte Ermittlungs- und Gerichtsverfahren daraufhin prüfen, ob es ein faires Verfahren im Sinne der Menschenrechtskonvention war. Wann es eine Entscheidung geben wird, weiß ich nicht. Meine Haft habe ich inzwischen abgesessen, so oder so. Aber eine Genugtuung wäre es natürlich, wenn zumindest ein Gericht die Fehler dieses Verfahrens anerkennt.

Rekonstruktion eines Komplotts

Aber zurück zum Prozess – und dem Ermittlungsverfahren. »Ich schäme mich als Teil des österreichischen Justizsystems, ein derartiges Verfahren erleben zu müssen«, hatte mein Salzburger Anwalt Wolfgang Auer im Prozess seine Verteidigung eröffnet. »Was in diesem Akt passiert ist, wie man die Ermittlungen ganz bewusst mit Falschinformationen befeuert hat, habe ich noch nie gesehen«, sagte sein Wiener Kollege Oliver Scherbaum. Aber was genau ist im Umfeld der *Soko Tape* und des Nachrichtenhändlers Gert Schmidt passiert? Manches habe ich schon kurz beschrieben, an dieser Stelle möchte ich es noch einmal im Detail und mit allen Hintergründen nacherzählen.

Wie ich schon beschrieben habe, waren die Ermittlungen von vornherein zweigleisig aufgesetzt. Der eigentlichen Frage, »Wie korrupt ist Österreich?«, ging die Wirtschafts- und Korruptionsstaatsanwaltschaft nach. Die Liste der bisher bekannt gewordenen Skandale ist lang, inzwischen ist vielen wohl gar nicht mehr bewusst, dass sie vielleicht nie aufgedeckt worden wären, hätte ich nicht im Juli 2017 meine Mini-Kameras in der *Airbnb*-Finca in San Rafael versteckt. Der Ibiza-Affäre folgten die *Casinos*-, die ÖBAG-, die Beinschab- und die Sideletter-Affäre. Drei Beamte der sogenannten *Soko Tape*, einer Einsatzgruppe des Innenministeriums, standen der WKStA zur Seite. Für die Frage, die die FPÖ und dann den ÖVP-Innenminister Karl Nehammer mehr interessierte, nämlich »Wer hat das Ibiza-Video gedreht? Steckte ein ausländischer Geheimdienst dahinter?«, stellte die *Soko Tape* großzügig 17 Beamte ab. Die Ibiza-Fallensteller waren für das türkise Innenministerium offenbar interessanter als mutmaßlich korrupte Politiker.

Damals gab es auch das Gerücht, dass der Verfassungsschutz die Hände bei der Produktion des Ibiza-Videos im Spiel gehabt haben soll. Dieses – falsche – Gerücht wurde in den Tagen nach Platzen des Skandals bewusst von einem hochrangigen Beamten des Verteidigungsministeriums namens Egisto Ott gestreut. Ott war damals kaum jemandem ein Begriff, inzwischen steht er im Zentrum einer Spionageaffäre. Gegen ihn wird wegen des Verdachts auf Spionagetätigkeit für einen fremden Dienst ermittelt, mutmaßlich soll er für Jan Marsalek und damit für russische Dienste gearbeitet haben (siehe Kapitel »Russland und wir«). Ott schrieb damals laut Informationen des *Profils* eine entsprechende Nachricht (»Laut I vom Griedling BVT Umfeld«, also: laut Information von Gridlings-BVT-Umfeld – Peter Gridling war damals Direktor des BVT) an den Generalsekretär des Außenministeriums Johannes Peterlik.[43] Die damalige Außenministerin hieß Karin Kneissl, war von der FPÖ nominiert worden und lebt inzwischen in Russland.

Als recht bald klar wurde, dass es in Sachen Ibiza wenig bis nichts unmittelbar strafrechtlich Relevantes zu holen gab, forcierten die Ermittler der *Soko Tape* erst recht die Suche nach den »Hintermännern« und begannen damit auch, immer mehr in meiner Vergangenheit und meinem Umfeld zu wühlen. Sie standen unter Erfolgsdruck, ihr Chef Andreas Holzer wollte Ergebnisse liefern – seinen politisch Vorgesetzten und den Boulevardmedien. Dankbar nahmen sie jeden Hinweis. So kam Gert Schmidt ins Spiel, Lobbyist, Nachrichtenhändler, mit besten Kontakten zur *Soko Tape*.

Im Sommer 2019 stieß die *Soko Tape* auf Slaven K. Zur Erinnerung: Er und Edis S. hatten ab 2011 für die niederösterreichische Privatdetektei *Die Gruppe Sicherheit GmbH* von Sascha Wandl gearbeitet. Wandl und ich kamen nicht gut miteinander aus, Wandl musste ja wie bereits beschrieben in Konkurs gehen, daraufhin wechselten er und seine beiden Mitarbeiter zu mir in die neu gegründete Münchner Firma. Wandl beschrieb unsere Rollenverteilung in seiner Einvernahme so: Ich sei der »Techniker«, »zuständig für Bild, Ton, Datenspeicherung, Übertragung«. Slaven K. hingegen sei, wie man in Wien sagt, ein »typischer Zund«, ein Polizeiinformant, »der auf beiden Seiten arbeitet«. Später sollte er ja auch behaupten, er erkenne in der Durchführung des Ibiza-Videos »seine Handschrift« und er habe mich darin ausgebildet. Bei allem Respekt, ich wage in Zweifel zu ziehen, ob Wandl irgendwen je ausgebildet hat oder dies auch nur könnte.

Wie beschrieben hatte ich Slaven K. kurz vor Veröffentlichung des Ibiza-Videos ein paar Mal getroffen, weil ich wollte, dass er als Mittelsmann zur Polizei agiert und sie zumindest von meiner Variante der Dinge in Kenntnis setzt. Ich hatte damals schon große Angst vor unfairer Strafverfolgung. Aber Slaven K. machte, was er immer machte. Er wollte, wie er es gewohnt war, sein Wissen zu Geld machen.

Am 6. Juni 2019, nach der Veröffentlichung, bot er deshalb Strache eine Langfassung des Ibiza-Videos, das er nicht einmal hatte, sondern das er mir versucht hatte abzuringen, zum Kauf an. Ohne mein Wissen und entgegen jeglichem Wunsch. Die Staatsanwaltschaft bekam das mit, weil es in den Medien berichtet wurde, wertete Slaven K.s Besuch bei Strache als mögliche versuchte Erpressung und ließ ab dem Moment K.s Telefone überwachen. Und so bekamen die Ermittler seine Drogengeschichten mit.

Bei einer Razzia gegen mehrere Ibiza-Verdächtige im November 2019 fanden die Ermittler bei seiner Affäre Katarina H. eine Kokainpresse und rund 140 Gramm Kokain, das in einem Handstaubsauger versteckt war. Außerdem stellten die Polizisten eine scharfe Schusswaffe, Crvena Zastava 99, Kaliber neun Millimeter, sicher, die offenbar Slaven K. gehörte. Die Anklage warf ihm deshalb nicht nur Drogenhandel, sondern auch den fahrlässigen Verstoß gegen das Waffengesetz vor.

In der Anklageschrift[44] behauptete die Staatsanwaltschaft, Slaven K. habe sich 2016 dazu entschieden, »durch den gewinnbringenden Verkauf von Kokain eine zusätzliche Einkommensquelle zu schaffen, durch die er den aufwendigen Lebensstil, insbesondere die Anschaffung zahlreicher Luxusartikel (hochwertige Markenkleidung, Schmuck, Uhren, Urlaube)« finanzieren konnte. Beim Verkauf des Kokains habe ihm Katarina H. geholfen, die das Kokain zu jeweils 40 bis 50 Euro pro Gramm weiterverkauft habe. Gekauft hätten sie es von mir, so Katarina H. nach ihrer Überstellung nach Wien durch die Soko. Gezahlt hätten sie dafür 40 Euro pro Gramm. Der Einwand meiner Anwälte, das deutsche Bundeskriminalamt würde für die genannten Zeiträume Großhandelspreise von 38 Euro pro Gramm bei Käufen von mehreren Kilos annehmen, tat man unkommentiert ab. Im Gefängnis lachten sich die Drogendealer schief, wenn ich mein Delikt erklärte.

Im September 2020 wurde Slaven K. zu drei Jahren Haft verurteilt. Mit seiner Freundin soll er 3,1 Kilogramm Kokain gekauft und teils weiterverkauft haben. Katarina H. verriet der Polizei in elf Einvernahmen ohne Dolmetscher in einer »Lebensbeichte« sofort den Namen eines ihrer angeblichen Großlieferanten: mich. Die anderen angeblichen Lieferanten, die es ihrer Darstellung nach geben musste, konnte sie auch noch bei meinem Prozess knapp ein Jahr später nicht benennen.

Mit den Drogenvorwürfen gegen mich konnte die Soko aber endlich – aus ihrer Sicht – eine Großfahndung starten. Die Polizei konnte nun Handys abhören, Passagierlisten abfragen, Server beschlagnahmen, observieren, verhaften. Den fehlenden Rest organisierte ihnen Gert Schmidt. Zumindest nach meiner Wahrnehmung.

Ich vermutete, dass Schmidt versuchte, Edis S. und vor allem Slaven K. zu einer Aussage gegen mich zu bewegen. Meine Ex-Sekretärin, die schon für Sascha Wandl und dann für mich gearbeitet hatte und alle handelnden Personen lange und gut kannte, hatte mir davon erzählt, als sie mich in Spanien besuchte. Wir überlegten daraufhin, unsererseits Slaven K. dazu zu bringen, eine eidesstattliche Erklärung abzufassen, in der er offenlegt, wie ihn Schmidt manipulierte, indem er ihm Geld für eine Aussage als Belastungszeuge versprach. Wir scheiterten aber, weil Slaven K. am Ende nicht kooperierte. Er ging immer dorthin, wo es Geld gab. Ich zeigte daraufhin den *Novomatic*-Lobbyisten Schmidt wegen Beweismittelfälschung an.

Im November gab es eine Hausdurchsuchung bei mir und eine weitere bei meiner Ex-Sekretärin. Mir wurde aus dem Umfeld von K. und S. vorher gesteckt, dass man versuchen könnte, Drogen bei mir zu platzieren. Eine Bekannte, die meine Blumen goss, hatte kurz zuvor entdeckt, dass mein Kellerabteil aufgebrochen worden war. Nur bei mir war eingebrochen worden, alle anderen Kellerabteile waren verschont geblieben. Die Hausdurchsuchung verlief aus Sicht der Polizei enttäuschend. In meiner Wohnung waren keine Datenträger zu finden, dafür drei Sicherheitskameras, die sie filmten, nachdem sie meine Eingangstür der Sicherheitsklasse 6 überwunden hatten. Ich hatte meine Wohnung ja schon vor meinem Abtauchen hochgerüstet. Sie wunderten sich über den Inhalt meiner Abstellkammer: Ich hatte Kabelbinder, Gesichtsmasken und Planen dort gelagert. Sachen, die man verwendet, wenn man ausmalt. Sie interpretierten es offenbar anders, jedenfalls ging der damalige interimistische Innenminister Wolfgang Peschorn in die Hauptabendnachrichten und orakelte dort von einer Lebensgefahr für seine Ermittler. Selten habe ich einen skurrileren Auftritt gesehen von einem Minister. Meine Ex-Sekretärin flog gleich nach der Hausdurchsuchung wie bereits lange vorab geplant ins Ausland. Sie kam erst im Februar 2020 zurück nach Wien zur Einvernahme, wo sie durchgehend angab, keine Wahrnehmungen zu haben. Sie war für die Ermittler keine große Hilfe, aber das war auch nicht ihre Absicht. Sie hatte mittlerweile den gleichen Eindruck bekommen wie ich: die *Soko Tape* ermittelte nicht fair.

»Professor« Schmidt beschreibt sich gerne als Journalist, aber auf mich wirkte er eher wie die rechte Hand der *Soko Tape*. Zumindest stellte er sich in seinen Artikeln als Privatermittler dar, der Seite an Seite mit den offiziellen Ermittlern agiert und ein absoluter Insider ist. Dabei versuchte er auch immer, mit mir direkt zu kommunizieren, und es schien mir, als wollte er mich einschüchtern. So als wäre er auf der Jagd nach mir.

Am 9. Dezember 2019 schrieb er auf seiner Plattform *EU-Infothek* kryptisch: »Sehr geehrter Herr ›Video-Meister-Spionierer‹, Julian Haller‹ vulgo ›Julian Thaler‹ vulgo … Es ist angerichtet! Die Wiener Staatsanwaltschaft und die Soko

›Tape‹ (*Soko Ibiza*) haben nach einer umfangreichen Strafanzeige der *EU-Infothek* mehrere Volltreffer gelandet. Mehr darüber zu gegebener Zeit.«[45]

Drei Tage später beschrieb er unverhohlen, wie er die »eher auf kleiner Flamme gehaltenen Ermittlungen« hatte hochfahren können, weil es ihm gelang, an Slaven K. anzudocken. Schmidt in seinem »Artikel« wörtlich: »Sehr aufwändig, im wahrsten Sinne des Wortes, gelang das ›Andocken‹ an einen seiner ehemaligen und bis vor kurzem ›aktuellen‹ persönlichen Freund und auch Geschäftspartner, ein seit einem Jahrzehnt erfolgreicher V-Mann des BKA, des BVT, des BMI. (...) Das RESULTAT der mehr als sechs Monate dauernden Intensiv-Recherche ist mehr als erschreckend.« Es handle sich bei den »Hintermännern« des Ibiza-Videos seiner Meinung nach nämlich um »eine kriminelle Organisation«.[46] Diese absurde These sollte Schmidt immer wieder vertreten. Er versuchte mich sogar in die Nähe eines Mordes zwischen konkurrierenden Drogenbanden, der ein Jahr zuvor stattgefunden hatte, zu rücken.

Gert Schmidt musste einen heißen Draht zur *Soko Tape* gehabt haben. Das wäre auch nicht weiter überraschend, denn primär beschäftigte er sich ja mit der Jagd nach illegalem Glücksspiel. Ganz im Sinne der *Novomatic* natürlich. Wenn man dann auch noch weiß, dass die *AG Glücksspiel* des Bundeskriminalamts personelle Überschneidungen mit der Leitung der *Soko Ibiza* hatte und Schmidt selbst angibt, seit Jahrzehnten seine eigenen »Ermittlungen« an das Bundeskriminalamt weiterzureichen, dann kann man wohl getrost davon ausgehen, man kannte sich bestens. Er berichtete als Erstes über die erste Welle an Hausdurchsuchungen: »mehrere Hausdurchsuchungen in Wien und einem anderen Bundesland. Sobald weitere Informationen vorliegen, wird *EU-Infothek* darüber berichten. Die Hausdurchsuchungen in Wien fanden bei Personen statt, welche teilweise dem engeren Kreis des sogenannten ›Detektivs‹ zuzurechnen sind.

Die Einvernahmen bei der *Soko Ibiza* im BKA bzw. bei der Staatsanwaltschaft sind im Laufen«[47], berichtete er am 19. November 2019. Er war auch der Erste, der am 28. Mai 2020 hinausposaunte, dass die Soko das ganze Video gefunden habe. Während weder die WKStA noch der U-Ausschuss es bereits hatten, konnte er es offenbar schon sichten, zumindest beschreibt er es stolz auf seiner Plattform *EU-Infothek*.[48]

Ich habe nie einen Hehl daraus gemacht, dass ich die Ermittlungen, den Prozess und meine Verurteilung als nicht gerecht empfunden habe. Dafür gab es mehrere Gründe. Die Polizei hatte Angst, blamiert zu werden. Sie fahndet über Monate nach einem Mann, den sie im Grunde bestens kannte und der zuvor mit ihr kooperiert hat, ja den sie sogar in einer anderen Causa – *Plasser & Theurer* – kurz zuvor noch einvernommen hat. Ich habe das natürlich verstärkt, in dem ich versuchte, abzutauchen und nicht kooperierte. Ich bin ihnen auf der Nase herumgetanzt. Ich bin ja laufend gereist. Der Chefermittler Holzer war sichtlich nervös, das BKA war sich nicht sicher, ob ich als »feindlich« anzusehen bin oder nicht. Diese Frage wurde mir über einen Mittelsmann öfters gestellt. Anfangs dachten sie ja auch noch, sie »spielen« gegen einen Nachrichtendienst. Es stand ja die Frage im Raum, ob Ibiza nicht eine Aktion eines fremden Dienstes gewesen sein kann. Dann gab es das Interesse, Ibiza zu einer Kriminalgeschichte zu machen, um die Aufmerksamkeit wegzulenken vom eigentlichen Thema: politischer Korruption und dem Verhältnis der FPÖ, aber nicht nur der FPÖ, sondern aller Parteien, zu Russland.

Und dazu kam die maximal aggressive Verteidigungsstrategie meines Anwalts und mir. Vielleicht liegt das auch am Kulturunterschied zwischen Deutschland und Österreich. In Deutschland ist eine konfrontative, sachliche, harte Linie der Verteidigung gegenüber den Behörden normal. In Österreich erwartet man sich mehr Demut. Die Staatsanwaltschaft war fürchterlich dünnhäutig in meinem Fall. Meinen Anwalt Eisenberg hat das sehr gewundert.

Ich habe meinem Anwalt Eisenberg von Anfang an gesagt: No limits. Verteidige mich so hart, wie du kannst. Wenn wir eine Chance dagegen haben wollen, wie die Ermittlungsbehörden agieren, dann nur, wenn wir sie provozieren, bis sie Fehler machen. Er ist ohnehin ein harter Kerl, aber er drehte für mich noch eine Stufe auf. Wir haben uns natürlich gewehrt, uns ans Justizministerium gewandt, bekamen keine Antwort. Gedreht hat sich alles erst, als der Prozess über die Bühne ging – ab da verstand auch der Großteil der Öffentlichkeit, dass es nicht in Ordnung ist, wie ich behandelt wurde.

Was waren die Stufen der Ermittlung? Zuerst signalisierten sie mir: Komm zu uns, sei nicht »deppert«, gib uns, was du hast. Dann kam: Rede wenigstens mit uns, kooperiere. Daraufhin: Wenn du nicht kooperiert, wirst schon sehen, was ist. Schließlich: Das wirst du büßen. Mein Umfeld ausgeforscht, meine Freunde, meine Ex-Freundinnen, mit denen ich schon seit Jahren keinen Kontakt mehr hatte, meine Mutter, kurzum: meine seelische, moralische Unterstützung und mein erweitertes Umfeld. Es wurden Geschichten über mich lanciert. Meine Vorgeschichte, meine Vorstrafe, meine angeblichen Serbien-Mafia-Kontakte. Sie wollten mich mürbe klopfen. Eine Drohkulisse aufbauen.

Es klingt absurd: aber während des eineinhalbjährigen Ermittlungsverfahrens wurden meine Anwälte nie von den Behörden kontaktiert. Sie wollten mich nicht vorladen, sie wollten mich mitsamt meinen Handys, Laptops, Geräten aufgreifen und alles sicherstellen. Sie wollten Beweismittel sicherstellen, überfallsartig. Sie hatten kein Interesse daran, dass ich mit meinen Anwälten bei ihnen vorspreche und dann nur zu Protokoll gebe: »Ich verweigere die Aussage.«

Aber warum das Ganze? Warum habe ich nicht kooperiert? Einfache Antwort: weil ich dem Bundeskriminalamt von vornherein misstraute, aufgrund meiner Erfahrungen vor Ibiza und danach, nach den ersten Erlebnissen mit der *Soko Tape*, mit jeder Woche mehr. Dann wollte ich Zeit herausholen, bis unser »Kronzeuge« Ribarich seine Geschichte erzählt hat. Wir dürfen nicht vergessen: Ibiza brachte Strache zum Rücktritt, aber als Parteichef erledigt hat ihn der Spesenskandal. Ich wollte immer den Spesenskandal in der Welt haben, das Video war ja mehr ein Beifang. Durch mein Abtauchen und Nicht-Erklären schuf ich Unsicherheit, und Unsicherheit schafft Bruchlinien. In der FPÖ, im Strache-Lager, innerhalb der Partei. Die Melange an Gerüchten brachte die FPÖ zum Gären. Hätte ich mich deklariert und alles aufgeklärt, hätte es Strache noch leichter gehabt, die Sache als Erpressung, als Verschwörung darzustellen, wie er es ja ohnehin versucht hat.

Ich gebe zu, dass ich dazu keine Meta-Strategie hatte, es geschah eher intuitiv, aber im Rückblick zeigte sich, dass es funktioniert hat. Meine große Sorge war natürlich, dass die FPÖ mit der ÖVP erneut in die Regierung geht nach den Neuwahlen im Herbst – das wäre für mich der Worst Case gewesen. Ich traute einem blauen Innenministerium am wenigsten.

Im Ibiza-Komplex wurde vom Oberlandesgericht Wien kein einziger Ermittlungsschritt der WKStA als unrechtmäßig geurteilt, der gleichzeitig ermittelnden Staatsanwaltschaft Wien, die für uns zuständig war, und der ihr zuarbeitenden *Soko Tape* konnten wir einige Rechtswidrigkeiten nachweisen.

Nehmen wir nur das Beispiel Niko Reith, ein Name, den ich schon öfters erwähnt habe. Er war einer der eifrigsten Ermittler, wohl ein erfahrener Kriminalist, aber in diesem Fall aus meiner Sicht dreifach befangen: Erstens war Niko Reith Strache-Sympathisant, am Tag nach der Veröffentlichung des Videos hatte er ihm eine SMS geschrieben: »Lieber HC, ich hoffe auf einen Rücktritt vom Rücktritt … die Politik braucht dich!«[49] Zweitens stand Niko Reith auf der ÖVP-Wahlliste seines Heimatorts. Gleichzeitig sollte er wegen Parteienfinanzierung ermitteln, Juristen sprechen in so einem Fall von einem »Anscheinsproblem«. Drittens hatte er in den 1990er-Jahren für den *Pokerkönig* Peter Zanoni gearbeitet. Und Zanoni war kurzzeitig Beschuldigter im *Casinos*-Verfahren, einem der Stränge der Ibiza-Affäre. Trotz alldem hatte *Soko Tape*-Chef Andreas Holzer Niko Reith arbeiten lassen, er sei sogar »einer der Besten« gewesen.

Und dazu kommt ein Privatermittler wie Gert Schmidt, der außerhalb des Polizeiapparats agiert. Im Mai 2023 wurde er zu neun Monaten Haft wegen versuchter Anstiftung zur falschen Beweisaussage verurteilt. Ich war im Straflandesgericht Wien als Zuschauer dabei. Das wollte ich mir nicht entgehen lassen. Schmidt hat berufen, das Urteil ist also noch nicht rechtskräftig. Schmidt soll versucht haben, den einstigen *Novomatic*-Geschäftspartner Peter Barthold (in den 1970er-Jahren übrigens Torhüter des *SK Rapid Wien*) zu einer falschen, *Novomatic*-freundlichen Aussage vor dem Ibiza-U-Ausschuss zu bringen.

Ebenfalls verurteilt wurde der Unternehmensberater und frühere *Casinos Austria*-Sicherheitschef V. Die beiden sollen Barthold vor dessen U-Ausschuss-Auftritt im September 2020 Hilfe beim Abwickeln seines Privatkonkurses und eine monatliche Finanzspritze von 6.000 Euro angeboten haben. Aus alldem wurde nichts. Barthold spielte nämlich nicht mit und legte im Prozess in seinen Aussagen die Vorgänge offen.[50] »Ich hätte Sachen aussagen sollen, die der *Novomatic* geholfen hätten.«

Der Tiefpunkt war die öffentliche Fahndung nach der Darstellerin der Oligarchennichte. Ein Jahr nach der Veröffentlichung des Ibiza-Videos waren im Zuge der internationalen Fahndung nach der Frau erstmals Fotos veröffentlicht worden – durch das Bundeskriminalamt über Anordnung der Staatsanwaltschaft Wien. Das Wiener Oberlandesgericht (OLG) hatte daraufhin in einem Beschluss festgehalten, dass die Fahndungsmaßnahme im Hinblick auf den vorliegenden Tatverdacht als »unverhältnismäßig« einzustufen ist. Die Justiz hat aber nie dafür gesorgt, dass die rechtswidrig veröffentlichten Fotos wieder aus dem Internet entfernt werden. Das kann im Endeffekt wohl nichts anderes heißen, als dass die Justiz sich bei diesem Rechtsbruch nicht verpflichtet gefühlt hat, den Rechtszustand wiederherzustellen – was in Deutschland denkunmöglich ist.

Im September 2023 fanden Fotos der Oligarchennichte erneut ihren Weg in die Medien. Ihr Foto und ihr Name wurden als Erstes von der Online-Plattform *EU-Infothek*, später auch von *Kurier* oder *Österreich* veröffentlicht. Es ist bis heute online abrufbar. »Das abgebrochene Ermittlungsverfahren wurde fortgesetzt und entsprechende Ermittlungen gegen eine Tatverdächtige eingeleitet«, hieß es seitens der Staatsanwaltschaft.[51]

Wie absurd ist das? Der Ibiza-Lockvogel wird der Urkundenfälschung, der heimlichen Tonaufnahme und der strafbaren Datenverarbeitung in Gewinn- oder Schädigungsabsicht verdächtigt. Zu diesem Zeitpunkt waren diesbezügliche Ermittlungen gegen Anwalt Mirfakhrai und mich bereits eingestellt worden, wie schon erwähnt. Das Verfahren gegen Mirfakhrai wegen Missbrauchs von Tonaufnahme- und Abhörgeräten wurde diversionell erledigt: Mirfakhrai zahlte 15.000 Euro Geldbuße und eine symbolische Entschädigung von 500 Euro an den ehemaligen FPÖ-Vizekanzler Heinz-Christian Strache.

Österreich hat ein Grundproblem: Jeder Jus-Student, jede Jus-Studentin lernt: Der Staatsanwalt ist Herr des Ermittlungsverfahrens. Aber in Wahrheit ist die Polizei Herrin der Ermittlungen. Justiz und Exekutive, die beiden Staatsgewalten, die aufeinander im Sinne von Checks and Balances aufpassen sollten, existieren so nicht. Mir kamen die Staatsanwälte in meinem Verfahren phasenweise mehr wie Fanboys der Soko vor, nicht wie ihre Auftraggeber. Vor allem dann, wenn das Bundeskriminalamt ins Spiel kam.

Das Bundeskriminalamt sollte eigentlich eine Art österreichisches FBI sein, also eine investigative innerösterreichische Ermittlungseinheit, eine Elitebehörde. Es führt Quellen international, ist Ansprechpartner für internationale Behördenkontakte, es kann auf Personal anderer Behörden zugreifen. Österreich hatte nie einen klassischen Inlandsgeheimdienst. Das Bundesamt für Verfassungsschutz und Terrorismusbekämpfung (BVT) war schon fast ein Witz. Es konnte seinem Auftrag nicht gerecht werden. Das BKA versuchte, das auszugleichen. Dadurch entstand ein eigener Corpsgeist. Es handelte wie ein Dienst, aber es war kein Dienst. Es fehlte die interne Kontrolle, das BKA agierte über seine Kompetenzen hinaus. Das war zumindest mein Eindruck.

Dazu kommt Psychologisches. Bundeskriminalamtsbeamte observieren jahrelang Kriminelle, die die teuersten Autos fahren, die schönsten Frauen haben, die größten Partys feiern. Anfangs freuen sie sich, wenn sie mal fünf oder zehn Kilo Koks aufgegriffen haben, aber bald kommt die Phase, in der sie realisieren, dass es am Ende wenig Unterschied macht. Sie werden die nächsten zehn Jahre da und dort Aufgriffe haben, aber die kriminellen Organisationen leben weiter. Der »War on Drugs« ist endlos. Du ballerst ein paar weg, es kommen hundert neue nach. Legalisierung ist die einzige Antwort, aber dann muss man mit den ganzen anderen sozialen Konsequenzen leben wollen. Das ist mit ein Grund, warum du in so vielen Teilen der österreichischen Halbwelt Verbindungen zu Beamten oder Ex-Beamten findest. Und warum immer wieder Ex-Polizisten als Akteure in den diversen dubiosen Netzwerken auftauchen – wie auch in der Causa *Wirecard*. In der Korruptions- und Spionageforschung sind solche Zusammenhänge wohlbekannt.

Österreich kennt keine interparlamentarischen Sonderermittler, aber so etwas wäre meiner Meinung nach bei Ibiza die bessere Lösung gewesen, um diese Causa auszuarbeiten. Hätte Österreich so etwas gehabt oder eine interne

Justizkommission einberufen, dann wäre der Ibiza-Skandal wohl schneller, besser und umfangreicher aufgearbeitet worden. Genau so eine Struktur fehlt Österreich. Deshalb setze ich mich heute gemeinsam mit Korruptionsexperten dafür ein, eine zentrale, seriöse Anlaufstelle für Whistleblower zu schaffen.

Ich wollte mit Ibiza nicht bloß belegen, dass jemand wie Strache korrupt sein könnte. Sondern dass es in Österreich möglich ist, einen Menschen wie ihn, der ohnehin schon im Verdacht stand, russische Interessen zu bedienen, zu kompromittieren. Und dass Teile des Sicherheitsapparats Teil des Problems sind. Wie wir inzwischen wissen.

Russland und wir

Das Ibiza-Video hat gezeigt, was für ein leichtes Opfer Strache für einen russischen Dienst hätte sein können. Russisches Geld, russischer Einfluss, russische Informations- und russische Ressourcenwege: Das war in vielen meiner Projekte ein Thema, lange bevor ich das Ibiza-Video plante. Ohne dass ich hier in Details gehen kann, aus Gründen des Quellenschutzes und der gezeichneten Verschwiegenheitserklärungen, war das ein Thema, dass mich auch mit der Darstellerin der Oligarchennichte verband. Auch deshalb konnte sie ihre Rolle so glaubwürdig anlegen.

Dass Russland Machtpolitik mit allen Mitteln global betreibt, dass Wladimir Putin gerne die Zeit vor das Jahr 1989 zurückspulen würde, wusste die interessierte Öffentlichkeit spätestens seit seinem Auftritt auf der Münchner Sicherheitskonferenz 2007. Damals prangerte er die Vorherrschaft der USA an (»Das monopolare Modell hat in dieser Welt keinen Bestand, weil es keinen moralischen und ethischen Bestand hat«, und in Anspielung auf den Irakkrieg: »Wir sind Zeuge einer ungezügelten Macht, die die grundlegenden Regeln des Völkerrechts verachtet.«[52]) und kritisierte die Ost-Erweiterung. Hier fühlt sich jemand bedroht, unfair behandelt, hier sinnt jemand nach Revanche.

Auch welche Rolle Österreich, seine Regierung und vor allem die Wiener Sicherheits- und Verteidigungsstrukturen in Moskaus Powerplay spielen, wissen wir inzwischen wesentlich besser. Österreich muss sich einmal mehr den Ruf gefallen lassen, ein Handlanger Putins zu sein. Es war und ist schlicht das schwächste Glied in der Kette der EU-Mitgliedsstaaten. Jahrelange Korrumpierung mittels russischer Gelder und Investments waren hierbei zentral.

Im Jahr 2024 wurde Österreich von einem Spionageskandal erschüttert – und wird es immer noch, während ich diese Zeilen schreibe –, der von allen Beobachtern als einer der größten in der Zweiten Republik eingeordnet wird. Die Hauptrolle spielt Jan Marsalek, jener Marsalek, mit dem ich mich schon während meiner Flucht in Spanien beschäftigte und der sich inzwischen als Spion im Auftrag Moskaus – und eventuell auch anderer Dienste, das weiß man noch nicht – entpuppte. In Österreich standen ihm dabei – so legen es die Ermittlungen der Polizei nahe – einige hochrangige Sicherheitsbeamte zur Seite, die eine Art Spionagezelle bildeten. Sie tragen die Namen Egisto Ott, Martin Weiss und Gustav Gustenau. Die Ermittlungen laufen noch. Es gilt für alle Genannten die Unschuldsvermutung.

Wie so oft rollt die Welle der Aufklärung von außen an und bricht über uns herein. Weil unsere Checks and Balances, unsere internen Sicherheitsinstanzen, versagen – weil sie zu schwach sind oder befangen. All das wüssten wir nämlich nicht, gäbe es nicht international vernetzte westliche Dienste. Konkret: Ohne die Hinweise von – in dem Fall – britischen Partnerdiensten wäre jene Spionagezelle, bestehend aus einigen Ex-Polizisten und Verfassungsschützern, die von Wien aus operierte und von Marsalek gesteuert wurde, nie aufgeflogen. 2024 liefert der britische MI6 Hinweise aus einer Untersuchung gegen einen Spionagering, der unter Marsaleks Anleitung in Großbritannien tätig war. Die Ausbeute aus 80.000 *Telegram*-Chats zwischen Marsalek und einem seiner Handlanger legte die Spur nach Wien. Die österreichischen Ermittlungen der *Soko Fama* schleppten sich währenddessen dahin.

Es ist nur ein Detail, aber eines, das mir natürlich auffällt: In der *Soko Fama* war nämlich derselbe Staatsanwalt Schneider federführend wie in der *Soko Ibiza*. Auch die Besetzung der *Soko Fama* hatte erstaunliche Überschneidungen zur *Soko Ibiza*. Somit mag es vielleicht auch nicht ganz so sehr verwundern, wenn man hört, dass die Auswertung des Telefons des damaligen Kabinettschefs des Innenministers, Michael Kloibmüller, unter der Ägide von Schneider lange keine Ergebnisse zeigte. Kloibmüller war damals Kabinettschef des Innenministers, sein Handy wurde gestohlen und fand, so vermuten die Ermittler, auch über Ott seinen Weg gen Jan Marsalek. Die Auswertung dauerte so lange, dass in mehreren relevanten Punkten die Verjährung eintrat. Was auch immer Schneider in seinen Tätigkeiten bewegte, es ist schwer, sein Vorgehen kritiklos untergehen zu lassen.

Der Spionageskandal

Aber der Reihe nach und von Anfang an. Spulen wir noch einmal zurück, ins Jahr 2018, in den Februar. Ich hatte das Ibiza-Video gedreht, die Nationalratswahlen waren geschlagen, die ÖVP unter Sebastian Kurz, ihrem schneidigen, jungen Kanzler, hatte mit der FPÖ eine Regierung gebildet. Vizekanzler war nun jener Strache, mit dem ich einen denkwürdigen Abend hatte verbringen dürfen. Als Innenminister hatte er seinen besten Strategen installiert, Herbert Kickl, der ihm später an der Parteispitze nachfolgen sollte. Auch das Außen- und das Verteidigungsministerium waren fest in FPÖ-Hand. Außenministerin war die parteifreie, aber FPÖ-nahe Außenpolitikexpertin Karin Kneissl geworden. Verteidigungsminister war Mario Kunasek. Dass die ÖVP ihrem kleineren Koalitionspartner FPÖ gleich die drei zentralen sicherheitspolitischen Ressorts in der Regierung überließ, hätte eigentlich misstrauisch machen müssen. Aber Kurz' Strahlkraft war zu diesem Zeitpunkt so stark, dass solche Fragen erst gar nicht gestellt wurden. Er galt als das »Wunderkind« der europäischen Konservativen, ein Superstar, Vorbild für alle anderen Parteien rechts der Mitte, vor allem in Deutschland.

Am 28. Februar 2018 kam es im Bundesverfassungsschutz und in Privatwohnungen von Verfassungsschützern zu einer »Razzia«. Die Umstände waren denkwürdig. Durchgeführt wurde sie von der Einsatzgruppe zur Bekämpfung der Straßenkriminalität (EGS), die normalerweise nicht für solche Aufgaben herangezogen wird. Ausgangspunkt war ein höchst dubioses, anonymes Konvolut, das ab April 2017 in Wien kursierte und zwischen Behörden, Medien und Politikern herumgereicht wurde. Darin fanden sich jede Menge Vorwürfe gegen Leute aus dem Polizeiapparat, es ging um ein angeblich kriminelles ÖVP-Netzwerk in Österreichs Sicherheitsapparat, das es sich im Innenministerium, im Verfassungsschutz und auch in den Landespolizeidirektionen bequem gemacht hätte. Amtsmissbrauch, Postenschacher, Lobbying, sexuelle Belästigung bis hin zu Sex-Partys: Das Papier ließ keine Wünsche übrig. Es hatte nur einen entscheidenden Fehler: Wer versuchte nachzurecherchieren, fand am Ende nichts Belastendes. Es war ein wildes Gemisch aus Halbwahrheiten, wer immer es verfasst hatte, wusste einiges über die handelnden Personen, aber die Vorwürfe blieben vage. Der österreichische Investigativ-Journalist Michael Nikbakhsh nannte es in einem Bericht des Magazins *Politico* deshalb »bullshit«.[53]

Die Wirtschafts- und Korruptionsstaatsanwaltschaft (WKStA) nahm das Papier dennoch ernst und beantragte eine Hausdurchsuchung – die bereits erwähnte Razzia, genehmigt wurde sie von einem Journalrichter ohne schriftliche Begründung. Innenminister Kickl machte indirekt auch mächtig Druck. Später wurde bekannt, dass seine rechte Hand im Ministerium, Peter Goldgruber, den Ermittlern dafür sogar selbst Belastungszeugen anbot. Im Nachhinein wurde diese Razzia dann auch für illegal erklärt. Der Verfassungsjurist Clemens Jabloner – in der Übergangsregierung nach Ibiza parteiloser Justizminister – bezeichnete diese denkwürdige Episode als Erster als das, was sie tatsächlich gewesen war: ein »Überfall«.[54]

Die Einsatzgruppe zur Bekämpfung der Straßenkriminalität durchsuchte das Extremismusreferat und die Abteilung für Spionageabwehr des Verfassungsschutzes – also jene Abteilungen, die die FPÖ unter Dauerbeobachtung hatten, zum einen wegen der Russland-Affinität der Partei, zum anderen wegen ihrer Kontakte zu Rechtsextremen und Identitären. Und jene Abteilung, die dafür sorgen soll, dass fremde Dienste in Österreich nicht spionieren.

Damals sorgte diese Durchsuchung in Österreichs sensibelster Sicherheits-Infrastruktur durchaus für Schlagzeilen, aber so richtig verstanden hat niemand, was das Ganze eigentlich bedeutet. Erst 2024, mit dem Wissen von heute, lässt sich die Razzia im Verfassungsschutz als das einordnen, was sie war: eine gezielte Attacke auf Österreichs etablierte Geheimdienste, gesteuert von Moskau, mit dem Ziel, sie auszuschalten und eine neue Geheimdienststruktur aufzubauen, unter FPÖ-Ägide und ebenfalls an der Leine Moskaus.

Das Ganze klingt wie ein fantastischer Spionagethriller? Leider nein. Der Stand der Ermittlungen ist, dass auch die BVT-Razzia (so wird der Vorfall inzwischen genannt) ein Werk jener österreichischen Spionagezelle war, die von Jan Marsalek geführt wurde. Jenem Marsalek, der als *Wirecard*-Manager Karriere gemacht, dann ein merkwürdiges Eigenleben entwickelt hatte und heute Teil des russischen Spionageapparats sein soll, zumindest ist das der Wissensstand der Ermittler. Ich bin ihm und seinem österreichischen Netzwerk bei meinen Recherchen im Sommer 2019 immer wieder begegnet. Damals beschäftigte ich mich mit seiner Idee, Flüchtlinge in Libyen zu instrumentalisieren. Von seinen anderen Aktivitäten wusste man damals noch nichts.

Korruptionsanfälligkeit als Systemproblem

Aber wer ist Marsalek, wer sind seine mutmaßlichen österreichischen Zuträger – und warum überrascht mich vieles im Rückblick nicht? Jan Marsalek, 1980 in Wien geboren, hoher *Wirecard*-Manager, aber ohne formale Ausbildung, war ein Abenteurer. Das machte ihn zum perfekten Kandidaten für russische Spionagedienste. Sie bauten für ihn eine Honeytrap in Form eines ehemaligen Ex-Models namens Natasha, die sich in ihn »verliebte« und mit der er sehr bald ein Luxusleben zwischen den üblichen Destinationen an der europäischen Riviera führte.[55] Sehr bald erkannte der russische Geheimdienst, wie wertvoll Marsaleks politische Kontakte in Österreich sein könnten.

Österreich war immer schon ein Hub für russische Spionageaktivitäten, nicht umsonst sind in Wien – Heimatstadt der Vereinten Nationen, der OPEC und anderer internationaler Organisationen – unverhältnismäßig viele russische Diplomaten und Botschaftsangehörige akkreditiert. Fast 260. Ein Drittel gilt als Spion. Als EU-Mitglied, aber neutral, bot es den idealen Ausgangspunkt, in alle Richtungen aktiv zu werden.

Marsaleks wichtigster Österreich-Kontakt wurde Martin Weiss, mit dem er ab 2015 regelmäßig in Kontakt war. Weiss war Chef der Abteilung »Informationsbeschaffung und Ermittlung« im BVT – und damit ein bestinformierter Mann. Gemeinsam mit einem ihm untergeordneten BVT-Beamten, Egisto Ott, begann das Duo, für Marsalek im Amt zu spionieren. Weiss war »Ansprechpartner und Auftraggeber«, Ott der ausführende Part. Allein zwischen 2018 und 2020 wurden in 25 Fällen personenbezogene Daten abgefragt und Überprüfungen für Marsalek durchgeführt. Das hat Weiss sogar zugegeben, als er 2021 von der österreichischen Polizei festgenommen wurde. Man verdächtigte ihn damals – zu Recht, wie sich dann herausstellen sollte –, Marsalek bei seiner Flucht nach Russland vom Flughafen Bad Vöslau geholfen zu haben. Aber meistens ging es dem Duo Weiss und Ott um russische Dissidenten, die in Österreich lebten. Ott recherchierte laut Medienberichten zu mehr als 380 Namen in polizeilichen Datenbanken. Unter den Betroffenen waren Kreml-kritische Exilanten. Möglicherweise ging es darum, Entführungen und Attentate vorzubereiten.

Auch mein Name und meine Adressen wurden offenbar von Ott abgegriffen. Er hatte wohl auch ein gewisses Interesse an den Vorgängen rund um Ibiza entwickelt. Er fragte mich und einige andere Involvierte oder angeblich Involvierte ab, die in einschlägiger Berichterstattung aufgetaucht waren. Ich nahm im Frühjahr 2024 das mir als Betroffenem zustehende Recht auf Aktensicht wahr und bekam den gesamten Ott-Akt, knapp 2.000 Seiten, davon zehn nicht geschwärzt und nicht besonders aufschlussreich, als PDF zugeschickt.

Was trieb Weiss und Ott an? In der Forschung werden vier mögliche Gründe genannt, wieso jemand zum Spion wird. Sie werden durch das Akronym MICE umschrieben (Money, Ideology, Coercion, Ego – Geld, Ideologie, Zwang, Geltungsbedürfnis). Es gibt gewisse Marker, die eine Person für Dienste interessant machen. Diese suchen nicht nach integren, zufriedenen Menschen. Gekränkter Stolz, Außenseiterrollen, ein seltsamer Lebenswandel, Affären, Kränkungen – wer aus einem dieser vielen Gründe angreifbar ist, wird angesteuert und kultiviert.

Ich habe in meinem Buch schon einiges über mein Misstrauen gegenüber Teilen der österreichischen Polizei erzählt, allen voran gegenüber dem Bundeskriminalamt. Ich habe über den großen Dienstfrust geschrieben, darüber, dass er Polizisten anfällig macht für Korruption. Hätte es noch zwei weitere Belege für meine Vorbehalte gebraucht: Die Herren Ott und Weiss wären es. Sie waren es auch, dank ihrer Biografie, die zu idealen Zuträgern für feindliche Dienste wurden. Beide stammen aus eher einfachen Verhältnissen, machten Karriere als Polizisten, stiegen zu Verfassungsschützern und international tätigen Sicherheitskräften auf. Beiden blieb der nächste große Karriereschritt verwehrt. Beide hatten sich einen aufwendigen Lebensstil zugelegt, der mehr Geld erforderte, als sie verdienten. Einer wechselte in die Privatwirtschaft, der andere beschloss, doppelgleisig zu fahren. Es war nur eine Frage der Zeit, bis sie von russischer Seite angeworben wurden. Ähnliche Karrieren mit nicht ganz so krassen Folgen habe ich in meiner Zeit, als ich viel Kontakt zum BKA hatte, immer wieder gesehen.

Ihr »Meisterstück« lieferten Ott und Weiss dann im April 2017, als sie die Razzia gegen den Verfassungsschutz aufbereiteten. Das ist zumindest der derzeitige Ermittlungsstand. Das Konvolut voller Diffamierungen, das ich schon beschrieben habe und das in Wien kursierte, soll nämlich maßgeblich von einem der beiden oder beiden mitverfasst worden sein. So erklären sich auch die vielen Interna, die sich in dem Konvolut fanden.

Zuvor hatte Marsalek schon erfolgreich eine weitere Plattform für seine Agenda infiltriert: die *Österreichisch-Russische Freundschaftsgesellschaft (ORFG)*. Im Juni 2000 gegründet, war sie Kontaktbörse für österreichische Politikerinnen und Politiker, hohe Beamte, Lobbyisten, Kammerfunktionäre, Rechtsanwälte, Steuerberater, Manager und Unternehmer. Der jeweilige russische Botschafter fungiert traditionell als »Ehrenpräsident« der *ORFG*.

Promotor der Gesellschaft war der Unternehmer Florian Stermann, ein Spross der Unternehmerfamilie Stermann-Schneider, die den Wiener Taschenhersteller *Schneiders* aufgebaut hat. Straches Vertrauter Johann Gudenus, bekanntermaßen russophil, war natürlich Mitglied in diesem Klub. Marsalek stieß laut Recherchen des Magazins *Profil* um 2014 herum zum Klub, er leistete sich den »Senator«-Status für 10.000 Euro pro Jahr. Von da an begann er Gudenus – via Stermann – mit manipulativen Informationen zu versorgen. Unter anderem warnte er ihn davor, dass die ÖVP unter Kurz seiner Partei schaden wolle und den Sicherheitsapparat unterwandert hätte und das BVT im Geheimen gegen die FPÖ arbeiten würde. Also genau jene Verdachtsmomente, die sich später auch im berühmten Konvolut wiederfanden.

Die Botschaft kam an. Peter Goldgruber, Kickls Generalsekretär und rechte Hand, nahm das Konvolut ernst. Als Belastungszeuge, den er den Ermittlern der WKStA anbot, trat – Überraschung! – ausgerechnet Martin Weiss auf. Unter den tausend Daten, die bei der Razzia beschlagnahmt wurden, war auch eine Festplatte mit Sicherungskopien des sogenannten *Neptune*-Netzwerkes.[56] Das ist ein streng geheimes Kommunikationssystem des *Berner Clubs*, einer Kooperation westlicher Geheimdienste. Von CIA bis BfV und MI5 verlassen sich alle Partner darauf, dass ihre sensiblen Mitteilungen sicher sind und von niemandem mitgelesen werden können. Der Großteil der *Neptune*-Nachrichten ist bilateral – Dienste wie CIA, MI5, DGSI und BfV übermitteln auf diesem Weg sensible Informationen an das BVT. Mit anderen Worten: Bei der Razzia wurden Topsecret-Informationen internationaler Partnerdienste beschlagnahmt. Als das in Geheimdienstkreisen die Runde machte, wurden die Österreicher von allen Informationen abgeschnitten. Das BVT war diskreditiert, Wien war isoliert. Und das war ziemlich genau das, was Marsalek wollte.

Als Nächstes versuchte er, seinen Einfluss auf die FPÖ, allen voran die blauen Sicherheitsministerien weiter auszubauen. Als eine Art Nachrichtendrehscheibe diente ihm dabei Stermann, der Infos fleißig an Gudenus weiterreichte. Das ist anhand von Chats und einem Einvernahmeprotokoll des früheren Generalsekretärs der *Österreich-Russischen Freundschaftsgesellschaft* belegt.[57] Dabei präsentierte Marsalek im Innenministerium auch einen verführerisch klingenden Plan zur Steuerung von internationalen Flüchtlingsströmen. »Weaponizing of Migration«, also Migrationsströme zum Destabilisieren eines Landes oder der Europäischen Union einzusetzen, ist eine der größten Gefahren. Russland hat hier weit vorausgeplant.

Weaponizing of Migration

Im Sommer 2018 traf sich Marsalek mit Kickls damaligem Büroleiter Reinhard Teufel und FPÖ-Klubobmann Johann Gudenus, um im Innenministerium seine Ideen zur Flüchtlingspolitik zu präsentieren. Mit dabei war neben diversen Beamten auch Stermann, damals noch Präsident der *Österreichisch-Russischen Freundschaftsgesellschaft (ORFG)*. Marsalek wollte Flüchtlinge in Ägypten »abfangen« und in Lagern internieren, intern *Projekt Pyramide* genannt.

Ähnliches hatte er auch schon für Libyen angedacht und dafür den Flüchtlingsexperten Kilian Kleinschmidt mit einer Machbarkeitsstudie beauftragt. Was war genau passiert? Kilian Kleinschmidt war im Juni 2017 von Marsalek in die Münchner *Käfer-Schänke* geladen worden. Er sollte für ihn eine Studie erstellen, wie Libyen wiederaufgebaut werden könnte. Beim zweiten Treffen, diesmal in Marsaleks Repräsentations-Villa in der Prinzregentenstraße, offenbarte Marsalek seine eigentliche Idee: ein militärisches »Konversionsprogramm«, das 15.000 bis 20.000 libysche Milizionäre ausbildet. Mit dieser Privatarmee wollte er die Südgrenze Libyens und damit auch die Migrationsströme kontrollieren.

Flüchtlingsrouten schließen: Das war im Jahr 2017 und danach in der Innenpolitik ein Dauerbrenner. Sebastian Kurz hatte mit der angeblichen Schließung der Balkanroute Wahlkampf gemacht. Beim *Projekt Pyramide* sollten Flüchtlinge in Ägypten abgefangen und in Lager interniert werden. Kickl hatte das *Projekt Pyramide* als ein Projekt von Marsalek und dem ehemaligen ÖVP-Vizekanzler Michael Spindelegger und dessen Organisation *International Centre for Migration Policy Development (ICMPD)* in Erinnerung.

Kleinschmidt fasste damals seine unangenehmen Erlebnisse mit Marsalek in einem Memorandum zusammen. Wie ich schon erzählt habe, bekam ich sein Libyen-Dossier im Sommer 2019 überreicht, um weiterzurecherchieren. Mich interessierten vor allem Marsaleks österreichische Zuträger. Dabei stieß ich bei meinen Nachforschungen damals schon auf Martin Weiss und einen weiteren Sicherheitsexperten namens Gustav Gustenau. Seines Zeichens Brigadier des Bundesheers und Mitglied im nationalen Sicherheitsrat. Er war aus dem wichtigen Job des Chefs der Sicherheitspolizei im Verteidigungsministerium auf den Zierposten eines Forschers in der Landesverteidigungsakademie gewechselt. Die *Financial Times (FT)* berichtet schon 2021, der Abgang sei die Folge von schweren Bedenken wegen Gustenaus Nähe zu Marsalek und Russland.[58] Nach Dokumenten, die die *FT* einsehen konnte, habe Gustenau öffentliche Gelder in Projekte gelenkt, mit denen Marsalek zu tun hatte. . Brigadier Gustenau gibt mittlerweile an, den Job auf eigenen Wunsch gewechselt zu haben.

All das wurde im November 2020 im *Wirecard*-U-Ausschuss des deutschen Bundestages aufgearbeitet, wo Kleinschmidt als Experte aussagte, so wie ich später auch. Damals ging es vor allem um den Finanzskandal des internationalen Zahlungsabwicklers. Dass es dabei Verbindungen zu Geheimdiensten gegeben haben soll, wurde der Öffentlichkeit erst nach und nach bekannt.

Marsalek verfolgte aber noch einen weiteren Plan: Er wollte Österreichs Geheimdienste in seinem Sinne neu gründen. Das ist zumindest der schwerwiegende Verdacht, dem die Ermittler mittlerweile nachgehen. Aber in welchem Ministerium? Marsalek versuchte es über das Außenministerium unter Karin Kneissl.

Kneissl (sie amtierte von Dezember 2017 bis Mai 2019) hatte ohnehin die besten Verbindungen nach Moskau. Sie lud Wladimir Putin zu ihrer Hochzeit in die Südsteiermark ein, die Bilder vom Walzer mit Putin gingen um die Welt. Kneissl soll übrigens mithilfe des ultranationalistischen russischen Politikers Leonid Slutsky angesteuert worden sein. Während eines »gemeinsamen Umtrunks zwischen Kneissl, Slutsky und dem damaligen türkischen Außenminister Mevlüt Çavuşoğlu sollte eine gute Freundschaft aufgebaut worden sein«, heißt es in einem dem *Falter* zugespielten Dossier aus russischen Diplomatenkreisen. Es heißt dort weiters: »Nach ihrem Ausscheiden [aus der österreichischen Regierung] sei Kneissl dann von Slutskys »*Friedensfonds*« angeheuert und später auch finanziell versorgt worden. Heute posiert Kneissl mit Slutsky und ihren Hunden und Pferden auf dessen *Telegram*-Kanal.« Sie inszeniert sich als politisch Verfolgte des Westens und wurde im Jahr 2023 samt Pferden mit einer russischen Militärmaschine aus dem Libanon nach Sankt Petersburg geflogen. Kneissl verbreitet heute auf ihren Social-Media-Kanälen Putins Propaganda. In einem BBC-Interview nennt sie ihn einen intelligenten »Gentleman« und verbreitet via *Telegram* Fake-News-Berichte über das Sexualleben von Alexej Nawalnys Ehefrau.[59]

Wir schreiben inzwischen Herbst 2018, die ÖVP-FPÖ-Regierung sitzt noch fest im Sattel. Im Außenministerium unter Kneissl laufen die Vorbereitungen für eine fünf Referate umfassende »neue Sicherheitsabteilung«. Maßgeblich vorangetrieben wurde die Planung von keinem geringeren als Egisto Ott, dem mutmaßlichen russischen Spitzel. Er wolle im neuen Kneissl-Geheimdienst die »Koordinierungsstelle« leiten, schrieb er in einer internen Nachricht. Als Leiter war Kneissls damaliger Generalsekretär Johannes Peterlik vorgesehen. Das zeigen Recherchen des öffentlich-rechtlichen deutschen *Südwestrundfunks* aus dem Jahr 2022.[60]

Peterlik soll auch bei der Übermittlung der Formel für das Nervengift Nowitschok an Marsalek beteiligt gewesen sein. Die Formel dafür war auf Otts Handy gefunden worden. Der *Falter* dazu: »Die *Organisation für das Verbot chemischer Waffen (OPCW)* untersuchte 2018 den russischen Giftanschlag auf den ehemaligen Doppelagenten Sergej Skripal im britischen Salisbury. Die *OPCW* übersandte den österreichischen Behörden geheime Dokumente zu dem Fall, die unter anderem die chemische Nowitschok-Formel und weitere Details enthielten. In seiner damaligen Position als Generalsekretär des Außenministeriums soll Peterlik diese Dokumente angefordert und im Oktober 2018 dem ehemaligen österreichischen Geheimdienstbeamten Egisto Ott gezeigt haben.«[61] Im Zuge der Untersuchungen des *Wirecard*-Skandals war von der *Financial Times* enthüllt worden, dass Marsalek im Herbst 2018 in London vor Brokern mit geheimen *OPCW*-Dokumenten geprahlt hatte.[62] Peterlik soll Ott auch um ermittlungstechnische Abfragen ersucht haben sowie darum, ihm einen Waffenpass zu besorgen. All diese Vorwürfe sind seit geraumer Zeit bekannt, die Ermittlungen gegen Peterlik wurden unterdessen eingestellt, seine Suspendierung ist aber noch aufrecht. Peterlik bestreitet alle Vorwürfe.

So war also die Lage, nicht einmal ein Jahr nachdem die FPÖ in die Regierung gekommen war: der Verfassungsschutz zerschlagen, ein neuer Geheimdienst im Außenministerium im Aufbau, all das wurde offenbar akkordiert und dirigiert vom mutmaßlichen Spion Jan Marsalek, der hochrangige Sicherheitsbeamte im österreichischen Apparat als Helfershelfer hatte. Und dann? Dann kam Ibiza.

Die gesamte Dimension dieser Spionage-Affäre zeichnet sich erst ab. Es geht nicht nur um den mutmaßlichen Verrat von Staatsgeheimnissen, sondern auch um eine strategisch angelegte Desinformations- und Beeinflussungskampagne. Sie zielte darauf ab, den Verfassungsschutz zu schwächen und pro-russische Kräfte in Entscheidungspositionen zu heben. Die Spionageabwehr versagte praktisch völlig, was auch mit den unzureichenden Ressourcen, möglicherweise auch mit mangelndem politischen Willen erklärbar ist. Die Aufklärung ist schleppend – und voller Pannen.

So konnte nicht nur Marsalek 2020 aus Österreich fliehen, sondern auch sein Helfer Martin Weiss – und das, obwohl seit 2019 die *Soko Fama* darauf angesetzt war, die Hintergründe der BVT-Razzia aufzuklären.

Die organisierte Flucht von Marsalek nach Russland belegt jedenfalls, wie gut die Operation vorbereitet worden war. Am 19. Juni 2020 flog ein kleiner Privatjet einer Innsbrucker Charterfirma vom Flughafen Vöslau-Kottingbrunn in Richtung Minsk, die Kosten für den Flug in Höhe von 7.920 Euro bezahlte Marsalek in bar. Organisiert wurde der Flug vom früheren FPÖ-Nationalratsabgeordneten Thomas Schellenbacher. Selbiger Schellenbacher, der auch schon in der Geldtaschen-Causa, die Teil des Materials des Strache-Bodyguards Ribarich war, eine Rolle gespielt haben soll. Fun Fact am Rande: Thomas Schellenbacher, der in einer anderen Causa verurteilt wurde, teilte sich für kurze Zeit sogar dieselbe Haftanstalt mit mir.

Aber selbst nach Marsaleks Flucht konnten Marsalek, Weiss und Ott noch aktiv werden.

Ott und Weiss recherchierten für Marsalek auch die Wohnadresse des bulgarischen Investigativ-Journalisten Christo Grozev, damals Mitarbeiter der Rechercheplattform *Bellingcat*. Im Dezember 2020 schickte Weiss an Ott in einer verschlüsselten Mail folgende Anweisung: »Könnten wir in Ö mal eine Abfrage zu einem Hr. Christo Grozev machen?«[63] Grozev war in den vergangenen Jahren mit seinen Recherchen zu russischen Geheimdiensten zu einem der bekanntesten Investigativ-Journalisten geworden. Gemeinsam mit seinem Team hatte Grozev bei der Rechercheplattform *Bellingcat* russische Agenten identifiziert, etwa rund um die Attentate auf den Überläufer

Sergej Skripal in Großbritannien und auf den mittlerweile verstorbenen Dissidenten Alexej Nawalny. Zu sehen ist Grozevs Arbeit dazu im Oscar-prämierten Dokumentarfilm »Nawalny«.

Grozev hatte Glück, die russischen Geheimdienstler fanden ihn Anfang 2023 nicht vor, als sie aus London anreisten und in seine Wohnung einbrachen. Kurz darauf verließ Grozev Wien. Ein fremder Sicherheitsdienst, nicht der österreichische, hatte ihn gewarnt, dass er und seine Familie hier nicht mehr sicher seien. Bedenklich, wenn das neutrale Österreich politisch Verfolgten, Dissidenten und Gefährdeten keinen Schutz mehr garantieren kann.

Im Jänner 2021 verhaftete die Polizei Weiss, setzte ihn aber wieder auf freien Fuß, weil er zusicherte, für weitere Vernehmungen zur Verfügung zu stehen. Mithilfe Marsaleks setzte er sich kurz darauf nach Dubai ab. Mit den Vereinigten Arabischen Emiraten gibt es kein Auslieferungsübereinkommen. Auch sein Ex-Kollege Ott wurde 2021 festgenommen und dann wieder freigelassen. Er dürfte danach weiter Daten abgefragt und an Weiss und Marsalek geliefert haben. Zu Ostern 2024, nachdem der britische Geheimdienst die Österreicher mit neuen, schweren Verdachtsmomenten gegen Ott versorgt hatte, wurde er erneut festgenommen, wurde aber bereits im Juni wieder aus der U-Haft entlassen. Eigentlich laufen die Aufarbeitungen erst jetzt richtig an und die Puzzlestücke werden zusammengesetzt.

Eine Geschichte mit Geschichte

Über Österreich als Dreh- und Angelpunkt russischer Interessenpolitik könnte man ein eigenes Buch schreiben. Wie immer, wenn man zu einem Thema dieser Tragweite recherchiert, stellt sich die Frage: wo anfangen, vor allem aber: wo wieder aufhören? Zufriedenstellend abschließen lassen wird sich dieses Kapitel erst mit einigen Jahren Abstand, wenn weitere Quellen offengelegt sind. Aus den vielen Informationen der letzten Jahre möchte ich deshalb nur ein paar, mir besonders wichtige Aspekte erwähnen.

Nicht nur die FPÖ, auch die anderen österreichischen Großparteien waren von Putins Handlangern unterwandert oder kompromittiert. Der Kurz-Financier und Geschäftspartner Alexander Schütz – ein Freund von *Wirecard*-CEO Markus Braun – beherbergt laut *Standard*-Berichten heute noch in Hietzing den ukrainischen Oligarchen Dmytro Firtasch.[64] Putin-Kennerin Catherine Belton (*Washington Post*) nennt ihn einen »Verbindungsmann« Russlands zur ukrainischen Mafia. Ex-ÖVP-Vizekanzler Michael Spindelegger arbeitete nach seinem Ausscheiden aus der Regierung für Firtasch. Der ukrainische Milliardär wurde im März 2014 in Wien aufgrund eines US-Haftbefehls wegen des Verdachts auf Bestechung und Mitgliedschaft in einer kriminellen Vereinigung verhaftet, kam aber dank einer hinterlegten Rekordkaution von 125 Millionen Euro auf freien Fuß.[65] Aber er darf Österreich nicht verlassen. Die Auslieferung an die USA, die er vehement bekämpft, ist noch nicht entschieden. Firtasch wird immer wieder mit dem mutmaßlichen »Paten« der russischen Mafia, Semion Mogilevich, in Verbindung gesetzt. Er gilt als »Brainy« Boss, als einer, der komplexe Projekte über viele Jahre Laufzeit aufsetzt.

Und sonst? Ex-ÖVP-Finanzminister Hans Jörg Schelling bekam ein Beratermandat bei der *Gazprom*, nachdem in seiner Amtszeit die *OMV* einen hochproblematischen Gasliefervertrag eingegangen war. Ex-ÖVP-Chef Sebastian Kurz setzte sich massiv für den Putin-Intimus Siegfried Wolf ein, damit dessen Geschäftspartner Oleg Deripaska von der Sanktionsliste kommt.

Bemerkenswert ist auch die Dichte an ehemaligen Vertrauten eines anderen ÖVP-Innenministers, Ernst Strasser, im Umfeld des russischen Spionagenetzwerkes und anderer sicherheitspolitischer Aktivitäten. Auf beiden Seiten: in den Behörden, die ermitteln und kontrollieren sollen, und in den Unternehmen, gegen die ermittelt wird. Wo beginnt da die Befangenheit? Da wäre zum Beispiel Florian Stermann, bis 2020 Generalsekretär der *Österreichisch-Russischen Freundschaftsgesellschaft (ORFG)*. Im *ORFG*-Präsidium finden sich neben Stermann noch Strasser, sein Kabinettschef Christoph Ulmer (auch er später ein Geschäftspartner von *Wirecard*) und Hermann Feiner, ein hoher Beamter des Innenressorts. Gerhard Karner, seit 2019 Innenminister, begann seine Karriere genauso im Kabinett Strasser wie Andreas Holzer, Chef des Bundeskriminalamtes.[66]

Der Spionagefall rund um Marsalek wird gerne als »größter« der Zweiten Republik bezeichnet.[67] Er gehört gewiss zu den größeren, aber ein Blick zurück in die Geschichte zeigt, dass er nicht so einzigartig ist, wie man es in der Atemlosigkeit der Nachrichtenberichterstattung gerne wiedergibt. Österreich lebt leider sein eigenes Klischee immer wieder aufs Neue. Dass hochrangige Sicherheitsbeamte über Jahre hinweg Zielpersonen ausspioniert und Informationen an den russischen Geheimdienst verkauft haben, gab es schon öfter. Dass eine kleine Gruppe von Insidern ausreicht, um die heimische Spionageabwehr zu sprengen, auch. Neben der Wiener Melange stehen manche von Österreichs Beamten wohl auch dem MICE-Faktor recht nahe (Money, Ideology, Coercion, Ego – Geld, Ideologie, Zwang, Geltungsbedürfnis).

Der österreichische Historiker Thomas Riegler hat die Spionagegeschichte Österreichs in seinem Buch »Österreichs geheime Dienste« aufgearbeitet. Als Ahnvater österreichischer Spione gilt Alfred Redl.[68] 1864 in Lemberg geboren, ein Kind der Monarchie, ging Redl zum Militär und stieg rasch auf. Er liebte das schöne Leben und hielt sich heimliche Liebhaber, dazu Pferde und zwei Automobile. Das verdiente er sich, in dem er sich Russland als Spion antrug und später auch Staatsgeheimnisse an Frankreich und Italien verscherbelte.

In den 1960er-Jahren ermittelte die österreichische Staatspolizei gegen einen Verräter in den eigenen Reihen. Es handelte sich um Alfred P., einen wichtigen Mitarbeiter von Staatspolizeichef Maximilian Pammer. Codename des gefährlichen Maulwurfs: »Mr. Seven«. Alfred P. hatte viele Jahre für die tschechoslowakische Staatssicherheit spioniert. Man verdächtigte ihn sogar, einen ungarischen Überläufer vergiftet zu haben. P. bekam allerdings mit, dass er knapp vor der Enttarnung stand. Man fand eine typisch »österreichische Lösung«, auch dieses Muster wiederholt sich: P. wurde versetzt und bekam die Dossiers Gemeindeangelegenheiten und Familienpolitik zugeteilt. Als Spion war er damit wertlos. Der Hofrat verstarb 2016.

Spektakulärer ist dann schon die Causa Gustav Hochenbichler. Auch er war, wie Redl oder P., hochrangiger Beamter im Sicherheitsapparat, 1982 wurde er der zweite Mann in der Wiener Staatspolizei, zuständig für Objektsicherung, den Schutz von Staatsbesuchern und Kontakte mit Diplomaten. Eitelkeit war auch ihm nicht fremd. Hochenbichler, der Wert auf sein Aussehen und seine Kleidung legte, wurde auch der »schöne Gustav« genannt. Er spionierte für die DDR bis zu ihrem Zusammenbruch unzählige Geheiminformationen aus. Ende der 1980er-Jahre geriet Hochenbichler durch einen ausländischen Tipp in Verdacht, ein Verräter zu sein. 1991 sollte er Chef der Wiener Staatspolizei werden. Die Beförderung wurde diskret verhindert, aber die Aufarbeitung seines Falles schleppte sich dahin: Erst 1994 wurden Hausdurchsuchungen durchgeführt und Vorerhebungen eingeleitet. Bevor Anklage erhoben werden konnte, starb Hochenbichler an Krebs.

All das wissen wir heute nur dank des »Mitrochin-Archivs«, benannt nach Wassili Mitrochin, einem Archivar des KGB. Mitrochin übergab dem britischen Geheimdienst

1992 seine Aufzeichnungen: Über Jahrzehnte hatte er KGB-Protokolle handschriftlich kopiert und dann in den Westen geschmuggelt. In den 1990er-Jahren kamen auf diese Weise viele Dokumente an die Öffentlichkeit, in denen sich auch zahlreiche Hinweise auf Österreich befanden. Vor allem im Polizeiapparat dürfte es demnach dem KGB gelungen sein, Spione und Informanten zu platzieren.

In den 2000er-Jahren stieg mit der Präsidentschaft Wladimir Putins die Zahl der Spionagefälle mit Russland-Bezug an. Am 11. Juni 2007 wurde der Agent des Militärgeheimdienstes GRU, Wladimir Woschschow, auf dem Salzburger Hauptbahnhof festgenommen. Er hatte unter anderem über einen Vizeleutnant des Bundesheeres versucht, an Blaupausen eines Kampfhubschraubers von *Eurocopter* heranzukommen. 2018 wurde ein pensionierter Bundesheeroffizier als Spion enttarnt. Er war seit 1992 als Quelle für den GRU tätig gewesen und soll auch NATO-Geheimnisse verraten haben. Immer wieder werden russische Diplomaten aus Österreich ausgewiesen, sobald sie der Spionage verdächtigt werden. Im Gegenzug schickt Moskau dann österreichische Diplomaten zurück nach Wien – so wollen es die diplomatischen Gepflogenheiten. Bis heute hat Österreich eine schwache Gesetzeslage, maximal fünf Jahre Haft stehen auf Spionage, wenn sie sich gegen Österreich richtet. Spionage gegen Staaten wäre nicht strafbar. Das macht Österreich natürlich attraktiv für Geheimdienste.

Russland und die Rechtspopulisten

Aber den besten Zugang hat Moskau ohnehin über die FPÖ. Die Belege sind zahlreich, und ständig kommen neue dazu, sodass man sich fragt, wieso das von der österreichischen Öffentlichkeit einfach so hingenommen wird.

Die enge Freundschaft zwischen der FPÖ und Wladimir Putins Umfeld besiegelte Ex-FPÖ-Chef Heinz-Christian Strache 2016 bekanntlich mit einem »Freundschaftsvertrag«. Auf Ibiza erzählte er von einem engen Berater Putins, Maxim Schewtschenko, der schon 2005 an ihn herangetreten sei, kurz nachdem Strache Obmann geworden war. Wörtlich sagte Strache: »Also ich war oft in Moskau, na sdorowje, ich hab 2005 eigentlich den damaligen persönlichen Berater vom Putin kennengelernt, den Maxim Schewtschenko, der ist zu mir gekommen und wollt' einen Termin mit mir, das war 2005, da war ich kurz Obmann. Und hab dann einen strategischen Plan aufbereitet, wie wir strategisch zusammenarbeiten.« Drei Jahre später, 2008, empfing Strache Schewtschenko in Wien und warb mit ihm bei einer Pressekonferenz um Verständnis für Putin. Russland war gerade in Georgien einmarschiert. Strache stellte es so dar: Die Invasion habe wegen demokratischer Defizite in dem Kaukasus-Land stattgefunden. Europa solle näher an Russland rücken.[69]

Als Brückenkopf dient der FPÖ Serbien, zu dessen Politikern die Parteispitze immer ein besonders enges Verhältnis pflegte. »Serbien ist für Russland wie ein kleiner Bruder«, begründete der frühere FPÖ-Politiker Johann Gudenus den ab 2008 einsetzenden regen Besuchskontakt zwischen FPÖ und dem offiziellen Russland. »Parallel dazu umgarnte Strache serbische Neo-Österreicher, die orthodoxe Christen sind«, schreibt die FPÖ-Expertin Nina Horaczek vom *Falter*.[70]

Höhepunkt dieser Beziehung war die Reise nach Moskau im Jahr 2016, wo die FPÖ den schon erwähnten »Freundschaftsvertrag« mit der Putin-Partei abschloss. Als bevorzugter Ansprechpartner für die Russen galt neben dem oberösterreichischen FPÖ-Parteichef Manfred Haimbuchner, dem stellvertretenden Landeshauptmann von Oberösterreich, auch Detlef Wimmer, der damalige Vizebürgermeister von Linz. In einem dem *Falter* zugespielten Papier aus russischen Geheimdienstkreisen heißt es: »Da die russischen politischen Entscheidungsträger auf Personen setzen, die einen Militärbezug haben (historisch gesehen sind sie davon überzeugt, dass man Militärs vertrauen kann), hat man die Agenden an den damaligen Vizebürgermeister der Stadt Linz, Detlef Wimmer, weitergeleitet.« Wimmer passt perfekt ins Schema: Er war Offiziersanwärter, das Abwehramt – der interne Sicherheitsdienst des Bundesheeres – warf ihm aber 2012 vor, aufgrund seiner »teilweise engen und aufrechten persönlichen Kontakte zu Personen verfassungsfeindlicher bzw. bedenklicher Organisationen« eine »Gefahr für die militärische Sicherheit«[71] darzustellen.

Und die FPÖ liefert bis heute: Sie engagiert sich »konsequent für die Aufhebung der Russland-Sanktionen, erst verhängt als Reaktion auf die völkerrechtswidrige Annexion der Krim 2014 und dann aufgrund Russlands militärischen Überfalls auf die Ukraine im Februar 2022«, schreibt *Falter*-Expertin Horaczek. Während Strache mit Kurz im Herbst 2017 in den Regierungsverhandlungen saß, reiste Wimmer – gemeinsam mit dem FPÖ-Abgeordneten Hans-Jörg Jenewein – auf die von den Russen völkerrechtswidrig annektierte ukrainische Halbinsel Krim. Natürlich nur als »Privatmann«. Im Liwadija-Palast bei Jalta gründete sich der Verein *Freunde der Krim*, der die Annexion der ukrainischen Halbinsel durch Putins Söldner begrüßt. Der von Moskau eingesetzte Premierminister der Krim, Sergej Aksjonow, bedankte sich damals für das »Engagement der Freiheitlichen« für Russlands Intentionen, denn »das beschleunigt die Anerkennung der Krim als Teil der Russischen Föderation«.[72]

Auch der freiheitliche Nationalrat Axel Kassegger lobbyierte für die Interessen Putins. Kassegger brachte im Nationalrat immer wieder Anträge ein, die Sanktionen gegen Russland aufzuheben. Auf der Krim traf er nicht nur mit Putins Statthalter Aksjonow zusammen, sondern auch mit Oleg Belawenzew, dem ehemaligen »generalbevollmächtigten Vertreter« Putins auf der Halbinsel. Aksjonow und Belawenzew unterlagen damals bereits EU-Sanktionen. Recherchen des *Profils*, die sich auf geleakte russische Mails stützen, deuten an, dass an Kassegger dafür auch Geld geflossen sein könnte. So soll der außenpolitische Sprecher der FPÖ, Johannes Hübner, für Anträge im Nationalrat Geld erhalten haben, die Rede ist von 20.000 Euro. Alle Blauen bestreiten das, beweisen ließ es sich nicht. Wie sehr sich der EU-Delegationsleiter der FPÖ, Harald Vilimsky, für russische Interessen ins Zeug legt, ist hingegen anhand seiner Anträge eindeutig nachzulesen, wie der *Falter* im Jahr 2024 in einer Covergeschichte dokumentierte.[73]

In Chats ist nachzulesen, dass Strache später als Vizekanzler versuchte, russische Beamte in die Verwaltungsakademie einzuschleusen. Auch zu Jan Marsalek soll die Spur führen: Als Strache 2016 mit Johann Gudenus, Harald Vilimsky und Norbert Hofer ein Selfie vor dem Kreml schießt, soll auch Marsalek in der Stadt gewesen sein.

Auch FPÖ-Innenminister Herbert Kickl stand damals laut Recherchen des *Falters* im Visier der Russen. Der russische Botschafter in Wien wollte Kickl mit hochrangigen Spionen bekannt machen, darunter der offizielle Vertreter des Inlandsgeheimdienstes FSB, Vitaly Muragin, sowie zwei Diplomaten in Uniform, die in Wahrheit Geheimdienstler waren. Einer davon trug den Titel »Erster Botschaftsrat«, sei in Wahrheit aber General des Auslandsnachrichtendienstes SVR und somit »der mächtigste russische Geheimdienstoffizier und Leiter der Spionageresidenz in Österreich« gewesen. Zuvor sei der Mann als Stellvertreter des SVR-Direktors in Moskau tätig gewesen. Auch ein zweiter »Botschaftsrat« sollte Kickl vorgestellt werden. Dieser sei zuvor in Moskau als hochrangiger Vertreter des Geheimdienstes GRU tätig gewesen. Kickls Sprecher dementiert, dass es zu einer Begegnung kam. Aber die Episode zeigt: Kickl wurde natürlich angesteuert. Im Oktober 2018 handelte Kickl mit seinem russischen Amtskollegen in Moskau einen »möglichst unkomplizierten Datenaustausch und einen unkomplizierten Einsatz von Polizeikräften im jeweils anderen Land« sowie die »Zusammenstellung von Ermittlungsteams in grenzüberschreitenden Fällen« aus. Teil des Abkommens: »die Gewährleistung einer sicheren Kommunikation jenseits der Diplomatenpost«. Offiziell lief dieses Projekt unter »Katastrophenschutz«, aber es fällt in eine Zeit, als Putin bereits Teile der Ukraine besetzte. Aus Kickls Sicht sei das einfach nur »Teil der österreichischen Sicherheitsstrategie« gewesen.[74]

Desinformation

Wien ist kein Sonderfall, rechtspopulistische Parteien in fast allen EU-Ländern loben seit Jahren auffällig laut Wladimir Putin und verlangen das Ende der EU-Sanktionen – von der FPÖ über die italienische Lega bis zur deutschen AfD. Marine Le Pens Rassemblement National (früher Front National) kassierte 2014 neun Millionen Euro von einer russischen Bank.

Aus Sicht Moskaus ist die Kooperation mit den extremen Rechten nur logisch: So lässt sich Europa von innen heraus am leichtesten destabilisieren. Ihre Rolle als »nützliche Idioten des Kreml« stört sie dabei nicht, sagte die Journalistin Anastasija Kirilenko, Expertin für russische Kriminalität in der EU, einmal den *Salzburger Nachrichten*. »Aber sie selbst wollen um jeden Preis an die Macht.«[75] Daher sei ihnen im Zweifelsfall russisches Geld wichtiger als die eigenen Ideale. Sie bekommen mediale Schützenhilfe von russischen Auslandsmedien wie dem TV-Sender *Russia Today* oder der Agentur *Sputnik*, außerdem von Hunderten Portalen, Bloggern und Bots im Internet. Hauptsache, Unfrieden stiften.

Die Digitalschutz-Plattform *SafeGuard Cyber* hat vor der EU-Wahl 2018 nicht weniger als 6.700 böswillige Akteure identifiziert, die im Netz 241 Millionen Nutzer mit meist antieuropäischen Inhalten belieferten. Sie nutzten dabei mehr als 500.000 Konten in sozialen Netzwerken, die laut *SafeGuard Cyber* russischen Trollen und Bots gehören.

Für Experten ist Desinformation im »Informationsraum« nur eine Flanke im »hybriden Krieg«, einer Kriegsform, die nicht am Land, zu Wasser oder in der Luft geschlagen wird, sondern im digitalen Raum. Die andere, heftige, sind gezielte Cyber-Attacken auf staatliche Einrichtungen und damit auf »digitalem Hoheitsgebiet«. Der hybride Krieg ist die Vorstufe zum konventionellen Krieg.

Propaganda in den sozialen Medien – damit muss man wohl leben, auch wenn es immer wieder die Forderung gibt, russische Plattformen zu verbieten. Mächte haben immer schon versucht, die Bevölkerung mit ihrer Propaganda zu beeinflussen. Eine starke, aufgeklärte Gesellschaft sollte das aushalten. Aber wir haben es laufen lassen und zu lange zugesehen. Rechtsextreme und andere Demokratiefeinde konnten viel zu lange *TikTok* als »Volksempfänger« ihrer Zeit nutzen, wie es der Grünen-Bundestagsabgeordnete Konstantin von Notz einmal so treffend formuliert hat. Der Digital Services Act der EU sieht scharfe Kontrolle durch unabhängige Aufsichtsstrukturen vor, die auch deutliche Sanktionen aussprechen können.

Cyber-Attacken haben eine andere Qualität. Sie sind als Angriffe auf dem Staatsgebiet eines anderen Landes zu werten. Es geht um Sichtbarkeit – und Autorenschaft. Wie bei der Ermordung eines Deserteurs in Spanien. Oder die Angriffe auf Dissidenten mit dem Nervengift Nowitschok. Das Bewusstsein dafür, dass wir mitten in einem hybriden Krieg leben, dass Russland und China massive Spionage betreiben, ist aber noch gering. Wir befinden uns im Mittelpunkt russischer Einflussoperationen, weder Regierung noch Bevölkerung erkennen die Tragweite.

Der finnische OSINT (Open Source Intelligence)-Experte Pekka Kallioniemi brachte es in einem Vortrag sehr gut auf den Punkt. Er hat das Buch »The Ultimate Guide of

Russian Desinformation« geschrieben. Russische Desinformation und Propaganda in den sozialen Medien sind sein Spezialgebiet. Die Informationsoperationen Moskaus sind lang geplant, sie ziehen sich über 25 Jahre und zielen strategisch darauf ab, unsere Gesellschaft zu polarisieren und zu zersetzen. Es geht um keine schnelle Gehirnwäsche, sondern die Effekte zeigen sich erst nach Jahren. Die Botschaften bestehen meistens aus einer Halbwahrheit, die man mit Lügen kombiniert.

Und diese werden mit voller Kraft und auf allen Kanälen propagiert. Kallioniemi nennt das »The Firehose of Falsehood«.[76] Es geht nicht um Überzeugung, sondern um Verwirrung, oft sind die russischen Narrative auch sehr unterhaltend. Sie sind perfekt abgestimmt auf unsere von sozialen Medien und deren Algorithmen, dic emotionale, kontroversielle Inhalte pushen, bestimmte Gesellschaft. Deshalb geht es immer um Themen mit hoher Emotionalität: Corona, Black Lives Matter, Proteste gegen globale Pharmakonzerne, Migration. Wundert es noch, dass die FPÖ genau auf diese Themen setzt? Sie sind Putins fünfte Kolonne im Informationskriegszeitalter.

Das fällt auf einen Boden von Gesellschaften, in denen der Glaube an das System ohnehin schon gestört ist. Laut Pekka Kallioniemi stammen derzeit 61 Prozent der Informationsbeeinflussung aus dem Ausland aus Russland. In Europa sind es 80 Prozent. Auch China arbeitet auf diesem Feld, aber Russland dominiert hier völlig. Der Fokus der russischen Propaganda und Desinformation liegt längst nicht mehr auf Europa oder Nordamerika, sondern auf Afrika und Lateinamerika. In unserer eurozentristischen Wahrnehmung vergessen wir oft, dorthin zu schauen. Wir denken, wir müssen die russischen Narrative vor unserer Haustür bekämpfen, während die halbe Welt sie schon längst verinnerlicht hat.

Was Europas Nationen derzeit beschäftigt, alle politischen Themen von Migration über den Kampf gegen Wokeness, ist also nicht zufällig. Es geht immer um Destabilisierung und Schwächung der demokratischen Gesellschaften. Gleichzeitig fehlen uns immer noch strenge Regeln für die Internet-Plattformen, über die Russland uns infiltriert: die globalen Social-Media-Konzerne mit ihren Algorithmen, die Emotionen befeuern – und damit perfekt zur russischen Propaganda passen. Dort kann man sich Präsenz ja auch recht billig kaufen und damit die Öffentlichkeit manipulieren. Dazu kommen Troll Farms und Bot Farms, die Botschaften absetzen, Attacken reiten, Shitstorms befeuern. Von den Möglichkeiten der digitalen Manipulation, Fakes im Audio- und Bild-Bereich, erst gar nicht zu reden.

2024 wurden alleine 50.000 Fake Accounts gezählt, die aktiv waren, um die deutsche Unterstützung für die Ukraine durch Waffenlieferungen zu unterminieren. Es geht nie um ein Gegennarrativ, sondern um die »Flood the Zone with Shit«-Strategie. Es geht darum, möglichst viele verwirrende, unübersichtliche Meldungen zu lancieren, damit man den Überblick verliert. Allein zur Skripal-Vergiftung gab es 28 Versionen aus russischer Quelle, um die Öffentlichkeit zu desorientieren. Auch so kann man eine Agenda setzen: die der Desinformation. So funktioniert der moderne, hybride Informationskrieg.

Nach Ibiza

»Aber dann platzte der Ibiza-Skandal und dieses Vorhaben wurde nicht mehr umgesetzt.« Oder »diese Personalie kam nicht zustande«. Das liest man in österreichischen Medien oft, wenn über die Regierungsbeteiligung der FPÖ ab dem Jahr 2017 geschrieben wird. Dank des Skandals sei Schlimmeres verhindert worden. Sonst hätte das Land die autoritäre Wende schon hinter sich. Ich weiß, das sind große Worte. Ich will mich nicht als Held darstellen, der Österreich davor gerettet hat, ein zweites Ungarn in der Europäischen Union zu werden. Aber im Rückblick sieht man doch, dass das Platzen der Regierung Kurz – Strache, dank des Ibiza-Skandals, doch einige bedenkliche Entwicklungen unterbrochen hat.

Konkret etwa die schon zwischen ÖVP und FPÖ vereinbarte »Reform« des *ORF*. Die FPÖ hatte beabsichtigt, den *ORF* zu schwächen, indem sie die Rundfunkgebühren abschaffen und ihn aus dem Bundesbudget finanzieren wollte – und damit abhängiger von der Regierung machen wollte. Während das offizielle Regierungsprogramm nur von einer »Erarbeitung von Leitlinien für ein *ORF*-Gesetz neu« sprach, stand in einem geheimen Sideletter:[77] »Es bestand Einvernehmen darüber, dass die *ORF*-Gebühren unter Voraussetzung budgetärer Machbarkeit in das Budget des Bundeshaushaltes überführt werden sollten. Den Zeitpunkt vereinbarten die beiden Koalitionspartner gemeinsam.« Die ÖVP sah ihre Chance gekommen, den *ORF* einzuschwärzen, also mit ihren Gefolgsleuten zu besetzen, weil die FPÖ zu wenige ihnen nahestehende Journalisten zur Postenbesetzung aufbieten konnte. In einem türkis-blauen Sideletter waren die Postenbesetzungen am Küniglberg durchgeplant: »Geschäftsführung bei gesamter Neubestellung: 3:2 (GD (Generaldirektor, Anmerkung) +2 VP, 2 FP)«; nach einem neuen *ORF*-Gesetz, das sich Türkis-Blau vorgenommen hatte: »VP:GD (mit Dirimierungsrecht) + 1, FP: 2«. Die Zahlen zeigen die zu vergebenen Posten an und welche Partei welche davon besetzen darf.

Sogar Namen für die vorgesehenen Führungsfunktionen glaubte die FPÖ als schon paktiert. Für *ORF Online* war ausgemacht worden, dass zuerst Gerhard Jelinek (*ORF*), danach Johanna Hager (*Kurier*) Chefredakteurin werden sollte, schrieb Herbert Kickls Kabinettschef Anfang Mai 2019 an Strache. Wer weiß, ohne Ibiza wäre Österreichs Medienlandschaft heute vielleicht eine andere, etwas näher an der Ungarischen.

Uns – also mir und dem Anwalt Mirfakhrai – waren diese Pläne im Sommer 2017 im Grunde schon bekannt. Wir hörten aus Kreisen der ÖVP, dass geplant war, den *ORF* zu privatisieren, in Form einer Aktiengesellschaft, und einen Kanal abzubauen. Damals gab es in der FPÖ sogar schon die Idee, dass der umstrittene Boulevardjournalist Richard Schmitt eine führende Funktion in diesem neuen *ORF* übernehmen soll.

Die Medienaffäre gehört zu den kleineren Skandalen. Weit größer ist der Skandal rund um den österreichischen Verfassungsschutz. Zu den »Veto«- oder »Gegenspielern« jener, die die Demokratie aushöhlen wollen, zählen allen voran die Justiz und die ihr zugeordnete Polizei, also kritische Staatsanwälte, unabhängige Richter und eben szenekundige Verfassungsschützer. Wie wir wissen, wollte Straches Innenminister Herbert Kickl sie schwächen.. In einem »zentralen Bereich der staatlichen Tätigkeit haben damals sowohl die Sicherheitsbehörden als auch die Staatsanwaltschaft und die kontrollierende Strafjustiz versagt«[78], urteilte Verfassungsjurist Jabloner.

Dank Ibiza wurde die weitere Aushöhlung des BVT verhindert. Mittlerweile wurde der »Überfall« auf das BVT in einem eigenen Untersuchungsausschuss im Parlament aufgearbeitet und das BVT neu gegründet. Aber der Schaden war trotzdem gewaltig. Internationale Geheimdienste suspendierten die in Terrorzeiten und Russland-Krise so wichtige Zusammenarbeit. Jabloner fasste es einmal so zusammen: »Die Art, wie unter Kurz I regiert wurde, war ein erster Weg in eine andere Staatsform«.[79]

Der Anfang einer »Mani pulite«-Bewegung

Was weiters bleibt, und das noch länger, sind die umfangreichsten Justizermittlungen, die Österreich in der Zweiten Republik gesehen hat. Vergleichbar vielleicht mit dem großen Aufräumen und der »Mani pulite«-Bewegung (italienisch für »saubere Hände«, sinngemäß »weiße Weste«), die Italien Anfang und Mitte der 1990er-Jahre nach umfangreichen juristischen Untersuchungen gegen Korruption, Amtsmissbrauch und illegale Parteifinanzierung erlebte.

Das Land steckt noch mittendrin in diesem Prozess und er verläuft stockend, unterdotiert, lang nicht gut genug, um jenes Vertrauen aufzubauen, das wir jetzt dringend benötigen, wenn wir uns die russischen Destabilisierungsversuche anschauen. Eine der Paradoxien dabei ist, dass zuerst die FPÖ im Fokus stand, sich aber sehr bald zeigte, dass die ÖVP mindestens genauso viel, wenn nicht mehr involviert war und ist. Und noch jemand kam in den Fokus: Österreichs Medien-Oligarchen. Nach Ibiza war es zuerst vor allem die FPÖ, die sich rechtfertigen musste. Hatte doch FPÖ-Chef Heinz-Christian Strache auf Ibiza vor der falschen Oligarchin geprahlt, wie er mit ihrem Geld die *Kronen Zeitung* auf Linie bringen würde und dann das ganze Land. Die *Krone* warf jenen Journalisten, den Strache auf Ibiza ostentativ gelobt hatte, aus dem Haus. Sein Name: Richard Schmitt, danach bei dem Gratis-Boulevardblatt *Österreich*, dann bei dem rechtslastigen *Exxpress*, den er 2024 verließ. Damit schien das Blatt der Familie Dichand fürs Erste aus dem Spiel.

Aber die Staatsanwaltschaft ermittelte weiter und stieß auf 300.000 Chat-Nachrichten, die der Vertraute des damaligen ÖVP-Chefs Sebastian Kurz, Thomas Schmid, an das Who's who des Wiener Parketts geschrieben hatte. Sie wiesen den Weg zum zweiten großen Komplex, diesmal traf es Kurz' engstes Umfeld und die ÖVP und den größten Konkurrenten der Dichands am Boulevardmarkt: Wolfgang Fellner und sein Blatt *Österreich*. Umfragen fälschen, bei Fellner platzieren und mit Inseraten bezahlen, all das bezahlt aus den Töpfen des Finanzministeriums – so lauten die Vorwürfe.[80] Das sogenannte »Beinschab-Österreich-Tool« brachte Kurz politisch zu Fall und machte Fellner, schon zuvor nach Vorwürfen sexueller Belästigung unter Druck, endgültig zum Paria der Branche. Sein Lebenswerk, immerhin ist er einer der erfolgreichsten Medienunternehmer des Landes: angeschlagen.

Parallel dazu startete im Herbst 2019 der Ibiza-Untersuchungsausschuss im Parlament, er sollte bis August 2021 laufen, durch die Pandemie phasenweise unter erschwerten Bedingungen. An 52 Tagen wurden 116 Befragungen durchgeführt. Darunter waren 84 Männer und 21 Frauen. 23 davon waren Politiker oder Politikerinnen, 19 Beamte oder Beamtinnen, neun Staatsanwälte oder Staatsanwältinnen und zwei Polizisten. Die Befragungsdauer betrug insgesamt 493 Stunden. Geliefert wurden 2,7 Millionen Aktenseiten in 182.053 Dokumenten. Ich verfolgte das alles aus dem Gefängnis. Trauriger Höhepunkt war wohl, als das Finanzministerium – unter Finanzminister Gernot Blümel – sich weigerte, Akten an den U-Ausschuss zu liefern, und sogar der Bundespräsident und der Verfassungsgerichtshof dazu eingeschaltet werden mussten.

Um alle Ermittlungsstränge im Detail zu beschreiben, die das Ibiza-Video mit ausgelöst hat, bräuchte es ein eigenes Buch. Eines ist unbestritten: Die von mir produzierten sieben Minuten, die am 17. Mai 2019 online gingen, waren ein »Dammbruch«, wie es der *Standard* einmal nannte.[81] Manche Verfahren wurden anhand von Aussagen im Video eingeleitet, manche durch darauffolgende anonyme Anzeigen. Zufallsfunde – allen voran Chats – brachten die Ermittler immer weiter in das weit verzweigte Netzwerk der mutmaßlichen Korruption. Für alle Genannten gilt die Unschuldsvermutung.

Strache und Gudenus konnten für die Ereignisse auf Ibiza nicht strafrechtlich belangt werden, das stellte die Wirtschafts- und Korruptionsstaatsanwaltschaft (WKStA) rasch fest. Die beiden FPÖ-Politiker Heinz-Christian Strache und Johann Gudenus waren im Juli 2017 nämlich noch keine Regierungsmitglieder. Inzwischen wurde diese Gesetzeslücke geschlossen. Korruption ist nun auch dann strafbar, wenn von einem Politiker die entsprechenden Zusagen gemacht werden, obwohl er die Funktion für deren Umsetzung noch gar nicht innehat. Wenn man so will, ist das eine »Lex Ibiza«. Dafür brauchte es vier Jahre und ein Anti-Korruptions-Volksbegehren als Anschieber.

Würde man nach dem Ursprung der allermeisten Verfahren suchen, dann würde man bei der Causa *Casinos* landen. Zentrale Frage: Wurde der Vorstand der teilstaatlichen *Casinos Austria AG (Casag)* vorzeitig aus politischen Gründen abgelöst, um einen FPÖ-Kandidaten namens Peter Sidlo zu installieren? Und gab es dazu im Hintergrund einen Deal zwischen den Eigentümerinnen Republik und *Novomatic* gegen den Miteigentümer *Sazka*? Bei der *Casinos Austria AG (Casag)* geht es um einen mutmaßlichen Personal-Deal innerhalb der türkis-blauen Regierung *Kurz I* (2017–2019) im Glücksspielbereich. Der Verdacht: Es soll eine ÖVP-FPÖ-Vereinbarung dazu gegeben haben, den den Freiheitlichen nahestehenden Peter Sidlo auf einem Ticket von *Casag*-Miteigner *Novomatic* in den *Casag*-Vorstand zu entsenden – obwohl er für diesen Posten nur wenig qualifiziert gewesen sein soll. Auch das ging durch die Medien.

Im Gegenzug soll die FPÖ Bereitschaft gezeigt haben, das »kleine Glücksspiel« nach der Wiener Wahl neu zu regeln. Eine entsprechende anonyme Anzeige ging kurz nach Erscheinen des Ibiza-Videos bei der WKStA ein. Es folgten Hausdurchsuchungen unter anderem bei Strache, Gudenus, *Novomatic* und deren Managern und Gründern und später auch beim damaligen Chef der Staatsholding ÖBAG, Thomas Schmid. Bei ihm fanden die Ermittler dann das mittlerweile legendär gewordene Back-up mit Hunderttausenden *WhatsApp*-Chats, aus denen, wie aus einer Büchse der Pandora, zahlreiche andere Verdachtsmomente entsprungen sind. In der Causa *Casinos* wird bis heute ermittelt.

»Es gibt ein paar sehr Vermögende, die zahlen zwischen 500.000 und eineinhalb bis zwei Millionen. Die zahlen aber nicht an die Partei, sondern an einen gemeinnützigen Verein. Du musst erklären, dass das nicht an den Rechnungshof geht.« Diese Sätze Straches aus dem Ibiza-Video, mit der Bitte an Gudenus, es richtig zu übersetzen, waren Basis für Ermittlungen gegen verschiedene Vereine im Umfeld der FPÖ wie *Austria in Motion* und gegen deren Vorstandsmitglieder. Sie wurden eingestellt. Auch die meisten anonymen Anzeigen in diesem Zusammenhang blieben ohne Konsequenzen. Das von Nationalratspräsident Wolfgang Sobotka gegründete *Alois-Mock-Institut*, das unter anderem von *Novomatic* unterstützt wurde, stand kurz im Verdacht, aber die allenfalls relevanten Vorfälle sind verjährt.

Noch offen ist das Verfahren rund um das blaue *Institut für Sicherheitspolitik*, das mutmaßlich Geld von *Novomatic* und vom Verteidigungsministerium erhalten hatte. Dessen Obmann ist der Ex-FPÖ-Mandatar Markus Tschank. Vier Personen und ein Verband werden als Beschuldigte geführt, die Vorwürfe lauten Bestechung und Bestechlichkeit. Es geht um den Verdacht der verdeckten Parteispenden – im Fokus steht eine Zahlung von 240.000 Euro – vom Glücksspielkonzern *Novomatic* über das FPÖ-nahe *Institut für Sicherheitspolitik (ISP)* an die FPÖ. Die *Novomatic* soll sich dafür wohlwollende Gesetze und Glücksspiellizenzen erwartet haben – mutmaßlich. Die Betroffenen sprechen von »völlig üblichen Kooperationsverträgen mit werthaltigen Gegenleistungen«.[82]

Für die ÖVP am schmerzhaftesten ist bis dato sicher die sogenannte Inseraten- und Umfrage-Affäre, sie läuft seit 2021. Hier gibt es den Verdacht, dass mit Steuergeld aus ÖVP-geführten Ministerien Umfragen bezahlt und in Medien platziert wurden. Profitiert hätten davon Ex-Kanzler Kurz und die ÖVP. Die Ermittlungen basieren auf der Auswertung von Handy-Chats, aber auch auf den Aussagen von Schmid. Dieser gab zu, dass die im Akt der Behörde dargestellte Verdachtslage »im Wesentlichen« zutrifft.

Die Idee zum sogenannten »Beinschab-Tool« (in der Tageszeitung *Österreich* veröffentlichten und vom Finanzministerium bezahlten gewünschten Umfragen der Meinungsforscherin Sabine Beinschab) sollen laut Schmid erstmals mit Kurz zu dessen Zeit als Außenminister besprochen worden sein. Kurz bestreitet die Vorwürfe. Schmid belastet in dieser Causa nicht nur den ehemaligen ÖVP-Chef, sondern auch dessen engstes Beraterumfeld, u. a. den Ex-Kanzlersprecher Johannes Frischmann, Kommunikationsleiter Gerald Fleischmann und Kurz-Intimus Stefan Steiner.

Über die Thomas-Schmid-Chats kam auch die Steuercausa des Unternehmers Siegfried Wolf ins Rollen. Wolf ist einer der mit Russlands Wirtschaft bestvernetzten Manager Österreichs. Er soll wegen einer Steuernachzahlung interveniert haben. Der mutmaßliche Deal: Die damalige Finanzamtsleiterin in Wiener Neustadt soll Wolf einen Steuernachlass gewährt haben, Wolf soll sich im Gegenzug beim früheren Generalsekretär im Finanzministerium, Thomas Schmid, für ihre Karriere eingesetzt haben. Wolfs Handy wurde im Zuge der Ermittlungen beschlagnahmt und ausgewertet. Die

Auswertung der Tausenden Chats ist – Stand Sommerbeginn 2024 – immer noch nicht abgeschlossen.

Ein weiterer Seitenstrang: Schmid belastet den ÖVP-Klubobmann August Wöginger mit dem Verdacht auf Anstiftung zum Amtsmissbrauch. Wöginger soll als Abgeordneter laut einem Auslieferungsbegehren der WKStA im Jahr 2017 bei Schmid (als einstiger Kabinettschef des Finanzministeriums) für die Bestellung eines oberösterreichischen ÖVP-Bürgermeisters zum Vorstand des Finanzamts für Braunau, Ried und Schärding interveniert haben.

Auch hier liegen der WKStA Chats vor, in denen Schmid an Wöginger schrieb: »Wir haben es geschafft (...) Der Bürgermeister schuldet dir was!« Wöginger fand das »echt super«.

Die meisten Schlagzeilen machte der erste Prozess gegen den ehemaligen Kanzler Sebastian Kurz im Herbst 2023. In diesem Falschaussage-Prozess stand im Zentrum, inwieweit Kurz in die Bestellung von Thomas Schmid zum ÖBAG-Chef involviert gewesen war. Kurz und seinem damaligen Kabinettschef Bernhard Bonelli wurde von der Wirtschafts- und Korruptionsstaatsanwaltschaft (WKStA) vorgeworfen, ihre Rolle bei Postenbesetzungen für die ÖBAG – konkret für den Aufsichtsrat und Vorstand – heruntergespielt zu haben. Die Aussagen von Kurz standen im Widerspruch zu denen Schmids, der dem Ex-Kanzler eine zentrale Rolle zugeschrieben hatte. Der ehemalige Bundeskanzler wurde Ende Februar 2024 wegen Falschaussage im Ibiza-Untersuchungsausschuss zu einer bedingten Freiheitsstrafe von acht Monaten verurteilt. Dessen einstiger Kabinettschef Bernhard Bonelli erhielt sechs Monate bedingt. Beide kündigten Berufung gegen das Urteil an.

Und Strache, der bei den Wiener Landtagswahlen 2025 wieder antreten will?

Der hätte sich im Superwahljahr 2024 vielleicht schon gerne entspannt zurücklehnen wollen, immerhin gab es für ihn zwei Freisprüche in Verfahren, die aus dem Ibiza-Komplex hervorgegangen sind. Sowohl aus dem Prikraf-Korruptions-Prozess als auch aus dem Bestechlichkeitsverfahren um einen *Asfinag*-Aufsichtsratsposten gingen Strache wie seine Mitangeklagten mit einem Freispruch hervor. Ermittler hatten intensive Kommunikation zwischen Strache und Walter Grubmüller, dem Besitzer einer Privatklinik, die um Aufnahme in den Privatklinikfinanzierungsfonds (Prikraf) kämpfte, entdeckt. Strache versprach zu helfen und fragte Grubmüller laut Ermittlungsakt: »Welches Gesetz brauchst du?« Außerdem brachte die FPÖ noch in Opposition im Parlament einen Initiativantrag zu der Sache ein, später spendete Grubmüller offiziell Geld an die Partei.

Im April wurde bekannt, dass die WKStA seit seit Kurzem wegen des Verdachts der Inseratenkorruption gegen den früheren Innenminister Kickl, Ex-Verkehrsminister Hofer, Ex-Verteidigungsminister Kunasek, Ex-FPÖ-Chef und Vizekanzler Heinz-Christian Strache und die frühere blaue Ministerin Beate Hartinger-Klein sowie den damaligen Geschäftsführer der Mediengruppe *Österreich*, Wolfgang Fellner, ermittelt.[83]

Chats zeigen, wie Strache 2019 mehrfach bei Fellner intervenierte.[84] Er beschwerte sich etwa über Auftritte des früheren FPÖ-Politikers Ewald Stadler, dem er einen Hass auf die FPÖ attestierte, in den Fellner-Medien, wobei er mit einem Inseratenstopp drohte. Die Einladung Stadlers sei ein »äußerst unfreundlicher Akt uns gegenüber«, schrieb Strache. Stadler wurde daraufhin durch FPÖ-»Urgestein« Andreas Mölzer ersetzt. »Ich habe Ihnen auf Ihren Wunsch zugesagt, dass ich Stadler durch Mölzer ersetze und das auch sofort umgesetzt – aber das geht natürlich nur wenn er da ist«, schrieb Fellner an Strache, nachdem dieser einen Inseratenstopp in den Raum gestellt hatte. Bald darauf schrieb Strache in eine FPÖ-interne Chatgruppe: »Bitte weiter bei Fellner schalten. Wir haben es geklärt! Er kommt uns entgegen.«[85]

Eine mysteriöse Episode wurde leider nie aufgeklärt. Nach der Veröffentlichung des Ibiza-Videos war relativ bald klar, dass die von der ÖVP zusammengestellte Nachfolgeregierung keine parlamentarische Mehrheit mehr erhalten würde und damit auch Kurz als Kanzler vorerst Geschichte ist. Bei den Vorbereitungen für einen etwaigen Auszug aus dem Kanzleramt ließ ein enger Mitarbeiter von Kurz auf Anweisung eines Kabinettmitarbeiters unter falschem Namen Festplatten bei der Firma *Reisswolf* schreddern. Weil er die Rechnung nicht bezahlte, zeigte ihn das Unternehmen an. Was befand sich auf diesen Festplatten, und warum wurden sie vernichtet? Die Ermittlungen gegen den »Schredderer« wanderten auf Weisung der Oberstaatsanwaltschaft (OStA) Wien von der WKStA zur StA Wien. Die Korruptionsstaatsanwaltschaft hatte sich zuvor darüber beschwert, dass ein Polizist das Smartphone des Schredderers nicht sichergestellt hatte. Dieser Ermittler war Niko Reith, jener Mitarbeiter der *Soko Tape*, der Strache freundschaftliche SMS geschrieben hatte. Das Verfahren wurde eingestellt. Der Mitarbeiter arbeitet heute als Berater und Fotograf für die Heeresbildstelle des Verteidigungsministeriums.

Und da war ja auch noch die Affäre Schellenbacher, die im Ibiza-Skandal ein wenig unterbelichtet blieb. Rund um den US-Wahlkampf 2016 hatte Straches Chauffeur erstmals Geldtaschen aus Osteuropa erwähnt.[86] Thomas Schellenbacher ist ein vielseitiger Mann. Er saß von 2013 bis 2017 für die Freiheitlichen im Nationalrat. Ihm wurden ausgezeichnete Kontakte zu ukrainischen Oligarchen nachgesagt. Gemeinsam wollten sie das Hotel *Panhans* am Semmering wiederauferstehen lassen. Der Verdacht, dass diese Oligarchen der FPÖ-Spitze zehn Millionen Euro angeboten hätten, falls Schellenbacher als FPÖ-Mandatar in den Nationalrat gelange, ließ sich nicht erhärten. Zwar hatten nach der Nationalratswahl 2013 mehrere FPÖ-Politiker auf ihr Mandat verzichtet, sodass Schellenbacher tatsächlich in den Nationalrat nachrutschte. Dass es sich dabei um einen Mandatskauf gehandelt haben könnte, konnte jedoch nie nachgewiesen werden. Alle Ermittlungen, von Geldwäsche über Untreue bis Mandatskauf (der nicht strafbar ist), wurden 2018 letztlich eingestellt.

Immerhin, auch diese Gesetzeslücke wurde geschlossen. Nun droht Haft – aber nur, wenn ein Mandat tatsächlich gekauft wird. Einer Partei im Geheimen mit der Hoffnung auf ein Mandat Geld zu geben, ist weiter nicht strafbar. Wird das Mandat aber angetreten, drohen sowohl dem Parteiverantwortlichen als auch dem erfolgreichen Kandidaten Haftstrafen. Diese Regelung gilt nicht auf Gemeindeebene.

Schellenbacher saß mittlerweile wegen eines anderen Deliktes in Haft. Er wurde 2021 am Wiener Landesgericht wegen schweren Betrugs und betrügerischer Krida verurteilt. Schellenbacher hatte zwischen 2007 und 2014 mit mehreren von ihm geleiteten Gesellschaften gegenüber seiner Haftpflichtversicherung fingierte Schadensfälle geltend gemacht. Noch ein weiteres Verfahren ist anhängig. Schellenbacher half Marsalek bei der Flucht nach Weißrussland, gemeinsam mit dem ehemaligen Staatsschützer Martin Weiss.[87]

Blaue Renaissance

Die Zeit heilt alle Wunden. Zumindest die blauen Flecken. Der Ibiza-Skandal stürzte die FPÖ aus der Regierung. Der langjährige Parteichef Heinz-Christian Strache trat zurück. Bei der Nationalratswahl 2019 verlor die Partei mehr als ein Drittel ihrer Wähler. Vor den Nationalratswahlen 2024 ist sie wieder in allen Umfragen auf Platz eins. Falls jemand gedacht hat, mit Ibiza sei die FPÖ erledigt, dann hat er oder sie sich geirrt.

Ohne Jörg Haider wären Strache und Kickl ein Niemand. Er änderte alles, er war der Ahnvater der europäischen Rechtspopulisten. 1986 eroberte der damalige Kärntner Landesrat in einer Kampfabstimmung vom damaligen liberalen Norbert Steger den Parteisitz. Haiders Aufstieg war fulminant, er machte aus der FPÖ eine Massenpartei. Haider war charismatisch und flexibel. Bezeichnete er noch 1988 Österreich als »ideologische Missgeburt«, schwenkte er bereits Anfang der 1990er-Jahre vom deutschtümelnden Kurs auf Österreich-Patriotismus um. Sein Motto »Österreich zuerst« wurde von extrem rechten Populisten von Silvio Berlusconi bis Donald Trump kopiert (»America first«).

Klar: Die FPÖ ist immer dann stark, wenn in globalen Wendezeiten Unsicherheit und Ängste anschwellen. In den vergangenen drei Jahrzehnten ähnelte die politische Ausgangslage schon zwei Mal dem Jahr 2024: 1999 und 2016. 1999: Europa ist im Umbruch, der Kalte Krieg vorbei. Mit dem Entschluss, der EU beizutreten, kommen Sorgen. Billige Arbeitskräfte aus Osteuropa, eine neue, gemeinsame Währung, Brüssel als neue, ferne Instanz, dazu 90.000 Kriegsflüchtlinge aus dem zerfallenden Jugoslawien, in dem Krieg wütet. Der damalige FPÖ-Chef Jörg Haider kochte die Stimmung hoch. Sein »Österreich zuerst«-Volksbegehren unterzeichneten Anfang 1993 über 416.000 Menschen. Gleichzeitig gründete sich eine Gegenbewegung, auf dem Heldenplatz demonstrierten mehr als 300.000 Menschen mit einem »Lichtermeer« gegen Fremdenfeindlichkeit. 1999 wurde die FPÖ bei den Nationalratswahlen zweitstärkste Partei, noch vor der ÖVP. Haider schloss eine Koalition mit dem damaligen ÖVP-Chef Wolfgang Schüssel und machte ihn im Februar 2000 zum Kanzler, die SPÖ musste erstmals seit 1970 in die Opposition.

Österreich nach 2015: Diesmal ist es die »Flüchtlingskrise«, die die FPÖ unter ihrem Parteichef Heinz-Christian Strache hochspült. Die jahrelange blaue Propaganda von »Überfremdung« zeigt Wirkung. In der ÖVP erkennt der damalige Außenminister Sebastian Kurz das Momentum, putscht gegen seine großkoalitionäre Parteispitze, positioniert sich bei den von ihm vom Zaun gebrochenen Nationalratswahlen 2017 als »höflicherer Strache« – und gewinnt.

Und Österreich 2024? Ein Jahr, in dem sich gleich mehrere Krisen kumulieren: Pandemie, Krieg am Rande Europas, Teuerung, erneute Fluchtbewegungen. Der ideale Humus für russische hybride Kriegsführung. Herbert Kickl ist lang kein Charismatiker wie Haider und Strache, aber er macht das mit absoluter Message Control in Blau wett. Drei Themen stehen dabei im Zentrum: Wir gegen die da oben. Raus mit allem Fremden. Und: Erinnert euch an Corona, sie haben euch belogen! Themen, die wie aus Moskaus Regiebuch daherkommen.

Damit schafft es die FPÖ, ihre Wählerschaft immer wieder aufs Neue zu gewinnen, trotz Skandalen und Obmannwechsel. Die blauen Botschaften passten sich im Laufe der Jahre den aktuellen Gegebenheiten an, aber im Kern erzählen sie immer die gleiche Geschichte. Wir sind für euch, anders als die da oben, die nur auf sich schauen. Die populistische Masche lautet »Wir gegen die – das Volk gegen die Elite«, sie ist innerhalb der FPÖ gut erprobt. Dabei war Kickl vor drei Jahren noch selbst Innenminister der Republik, zählt als langjähriger Abgeordneter nicht nur zu den Volksvertretern mit den höchsten Nebeneinkünften, sondern auch zu den mächtigsten Menschen dieses Landes.

Die Angst vor Fremden spielte die FPÖ seit der Ära Haider in mehreren Versionen durch. Waren es anfangs noch die Kriegsflüchtlinge vom Balkan, kamen bald »schwarzafrikanische Drogendealer«. Als Strache die Partei übernahm, münzte er die »Ausländer raus«-Rhetorik in den Nachwehen der Terroranschläge von 9/11 zum christlichen Kulturkampf gegen Muslime um und ließ »Daham statt Islam« plakatieren. Derzeit richtet sich der Groll wieder gegen Flüchtlinge – auch gegen christliche Ukrainer. Kickl redet offen einen EU-

Kommissar für »Remigration« herbei und bedient sich dabei rechtsextremer Begriffe.

Dazu kamen zuletzt noch die Corona-Verschwörungserzählungen. Die FPÖ will die Erinnerung an die Wut gegen die »Corona-Maßnahmen« so lebendig wie möglich halten. Und, seit Russlands Angriffskrieg auf die Ukraine, natürlich stetige, oft verdeckte, oft offene Pro-Russland-Propaganda.

Am Vorabend der Nationalratswahlen, vor einem leider ganz und gar nicht mehr unwahrscheinlichen Sieg der FPÖ, und das fünf Jahre nach Ibiza, steht Österreich also wieder einmal auf wackeligen demokratischen Beinen da. Als »Schaukelstuhl«-Republik, ein europäisches Sicherheitsrisiko: anfällig für russische Ansteuerungen, mit einer angeschlagenen Justiz, innerlich korrupt. In einer geopolitisch prekären Lage.

Schluss mit der Schaukelstuhlpolitik

Von außen ist man versucht, mit leichter Überheblichkeit auf die Vorgänge in Österreich zu schauen. Russische Agenten, die eine rechtspopulistische Partei unterwandern und so in den Sicherheitsapparat einsickern? Gibt es ja gar nicht! Doch spätestens die Fälle der AfD-Bundestags- und Europaabgeordneten Petr Bystron und Maximilian Krah zeigen, dass auch in Deutschland die Gefahr besteht, von feindlichen Mächten im Innersten der Demokratie manipuliert zu werden.

Ich glaube nicht, dass sich in Österreich substanziell etwas ändern wird, ohne Druck von außen. Deshalb sollte Deutschland, aber auch Europa genauer hinschauen, was in Wien passiert. Damit Österreich – nach Ungarn – nicht zur zweiten europäischen Case Study dafür wird, wie eine Demokratie leise absterben kann. Von innen heraus, von der FPÖ betrieben, und von außen, unterstützt von Moskau, wie wir inzwischen sehr konkret belegen können.

Sonst lebt Österreich weiter im Modus der »Schaukelstuhlpolitik«, wie ich es gerne bezeichne. Ein wenig mit dem Osten gutstellen, ein wenig mit dem Westen, dabei immer sagen »Wir sind neutral«. So bleiben wir gemütlich, schwindeln uns durch. Wir bedienen alle Interessen gleichermaßen und verdienen gut daran.

Warum ist Österreich das Land, das in Europa immer noch einzigartig stark abhängig ist von russischem Gas? Warum schauen unsere Behörden seit dem Fall des Eisernen Vorhangs zu, wie Oligarchen aus den ehemaligen russischen Ländern es sich in Wien gemütlich einrichten? Warum ist oft die Parteiloyalität stärker ausgeprägt als die Verantwortung Land und Bevölkerung gegenüber? Warum werden Spionageskandale wie jener um Jan Marsalek so schleppend aufgeklärt? Warum braucht es immer den Weckruf von außen, damit etwas passiert?

Mein Ibiza-Video war ein Weckruf von innen, gesendet von außen, via deutsche Medien, ganz bewusst. Ich hätte gerne gesehen, dass er Österreich wachrüttelt. Nicht nur, dass die damalige Regierung platzt und eine neue ins Amt kommt, die im Wesentlichen so weitermacht wie zuvor, nur mit ein bisschen mehr Anstand und Transparenz, weil sonst die Grünen in Regierungsverantwortung vollends ihre Glaubwürdigkeit verspielt hätten.

Es gibt viele Schrauben, an denen man drehen könnte, zwei möchte ich zum Schluss noch einmal explizit erwähnen: Österreich fehlt eine zentrale, seriöse Anlaufstelle für Whistleblower. Sei es ein interparlamentarischen Sonderermittler, oder eine interne Justizkommission – jedenfalls eine Struktur, die personell besser ausgestattet ist als die derzeitige Wirtschafts- und Korruptionsstaatsanwaltschaft, die am Ausbrennen ist.

Dafür setze ich mich mit Anti-Korruptions-Experten in unserem Verein *Ans Licht!* ein. Gemeinsam mit dem »Hintermann« des Ibiza-Videos, wie sich Mirfakhrai nennt, während ich der »Vordermann« gewesen bin. Unsere weiteren Mitstreiter sind die Wirtschaftsexpertin Ursula Bittner, die sich bei *Greenpeace* und der Anti-Korruptions-Initiative *Saubere Hände* engagiert, sowie Fritz Hausjell, Medienhistoriker und Präsident von *Reporter ohne Grenzen Österreich.* Die vergangenen fünf Jahre seit der Ibiza-Affäre haben gezeigt, dass die Ermittlungsbehörden in Österreich fast zwingend auf Hinweisgeber angewiesen sind. Eine Anlaufstation für Whistleblower fehlt aber – im Gegensatz zu Deutschland und der Schweiz – bislang hierzulande. Das ist eine echte demokratische Lücke.

Und Österreich fehlt eine Strategie, um unser Land sicher gegen Desinformation zu machen. Was sollte die Antwort sein? Konkrete Attacken von Desinformation gehören natürlich abgewehrt, dafür braucht es einen funktionierenden Verfassungsschutz im Digitalen. Es braucht »Media Literacy«, also Wissen über den Umgang mit Medien und Falschinformationen, einen Internet-Führerschein quasi, den man am besten, wie in Finnland, schon im Kindergarten mitbekommt. Und es braucht eine starke unabhängige Presse, die Vertrauen in der Bevölkerung genießt und in allen Kanälen präsent ist. In Österreich war das dem *ORF* leider viel zu lange verboten. Immer gut: in wissenschaftliche Forschung zum Thema Desinformation zu investieren, damit man neue Trends und Methoden früh erkennt.

Es geht also darum, wieder Vertrauen ins System zu schaffen, in Politik und Medien – jene Bereiche, die derzeit schwer angeschlagen sind in Österreich. Das Ibiza-Video hat Misstrauen erzeugt, zu Recht. Es hätte eigentlich der Auftakt für eine Aufarbeitung sein sollen, für eine neue Fehlerkultur, mehr Transparenz und Offenheit – für Vertrauensarbeit eben. Denn wenn wir das Vertrauen in die Institutionen der freien Demokratie nicht stärken, kommen wir aus dieser Entwicklung nicht heraus.

Audaces fortuna iuvat

I dedicate this book to all those who joined my journey, as well as those who unwillingly became publicly known and suffered senseless consequences. I also dedicate this book to the numerous individuals who helped and chose to remain anonymous.

Without you, it would have been that much harder. I cannot come close to expressing the gratitude and respect each of you deserve. Please accept my gratitude for the many work hours invested and all the expected and unexpected hardships. I appreciate the effort and dedication all of you invested when you did not have to.

Be assured, those who matter in this country have a clear understanding of who deserves public condemnation and who should have actually stood trial.

Above all, I want to thank the one person without whom this project would not have been possible. I am deeply sorry for what was done to you and for the state that Austria is in. I apologize for the media, law enforcement, and the justice system as a whole. You, above all, deserved none of it.

History will remain to judge their actions, and history will not judge kindly. Rest assured that the shame I experience is widespread, despite the lack of public expression. This country and its people cannot thank you enough. You are the hero of this story, even though I know well you wish you had had no part in it.

To those who participated in all the investigations and proceedings; to those who, driven by self-interest, persist in disregarding what has happened and continues to happen; to those of you who persist in distorting the truth and displaying cowardice despite being aware of better options:

Shame on you.

Julian Hessenthaler

Julian Hessenthaler, geboren 1980, ist ein ehemaliger Sicherheitsberater. Er drehte das Video, das 2019 die »Ibiza-Affaire« auslöste. Die damit verbundenen Korruptionsermittlungen lösten weitreichende Polit-Skandale aus und führten zur Auflösung der damaligen österreichischen Bundesregierung. In einem umstrittenen Prozess (zu dem eine Beschwerde beim Europäischen Gerichtshof für Menschenrechte läuft) wurde er zu dreieinhalb Jahren Haft wegen Drogenhandels verurteilt. Heute setzt er sich für Informationssicherheit ein, leitet beispielsweise an der Universität für angewandte Kunst ein Research Lab zum Thema Open Source Intelligence (OSINT). Er engagiert sich für einen besseren Schutz von Whistleblowern – gemeinsam mit dem Anwalt Ramin Mirfakhrai sowie dem Medienhistoriker Fritz Hausjell und der Wirtschaftsexpertin Ursula Bittner hat er den Verein *Ans Licht!* gegründet – und möchte auf die durch »Ibiza« zutage getretenen Risiken für Staat und Demokratie aufmerksam machen.

Literatur

Belton, Catherine: Putins Netz. Wie sich der KGB Russland zurückholte und dann den Westen ins Auge fasste, Harper Collins 2023.

Gridling, Peter: Überraschungsangriff, Seifert 2023.

Horaczek, Nina: Kickl beim Wort genommen, Czernin 2024.

Obermayer, Bastian; Obermaier, Frederik: Die Ibiza-Affäre. Innenansichten eines Polit-Skandals, der Österreich erschütterte, Kiepenheuer & Witsch 2021.

Rid, Thomas: Active Measures. The Secret History of Disinformation & Political Warfare, Profile Books 2020.

Riegler, Thomas: Österreichs geheime Dienste. Eine neue Geschichte, Klever 2023.

Strache, Heinz-Christian: Das Ibiza Attentat – Was wirklich geschah und warum ich weiter für euch kämpfe, BoD 2021.

Anhang

1 https://kurier.at/chronik/oesterreich/ibiza-affaere-prozess-gegen-sicherheitsberater-und-erfinder-der-ibiza-methode/400532695

2 https://kurier.at/politik/inland/ibiza-video-drahtzieher-h-hatte-keinen-vertrag-mit-finanz-oder-zoll/400604657

3 Profil, Nr. 31 / 2017 vom 31.07.2017, S. 30–32.

4 https://www.derstandard.at/story/2000103509510/johann-gudenus-der-engste-vertraute-ist-straches-sargnagel

5 https://kurier.at/politik/inland/konflikt-mit-wksta-ein-justiz-dossier-das-tief-blicken-laesst/401429073

6 https://www.falter.at/maily/20230314/schmiert-die-novomatic-zeugen

7 https://www.sueddeutsche.de/politik/oesterreich-ibiza-affaere-heinz-christian-strache-fpoe-prozess-ibiza-video-1.5515083?reduced=true

8 https://www.derstandard.at/story/2000134525311/urteil-im-prozess-gegen-ibiza-drahtzieher-hessenthaler-am-mittwoch-erwartet

9 https://www.derstandard.at/story/2000112310939/causa-schellenbacher-hinweise-auf-blauen-mandatskauf

10 https://www.falter.at/maily/20231213/kafkaesk-und-beunruhigend-der-prozess-gegen-den-satiriker-florian-scheuba

11 Protokoll der Hauptverhandlung und Urteil 111E Hv 72/21b.

12 https://www.falter.at/maily/20231122/wie-die-oevp-versucht-das-andenken-an-pilnacek-zu-steuern

13 https://www.derstandard.at/story/2000146563444/strache-bodyguard-ribarich-ueber-ibiza-straches-schamanen-und-spesenexzesse

14 https://www.derstandard.at/story/2000146563444/

strache-bodyguard-ribarich-ueber-ibiza-straches-schamanen-und-spesenexzesse und https://www.derstandard.at/story/2000146391407/straches-engster-feind-wie-bodyguard-oliver-ribarich-die-spesenaffaere-anstiess

15 https://www.derstandard.at/story/3000000149452/straches-bodyguard-34-der-hoehenrausch

16 https://www.derstandard.at/story/2000146391407/straches-engster-feind-wie-bodyguard-oliver-ribarich-die-spesenaffaere-anstiess

17 https://www.derstandard.at/story/3000000222533/ramin-mirfakhrai-ich-bin-der-hintermann

18 https://www.derstandard.at/story/2000103444441/werzahltschafftan-mutmassliche-fpoe-botschaft-an-vermeintliche-investoren

19 OTS0109 5 CI 0261 NFW0002 II Mi., 10. Juli 2019.

20 Profil, Nr. 40 / 2019 vom 30.09.2019, S. 43, 45: Michael Nikbakhsh und Martin Staudinger: Der schwarze Schwan von Ibiza.

21 https://www.youtube.com/watch?v=VHYh2QsU8ss ab Sekunde 33 oder https://kurier.at/politik/inland/strache-video-was-wusste-boehmermann/400498264

22 https://www.derstandard.at/story/2000123667725/was-wusste-van-der-bellen-von-ibiza

23 https://www.ots.at/presseaussendung/OTS_20190522_OTS0181/oe24tv-enthuellt-wer-hinter-dem-strache-video-steckt

24 APA 0395 5 II 0823 AI, siehe APA0382/20.05, Mo., 20. Mai 2019.

25 https://orf.at/stories/3169075/

26 https://kurier.at/chronik/oesterreich/ibiza-affaere-prozess-gegen-erfinder-der-ibiza-methode-geplatzt/400534087

27 https://www.diepresse.com/5633049/ibiza-fellners-sicherheitsexperte-der-unterwelt-nennt-die-drahtzieher

28 http://derstandard.at/2000114536650

29 https://kurier.at/wirtschaft/privatkonkurs-des-ibiza-detektivs-julian-hessentaler-zahlungsplan-angenommen/402715822

30 https://www.spiegel.de/politik/deutschland/wirecard-skandal-wie-der-manager-jan-marsalek-zum-spion-wurde-a-5cb415ed-0029-4754-8bd5-f4120f4baf83

31 https://www.kleinezeitung.at/politik/innenpolitik/6118849/Prozess-in-St-Poelten_Dreieinhalb-Jahre-Haft-fuer-IbizaDetektiv

32 https://www.ots.at/presseaussendung/OTS_20220330_OTS0202/aviso-schuldspruch-hessenthaler-kundgebung-morgen-313-18-uhr-platz-der-menschenrechte

33 https://www.sueddeutsche.de/politik/oesterreich-ibiza-affaere-heinz-christian-strache-fpoe-prozess-ibiza-video-1.5515083?reduced=true

34 Falter, Nr. 14 / 2022, vom 06.04.2022, S. 7.

35 https://www.kleinezeitung.at/politik/innenpolitik/6118849/Prozess-in-St-Poelten_Dreieinhalb-Jahre-Haft-fuer-IbizaDetektiv

36 https://www.derstandard.at/story/2000135574705/soko-ibiza-steht-offenbar-kurz-vor-aufloesung

37 https://www.sueddeutsche.de/politik/oesterreich-ibiza-affaere-heinz-christian-strache-fpoe-prozess-ibiza-video-1.5515083?reduced=true

38 Falter 06 / 2022 vom 09.02.2022, S. 12–15.

39 https://www.falter.at/zeitung/20220208/der-prozess-2

40 https://www.sueddeutsche.de/politik/oesterreich-ibiza-affaere-heinz-christian-strache-fpoe-prozess-ibiza-video-1.5515083?reduced=true

41 APA0269 5 II 0718 CI/WI, aktualisiert APA0222/15.05 Mo., 15. Mai 2023.

42 https://www.kleinezeitung.at/politik/innenpolitik/6118849/Prozess-in-St-Poelten_Dreieinhalb-Jahre-Haft-fuer-IbizaDetektiv

43 Profil, Nr. 14 / 2024 vom 06.04.2024, S. 22–27.

44 Aktenzeichen 711 St 1/19v.

45 https://www.eu-infothek.com/2019/12/page/2/

46 https://www.eu-infothek.com/ibiza-gate-zum-jahreswechsel-2019-2020-video-spionierer-alias-julian-thaler-alias-julian-haller-alias-julian-surkov-zeugenbeschuldigungen-wegen-schwerster-verbrechen/

47 https://www.eu-infothek.com/ibiza-gate-19-11-2019-mehrere-hausdurchsuchungen-in-wien-und-einem-anderen-bundesland/

48 https://www.eu-infothek.com/oe24-tv-aktuelle-entwicklungen-zur-ibiza-affaere-professor-gert-schmidt-im-interview/

49 https://www.parlament.gv.at/dokument/XXVII/I/1040/imfname_997224.pdf. https://www.derstandard.at/story/2000115581027/ermittler-hoffte-auf-straches-ruecktritt-vom-ruecktritt

50 https://www.diepresse.com/6288269/ibiza-prozess-novomatic-lobbyist-zu-bedingter-haftstrafe-verurteilt

51 https://www.derstandard.at/story/3000000186961/oligarchennichte-aus-ibiza-video-von-tippgeberin-enttarnt

52 https://www.zeit.de/online/2007/07/Putin-Sicherheitskonferenz

53 Karnitschnig, Matthew: How Russia infiltrated Austrias Spy Service, Politico, Nr. 10 / 24, S. 20–23.

54 https://www.profil.at/morgenpost/irgendjemand-muss-es-ja-sagen/402061762

55 Karnitschnig, Matthew: How Russia infiltrated Austrias Spy Service, Politico, Nr. 10 / 24, S. 20–23.

56 Karnitschnig. Mathew: How Russia infiltrated Austrias Spy Service, »Poiltico« 10/24. S. 20–23.

57 https://www.profil.at/investigativ/marsalek-wollte-dass-die-schwarz-blaue-koalition-funktioniert/402852727

58 https://www.ft.com/content/032ef572-5b14-4e87-8d33-a6fc08b2d8f4

59 https://www.falter.at/zeitung/20240312/wladimir-putins-willige-helfer-in-oesterreich

60 https://www.tagesschau.de/investigativ/swr/kneissl-geheimdienst-oesterreich-101.html

61 https://www.falter.at/zeitung/20240312/wladimir-putins-willige-helfer-in-oesterreich

62 https://www.ft.com/content/941a9a2e-88df-4a66-9b3c-670bb7eb4d87

63 https://www.derstandard.at/story/3000000209638/manager-spion-priester-das-unheimliche-doppelleben-des-jan-marsalek

64 https://www.derstandard.at/story/2000137349711/aufdecker-mccrum-ueber-wirecards-einfluss-auf-die-politik-geld-

65 https://www.diepresse.com/1578363/oligarch-firtasch-nach-rekord-kaution-wieder-frei

66 https://www.profil.at/wirtschaft/liebesgruesse-nach-moskau-oesterreichisch-russische-freundschaftsgesellschaft/401936653

67 https://www.krone.at/1899502

68 Riegler, Thomas: Österreichs geheime Dienste. Eine neue Geschichte, Klever 2023.

69 https://www.falter.at/zeitung/20240312/wladimir-putins-willige-helfer-in-oesterreich

70 https://www.falter.at/blauland/20240222/blaue-liebesgruesse-nach-moskau

71 https://www.falter.at/zeitung/20240312/wladimir-putins-willige-helfer-in-oesterreich

72 https://www.falter.at/zeitung/20240312/wladimir-putins-willige-helfer-in-oesterreich

73 https://www.falter.at/zeitung/20240312/wladimir-putins-willige-helfer-in-oesterreich

74 https://www.falter.at/morgen/20240314/russische-netzwerke-fpoe-politischer-wirbel-kickl-putin

75 https://www.sn.at/politik/weltpolitik/die-gefaehrliche-naehe-der-rechtspopulisten-zu-russland-70669198

76 https://www.youtube.com/watch?v=A41DncEyi0s

77 https://orf.at/stories/3245406/

78 https://www.falter.at/zeitung/20230919/was-alles-moeglich-ist

79 https://www.derstandard.at/story/3000000218081/justiz-verdaechtigt-fellner-strache-und-ex-fpoe-minister-der-inseratenkorruption

80 https://www.falter.at/maily/20211029/ein-ueberblick-zur-inseratenaffaere

81 https://www.derstandard.at/story/2000135750518/die-vielen-ermittlungen-die-das-ibiza-video-ausgeloest-hat-ein

82 https://kurier.at/politik/inland/verdeckte-parteispenden-wksta-schickte-vorhabensbericht-zu-blauem-verein-isp-von-markus-tschank/402616416

83 https://www.derstandard.de/story/3000000214319/fellner-schrieb-strache-das-nenne-ich-kooperation https://orf.at/stories/3353395/

84 https://orf.at/stories/3353395/

85 https://www.derstandard.de/story/3000000214319/fellner-schrieb-strache-das-nenne-ich-kooperation https://orf.at/stories/3353395/

86 https://www.diepresse.com/6065736/sporttasche-mit-bargeld-in-straches-auto-ermittlungen-eingestelltw

87 https://www.sueddeutsche.de/wirtschaft/wirecard-jan-marsalek-flucht-1.5051016?reduced=true

Alle Netzquellen (wenn nicht anders angegeben) abgerufen im Juni 2024.